中国城市绿色竞争力指数报告

2018

关成华 韩晶 ◎著

REPORT ON THE GREEN COMPETITIVENESS INDEX OF CHINESE CITIES

经济日报出版社

图书在版编目（CIP）数据

2018中国城市绿色竞争力指数报告／关成华，韩晶著. -- 北京：经济日报出版社，2018.7

ISBN 978-7-5196-0385-4

Ⅰ.①2… Ⅱ.①关… ②韩… Ⅲ.①城市经济-绿色经济-竞争力-研究报告-中国-2018 Ⅳ.①F299.2

中国版本图书馆CIP数据核字（2018）第138981号

2018中国城市绿色竞争力指数报告

作　　者	关成华　韩　晶
责任编辑	陈礼滟
责任校对	李艳春
出版发行	经济日报出版社
社　　址	北京市西城区白纸坊东街2号A座综合楼710
邮政编码	100054
电　　话	010-63567683（编辑部）
	010-63538621　63567692（发行部）
网　　址	www.edpbook.com.cn
E - mail	edpbook@sina.com
经　　销	全国新华书店
印　　刷	北京建宏印刷有限公司
开　　本	710×1000 毫米　1/16
印　　张	15.125
字　　数	265千字
版　　次	2018年7月第一版
印　　次	2018年7月第一次印刷
书　　号	ISBN 978-7-5196-0385-4
定　　价	50.00元

课 题 组

课题组组长

关成华　韩　晶

课题组成员

陈超凡　酒二科　毛渊龙　高　铭

任潇艺　孙雅雯　于　凯

目 录

第一章 总 论 …………………………………………………………………… 1
一、从城市竞争力到城市绿色竞争力 ………………………………………… 2
二、城市绿色竞争力的理论框架 ……………………………………………… 5
三、中国城市绿色竞争力评价指标体系设计原则 …………………………… 9
（一）逻辑性原则 ………………………………………………………… 9
（二）代表性原则 ………………………………………………………… 9
（三）可比性原则 ………………………………………………………… 10
（四）导向性原则 ………………………………………………………… 10
四、中国城市绿色竞争力评价指标体系 ……………………………………… 10
五、中国城市绿色竞争力测算方法 …………………………………………… 12
六、中国城市绿色竞争力的测算结果及分析 ………………………………… 13
（一）中国城市绿色竞争力指数测算结果 ……………………………… 14
（二）城市绿色竞争力指数的分布与比较 ……………………………… 24
七、本报告的框架结构及分析重点 …………………………………………… 47
第二章 经济基础与科技进步测算及分析 ……………………………………… 49
一、经济基础与科技进步的测算结果 ………………………………………… 50
（一）城市经济基础与科技进步区域间差异分析 ……………………… 62
（二）城市经济基础与科技进步区域内差异分析 ……………………… 63
（三）城市经济基础与科技进步对中国城市绿色竞争力的影响分析 …… 69
二、城市经济基础与科技进步比较分析 ……………………………………… 71
（一）城市经济基础指标比较 …………………………………………… 72
（二）城市科技教育指标比较 …………………………………………… 78

第三章　城市自然资产与环境压力测算及分析 …… 87

一、城市自然资产与环境压力的测算结果 …… 88

（一）城市自然资产与环境压力区间差异分析 …… 100

（二）城市资源环境承载潜力区域内差异分析 …… 101

（三）城市自然资产与环境压力对 2015 中国城市绿色竞争力发展指数影响分析 …… 107

二、城市自然资产与环境压力比较分析 …… 111

（一）城市自然资产与环境压力指标测算结果及分析 …… 111

（二）城市环境压力指标测算结果及分析 …… 117

第四章　资源与环境效率测算及分析 …… 125

一、资源与环境效率的测算结果 …… 126

（一）城市资源与环境效率区间差异分析 …… 137

（二）城市资源与环境效率区域内差异分析 …… 138

（三）城市资源与环境效率对中国城市绿色竞争力指数影响分析 …… 145

二、城市资源与环境效率比较分析 …… 148

（一）城市资源效率指标测算结果及分析 …… 148

（二）城市环境效率指标测算结果及分析 …… 154

第五章　政策响应与社会福利指数测算及分析 …… 163

一、城市政策响应与社会福利指数的测算结果 …… 164

（一）城市政策响应与社会福利指数区域间差异分析 …… 176

（二）城市政策响应与社会福利指数对中国城市绿色竞争力指数的影响分析 …… 184

二、城市政策响应与社会福利比较分析 …… 187

（一）环境投资与治理指标比较 …… 187

（二）生活质量指标比较 …… 194

第六章　新时代中国城市绿色发展战略 …… 201

一、中国城市绿色竞争力的现状 …… 202

（一）绿色竞争力空间差异明显 …… 202

（二）城市绿色竞争力形成具有“行政优势” …… 203
（三）城市绿色竞争力呈现“同群效应” …… 203
（四）城市群绿色竞争力呈现“俱乐部收敛”特征 …… 203
（五）城市规模是提升城市绿色竞争力的密钥之一 …… 204
（六）经济发展水平与城市绿色竞争力密切相关 …… 204
二、中国城市绿色竞争力提升的制约因素 …… 205
（一）科技进步水平亟待提升 …… 205
（二）资源环境过度消耗和破坏 …… 205
（三）资源环境利用效率偏低 …… 205
（四）政策制定和社会响应力度不够 …… 206
三、中国城市绿色竞争力提升的途径 …… 206
（一）牢固树立城市绿色发展新理念 …… 206
（二）全面推进城市绿色发展新模式 …… 207
（三）培养公众绿色参与新意识 …… 207
（四）推动城市群发展新协同 …… 208

附 录 …… 209

市区绿色发展指数测算指标解释及数据来源 …… 209
城市绿色竞争力“体检”表 …… 223

参考文献 …… 224

后 记 …… 228

表 目

表 1–1　中国城市绿色竞争力评价指标体系 …………………………………… 11
表 1–2　中国城市绿色竞争力指数测评城市 ………………………………………… 13
表 1–3　中国 290 个城市绿色竞争力指数及排名 …………………………………… 15
表 1–4　中国城市绿色竞争力前 100 强城市群分布 ………………………………… 31
表 2–1　中国 290 个地级以上城市经济基础与科技进步指数及排名 ……… 50
表 2–2　东部地区城市经济基础与科技进步指数及排名 …………………………… 63
表 2–3　中部地区城市经济基础与科技进步指数及排名 …………………………… 65
表 2–4　西部地区城市经济基础与科技进步指数及排名 …………………………… 66
表 2–5　东北地区城市经济基础与科技进步指数及排名 …………………………… 68
表 2–6　中国城市绿色竞争力指数排名与经济基础与科技进步指数排名差异超过 50 位的城市 ……………………………………………………………………… 70
表 2–7　经济基础三级指标、权重及指标属性 ……………………………………… 72
表 2–8　中国城市经济基础指数及排名 ……………………………………………… 72
表 2–9　科技教育三级指标、权重及指标属性 ……………………………………… 79
表 2–10　中国城市科技教育指数及排名 …………………………………………… 79
表 3–1　中国 290 个城市自然资产与环境压力及分指标测算结果 ………… 88
表 3–2　中国东部地区城市资源环境承载潜力得分及排名 ……………………… 101
表 3–3　中国中部地区城市自然资产与环境压力得分及排名 …………………… 102
表 3–4　中国西部地区城市自然资产与环境压力得分及排名 …………………… 104
表 3–5　中国东北地区城市自然资产与环境压力指数及排名 …………………… 106
表 3–6　中国城市绿色竞争力发展指数与城市自然资产与环境压力排名差异超过 50 位的城市 …………………………………………………………………… 107
表 3–7　中国 290 个城市资源储量指标得分及排名 ……………………………… 111
表 3–8　城市环境压力三级指标、权重及指标属性 ……………………………… 117

表 3-9 中国城市环境压力指标指数及排名 …………………………… 118
表 4-1 中国 290 个城市资源与环境效率指数及排名 ……………………… 126
表 4-2 中国东部地区城市资源与环境效率指数及排名 …………………… 139
表 4-3 中国中部地区城市资源与环境效率指数及排名 …………………… 141
表 4-4 中国西部地区城市资源与环境效率指数及排名 …………………… 142
表 4-5 中国东北地区城市资源与环境效率指数及排名 …………………… 144
表 4-6 中国城市绿色竞争力指数与城市资源与环境效率排名差异超过 50 位的城市 ………………………………………………………………… 146
表 4-7 城市资源效率指标下三级指标、权重及指标属性 ………………… 148
表 4-8 中国城市资源效率指标指数及排名 ………………………………… 148
表 4-9 城市环境效率指标下三级指标、权重及指标属性 ………………… 154
表 4-10 中国城市环境效率指标指数及排名 ……………………………… 155
表 5-1 中国 290 个城市政策响应与社会福利指数及排名 ………………… 164
表 5-2 中国东部地区城市政策响应与社会福利指数及排名 ……………… 177
表 5-3 中国中部地区城市政策响应与社会福利指数及排名 ……………… 179
表 5-4 中国西部地区城市政策响应与社会福利指数及排名 ……………… 181
表 5-5 中国东北地区城市政策响应与社会福利指数及排名 ……………… 183
表 5-6 中国城市绿色竞争力指数和政策响应与社会福利指数排名差异超过 50 位的城市 ………………………………………………………… 184
表 5 7 中国城市环境投资与治理三级指标、权重及指标属性 …………… 187
表 5-8 中国城市环境投资与治理指数及排名 ……………………………… 188
表 5-9 中国城市生活质量三级指标、权重及指标属性 …………………… 194
表 5-10 中国城市生活质量指标指数及排名 ……………………………… 194

图 目

图 1-1 城市绿色竞争力理论框架 …………………………………………… 5
图 1-2 城市绿色竞争力系统的一般框架 …………………………………… 6
图 1-3 中国城市绿色竞争力指数排名前 20 城市和排名后 20 城市比较图 25
图 1-4 中国四大区域城市绿色竞争力指数及一级指标对照图 …………… 26
图 1-5 中国城市绿色竞争力指数区域对比 ………………………………… 29
图 1-6 中国三大城市群城市绿色竞争力指数及一级指标对照图 ………… 32
图 1-7 中国城市群绿色竞争力指数对比 …………………………………… 34
图 1-8 中国不同规模城市绿色竞争力指数及一级指标对照图 …………… 36
图 1-9 中国城市绿色竞争力指数城市群对比 ……………………………… 40
图 1-10 中国不同发展水平城市绿色竞争力指数及一级指标对照图 …… 42
图 1-11 中国城市绿色竞争力指数不同收入水平对比 …………………… 46
图 2-1 中国城市经济基础与科技进步排名前 20 位和后 20 位的城市 …… 61
图 2-2 中国四大区域城市经济基础与科技进步对照图 …………………… 62
图 2-3 经济基础与科技进步和经济基础指标对比 ………………………… 77
图 2-4 经济基础与科技进步和科技教育指标对比 ………………………… 84
图 3-1 中国城市自然资产与环境压力得分排名前 20 位和后 20 位的城市 99
图 3-2 中国四大区域城市自然资产与环境压力对照图 ………………… 100
图 3-4 城市资源储量指标同自然资产与环境压力指标对比 …………… 116
图 3-5 城市自然资产与环境压力指标对比图 …………………………… 123
图 4-1 中国城市资源与环境效率排名前 20 位和后 20 位的城市 ……… 137
图 4-2 中国四大区域城市资源与环境效率对照图 ……………………… 138
图 4-3 城市资源与环境效率指标同城市资源效率指标对比 …………… 153
图 4-4 城市资源与环境效率同城市环境效率指标对比 ………………… 160
图 5-1 中国城市政策响应与社会福利指数排名前 20 位和后 20 位的城市 175
图 5-2 中国四大区域城市政策响应与社会福利指数对照图 …………… 176
图 5-3 中国城市政策响应与社会福利和城市环境投资与治理指标对比 193
图 5-4 中国城市政策响应与社会福利和城市生活质量指标对比 ……… 200

第一章　总　论

绿色发展已成为当今世界发展的潮流，更是新时代中国经济社会发展的底色。习近平总书记在中国共产党第十九次全国代表大会上强调，“生态文明建设功在当代、利在千秋。我们要牢固树立社会主义生态文明观，推动形成人与自然和谐发展的现代化建设新格局，为保护生态环境做出我们这代人的努力”。对于中国这样一个发展中大国来说，当前面临着资源环境的强约束压力，绿色发展形势十分紧迫。作为消耗资源环境的主体，城市的绿色发展对于全面建成小康社会和实现“美丽中国”至关重要。

“城市绿色竞争力”的提出，为城市破除资源环境约束，以可持续的方式创造财富及获取竞争优势提供了新思路，对于引导地方政府和社会公众将绿色发展作为建设中国特色社会主义的出发点和落脚点，具有十分重要的现实意义。本报告建立了中国城市绿色竞争力评价指标体系，并对中国城市绿色竞争力的特征进行深度挖掘和分析，提出新时代中国城市绿色发展战略，以期为中央和地方政府决策提供参考与借鉴。

一、从城市竞争力到城市绿色竞争力

所谓“竞争力”，一般意义上指的是指两个或两个以上竞争者在竞争过程中所表现出来的相对优势、比较差距、吸引力与收益力的一种综合力。竞争力研究最初始于对企业及产业竞争力的关注，自 20 世纪 80 年代以来，在经济全球化和一体化浪潮的推动下，新经济、新技术、新产业层出不穷，各国对全球资源、市场、生存空间和发展机会的争夺逐步白热化，始于产品与产业层面的单个要素的竞争演变为国家政治、经济、社会等各层面综合实力的较量，在这一背景下，主要发达国家对国际竞争力的研究日趋活跃，并诞生了国际两大权威的竞争力研究机构：世界经济论坛（World Economic Forum，WEF）和瑞士洛桑国际管理发展学院（International Institute for Management Development，IMD）。WEF 对国际竞争力的研究倾向于讨论一国经济增长的决定因素，强调一国经济增长对增加国民财富的能力，并将国际竞争力定义为“一国使人均国内生产总值实现持续高速增长的能力”[①]。IMD的研究侧重于国家竞争力与企业竞争力的相互关系，其认为国际竞争力是“一国创造与保持一个能够使企业持续产出更多价值、人民拥有更多财富的环境的能力”[②]。

竞争全球化不仅表现为竞争范围的国际化、竞争领域的全面化、竞争程度的激烈化，还表现为竞争主体的多元化、竞争方式的复杂化。作为经济活动的主要载体和平台，城市在全球活动和区域经济中的地位日益重要，城市间的竞争也越发激烈，关于城市竞争力的研究随之兴起。在内涵上，城市竞争力主要指“一个城市在竞争和发展过程中与其他城市相比所具有的吸引、争夺、拥有、控制和转化资源，争夺、占领和控制市场，创造价值，为其居民提供福利的能力”[③]。城市竞争力内涵本身包含度量的含义，度量需要确立标准，而由于具体标准的确定涉及目标、价值判断、要素构成等多个方面，故城市竞争力尚未形成统一的定义。尽管如此，传统意义上，以经济标准确定城市竞争力的内涵是多数研究的共识，即城市竞争力最终反映为一个城市的财富和价值创造能力[④]。伴随着全球广泛且快速的城市化进程，一系列城市问题不断涌现，制约了城市竞争力的提高。各国开始重视以更加可持续的方式提升城市竞争力，由此丰富了城市竞争力的内涵，对城市竞争力的评价也从经济层面向更加广泛的社会、环境等维度拓展。

培育城市可持续的竞争力与城市绿色发展的理念是不谋而合的。2008 年全球金融危机使得各国经济遭受重创，面对严峻的复苏前景和不断增强的资源环境约束，联合国发起了“绿色经济”和“绿色新政”倡议，提出至 2030 年的中短期时间里将当前褐色经济向绿色经济转型，实现绿色发展。事实上，绿色发展与可持续发展密切相关，联合国环境署（UNEP）、经合组织（OECD）、世界银行（WB）等国际机构明确将绿色发展定义为实现可持续发展的中短期发展战略或工具。绿色发展在范围上更小，它能够通过具有可操作性的政策议程对经济和环境的进步状况进行动态监测，它关注经济增长的新动力要素——创新、投资和

---

① WEF. Global Competitiveness Report 1996 [R] . World Economic Forum, Geneva, Switzerland, 1996.

② IMD. The World Competitiveness Yearbook 1996 [R] . Institute for Management Development, Lausanne, Switzerland, 1996.

③ 倪鹏飞，卜鹏飞 . 城市引领中国崛起——中国城市竞争力十年（2002—2011）研究新发现 [J] . 理论学刊, 2012（12）：48-53.

④ Kresl P K, Singh B. Competitiveness and the urban economy: twenty-four large US metropolitan areas [J] . Urban studies, 1999, 36（5-6）: 1017-1027.

竞争如何与生态系统相协调。关于绿色发展尚未形成国际统一的定义，OECD 将绿色增长定义为“在确保自然资产持续提高人类社会所依赖的资源和环境服务的同时，促进经济增长和发展”①。UNEP将绿色经济定义为“改善人类福利和社会公平，同时极大降低环境危害和生态稀缺性的经济发展模式”②。因此，作为实现可持续发展的重要工具，绿色发展同样强调经济系统、社会系统和环境系统的共生性。绿色发展是“绿色”与“发展”的有机统一，“绿色”的核心在于提升资源效率、降低环境损害及改进自然资产状况，而“发展”意味着经济高质量的增长和社会福祉的创造。因此，绿色发展是具有包容性的，而包容性的发展也一定是绿色的。

21 世纪以来，人地矛盾日益突出、资源环境承载力走弱、环境污染日趋严重等问题，已制约和影响了城市的持续发展，寻求城市发展方式的转型已经迫在眉睫。2016 年，世界各国领导人通过了《新城市议程》，这是联合国及成员国应对全球快速城市化以及气候变化等挑战所做出的一份重要的政治承诺，该议程的实施将有助于推动《2030 年可持续发展议程》和可持续发展目标的实现，使得城市和人类社会更加包容、安全、有弹性和可持续③。该议程强调从经济、社会和环境三个维度入手，通过系统方案来解决城市问题，涉及经济繁荣与机会均等、环境与韧性、消除贫困与包容性发展等方面④。这意味着，坚持可持续性准则，是城市保持竞争优势的必然要求，而作为可持续发展的重要工具，绿色发展无疑是提升城市可持续竞争优势最大、最现实的战略机遇。将绿色引入竞争力领域，以绿色的方式提升竞争力，即绿色竞争力——其内涵集中表现在发展度（强调包容性，特别是经济与环境双赢的社会效果）、协调度（强调经济、环境与社会的协调统一）和持续度（强调保持长期可持续的竞争优势）三方面。绿色竞争力是对不同主体绿色发展水平和层次的综合度量，反映了不同主体以高效、清洁、有弹性、可持续的方式获得增长并创造社会福利的能力。当竞争的主体为城市时，产生了“城市绿色竞争力”的概念。本报告认为，城市绿色竞争力是指“一个城市在竞争和发展过程中，基于可持续发展目标，以资源节约、环境友好的方式创造物质和

① OECD. Towards Green Growth：Monitoring progress［R］. OECD，Paris，France，2011.

② UNEP. Towards a Green Economy，Pathways to a Sustainable Development and Poverty Eradication［R］. UNEP，Nairobi，Kenya，2011.

③ 倪鹏飞，马尔科 · 卡米亚，王海波，等 . 全球城市竞争力报告 2017—2018（简版）［R］. 联合国人居署，中国社会科学院财经战略研究院，中国社会科学院城市与竞争力研究中心，2017.

④ The United Nations. The New Urban Agenda：Key Commitments［EB/OL］. http：//www.un.org/sustainabledevelopment/blog/2016/10/newurbanagenda/.

生态财富，增进社会福利，进而获取竞争优势的系统合力”。当前，全球正面临着一次绿色时代的巨大变革，绿色发展是当下也是未来城市发展的必由之路，绿色竞争力将成为城市竞争的关键。研究城市绿色竞争力，对于改善城市环境、促进城市繁荣、增益居民福祉、实现城市可持续发展具有重要意义。

二、城市绿色竞争力的理论框架

本报告从城市绿色竞争力的内涵出发，构建城市绿色竞争力理论框架，如图1–1所示。

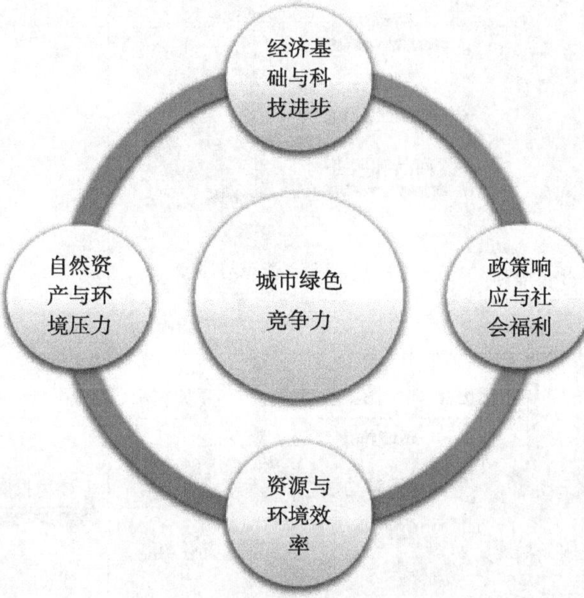

图 1–1 城市绿色竞争力理论框架

本报告课题组认为，城市绿色竞争力不能仅反映一个城市在自然基础、环境保护、生态建设等方面的竞争力，它应该是一个包容性的概念，其内涵需要通过综合度量及比较来体现，因此，可将城市绿色竞争力视为一个复杂系统。这个复杂系统与绿色发展和可持续发展目标一致，应涵盖经济、环境和社会三大维度。本报告中，城市绿色竞争力由经济基础与科技进步、自然资产与环境压力、资源与环境效率、政策响应与社会福利四大子系统及其内部要素构成。系统内部的各要素存在复杂的交互作用，只有这些要素之间实现了正向反馈和有效耦合，才能逐级向上促进绿色竞争力系统的良性运转。

如图 1–2，本报告以 OECD“绿色增长测度框架”① 为基础，构建了一个城市绿色竞争力系统的一般框架，这个框架简要描述了在经济、环境和社会三大维度层面，城市绿色竞争力系统内部各要素之间的互动关系。图 1–1 和图 1–2 为本报告进一步解析城市绿色竞争力的内涵提供了理论依据。

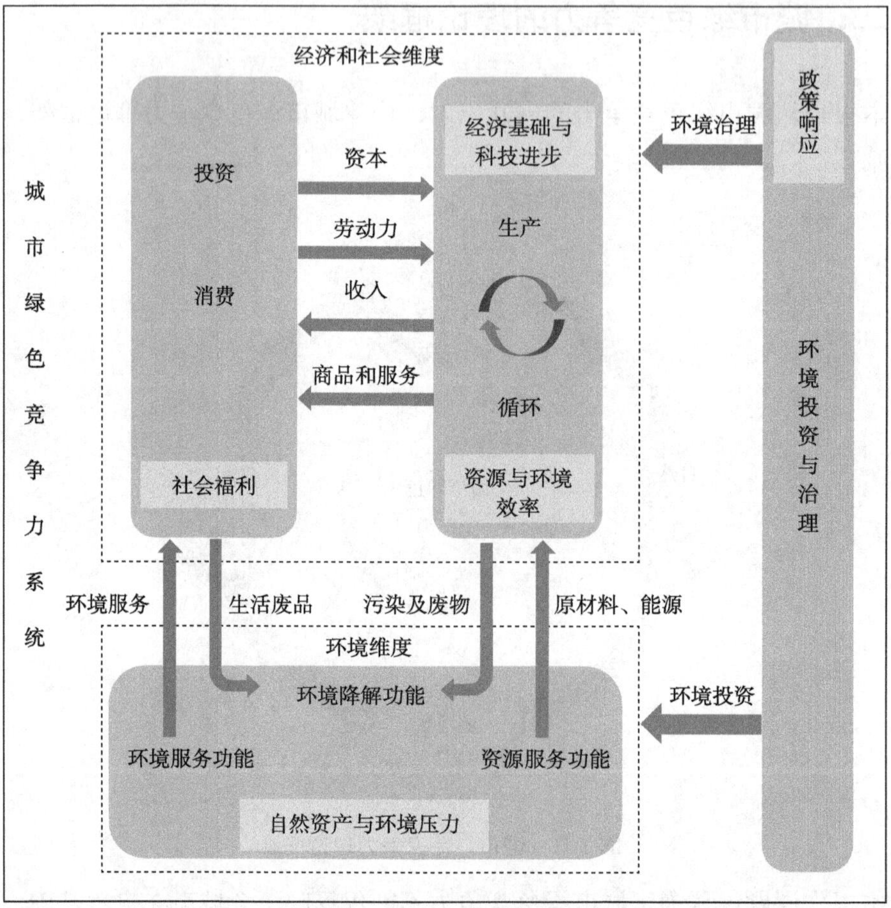

图 1–2　城市绿色竞争力系统的一般框架

经济增长与发展是一个城市竞争力的基本体现，反映了城市创造价值和增进社会福利的能力。当然，增长的过程必须是可持续的，许多处于快速城市化阶段的城市为了获取比较竞争优势，以急剧消耗自然资源和牺牲环境为代价换取高速增长，从长期来看，这种不可持续的增长模式必将削弱综合竞争力。只有当一个

① OECD. Green Growth Indicators 2017 [R] . OECD，Paris，France，2017.

城市的经济增长在环保意义上是可持续的，居民才可能真正获得生活质量的改善。科技进步是经济增长的源泉，也是维系一个城市持久竞争力的核心动力。当前，随着科技革命和产业革命要素的加快积累和成熟，科技创新正在孕育重大突破，科技创新已经并还将重塑全球的经济形态、改变世界竞争格局。为了抢占竞争优势，迫切要求进一步提高城市科技创新能力，重视科技研发投入、累积智力资本等创新要素。在绿色发展的新时代，科技创新也是打造城市绿色竞争力的关键。科技创新有助于城市现有经济的转型，使传统经济从依赖资源与环境的线性增长模式转变为资源节约与环境友好的循环发展模式，其核心是通过技术升级改善资源效率、提升污染控制和治理能力、降低环境风险和危害、恢复和改进自然资产存量等。同时，科技创新还有助于拓展城市的绿色经济，包括创新和扩散绿色技术，培育新能源、节能环保等新兴绿色产业，融入全球绿色价值链，促进绿色产品和消费，从而创造新的经济增长点和新的就业机会，培育经济新动能。

自然资产反映了一个城市拥有的自然资源禀赋，是绿色竞争力形成的基础条件。自然界为经济系统提供物质和能量，为经济活动提供投入要素。历史上，全球大部分资源利用量的增长出现在高收入国家，当前，处于高速增长的发展中国家已经成为全球资源消费增长的中心。快速的城市化以不可持续的方式消耗着自然资源，淡水、耕地、能源、森林等主要资源的缺口严重。提升绿色竞争力不仅强调以可持续的方式使用自然资源，更强调创造和累积生态财富，即更多地投资生态系统，确保主要生态资本不减少甚至持续增加，这对于塑造城市可持续的竞争力具有重要意义。环境压力直接反映了城市发展对环境系统造成的影响。人类的生产和生活所产生的各类污染物及废弃物排放至环境系统中，如果超过了环境的吸收和降解能力，将使环境系统所能提供的服务和功能持续减少。良好的生态环境是最公平的公共产品，是最普惠的民生福祉。然而，城市发展在创造物质财富的同时，却使得环境危机愈演愈烈；全球变暖严重威胁着人类福祉，它改变了原有的气候格局，使得极端自然灾害频繁发生；大气污染、水污染、土壤污染等环境问题层出不穷，通过直接和间接渠道对人类健康甚至生命安全造成威胁。塑造城市绿色竞争力要求通过创新的制度、政策、技术等以新的方式处理环境问题，使经济活动导致的环境压力呈现不断改善的趋势，降低环境风险和危害，从而增强城市环境的复原力和对经济社会发展的支撑力。

资源与环境效率衡量着城市价值创造对资源和环境的消耗程度，提升资源和环境效率不仅能使生产过程更加高效、清洁、低碳、循环、有弹性，同时也能减轻生产活动对环境系统造成的压力和损害。从资源效率来看，绿色竞争力本质上要求通过提高生产率水平、减少资源消耗、促进高附加值资源使用，从而促进资源利用效率的提高；从环境效率来看，绿色竞争力本质上要求以清洁生产替代末端治理，从而不断提高环境生产率、提升环境绩效。一个富有绿色竞争力的城市应当比其他城市具有更高的资源环境效率，这意味着其经济增长与资源消耗和环境污染之间能够实现脱钩。脱钩主要分为两类：相对脱钩，即资源消耗和环境污染增加的速度小于经济增长的速度；绝对脱钩，即经济增长的同时资源利用和环境污染减少。短期内，随着资源环境生产率的提高，技术驱动和转向资源密集程度更低的经济活动，相对脱钩是易于实现的，而绝对脱钩，需要对现有增长模式实行根本性的变革，包括技术、生产、消费乃至文化等方面的变革，才能最终实现城市价值创造与生态环境改善的和谐统一。提升城市的绿色竞争力，既应当排除经济发展造成资源危机和环境损害的挂钩情形，也应当排除通过经济下滑带来的资源环境压力缓解效应，更应当排除经济下滑的同时资源环境仍旧受到损害的双负效应①。

政策响应是城市实现绿色增长目标和提升绿色竞争力的重要保障。政府是政策制定和引导市场活动的主体，环境治理与投资是政府政策行为的具体表现，体现了政府对环境问题的关注度和对环境管理的有效度，有助于优化经济活动的行为、纠正市场偏差、累积生态财富等。当然，政策响应不仅仅体现在环境管理层面，更重要的是能够以绿色为目标，推出长期、连续、有效、创新的系列政策工具，包括利用价格工具提升资源环境系统的价值、激励绿色技术研发、完善碳税和交易机制、鼓励绿色金融和绿色投资等，这些政策能够实现政府行为与市场行为的有效衔接，有助于激发城市绿色增长的潜能，进一步形成绿色竞争优势。包容的绿色增长必须同时兼顾社会福利问题，一个具有绿色竞争力的城市最终的获益者是城市居民，即绿色竞争力的提升不能以损害社会福祉为代价，要有益于社会的安全、健康、平等、公平、自由。生活质量是社会福利的重要组成部分，富有绿色竞争力的城市能够为其居民创造更多的物质财富、提供就业、减少贫困、降低财富分配不公等。同时，随着人们对生态环境要求越来越高，生态环境在幸福指数中的地位不断凸显，一个运作良好的生态环境系统将为社会提供健康、安全和令人愉悦的环境产品和服务，干净的饮用水、清新的空气、优美的城市环境都成为改善居民生活质量的重要内容。

---

① 潘浩然．什么才是绿色发展？［N］．中国环境报，2017-03-29.

诚如课题组在前文中指出的，城市绿色竞争力的内涵包括了度量的含义，也包括了比较的内核。WEF、IMD 的全球竞争力研究、中国社会科学院的城市竞争力研究、OECD 的绿色增长研究等都相继开发和设置了竞争力的和绿色增长的监测和评价指标，中国官方也设置了《绿色发展指标体系》并于 2017 年首次发布了"中国绿色发展指数"。因此，仅仅从概念或理论上认识城市绿色竞争力是远远不够的，还需要基于概念及理论的重要特征建立衡量城市绿色竞争力的具体评价指标，并通过对指标数据的搜集，对数据做出测算和分析。本报告以测度和评价城市绿色竞争力为目标，根据城市绿色竞争力的内涵和理论框架，在经济基础与科技进步、自然资产与环境压力、资源与环境效率、政策响应与社会福利四大子系统中设置了系列评价指标，构建了中国城市绿色竞争力指标体系，通过对数据的挖掘和科学的测度方法，对中国 290 个城市的绿色竞争力进行了测算和评估。希冀《中国城市绿色竞争力指数报告》能为中国城市评估绿色竞争力提供一套可行的方法，为引导各城市深入贯彻落实国家战略要求，在新理念指引下提升城市综合竞争力、在新时期迈向可持续高质量的发展提供决策参考。

三、中国城市绿色竞争力评价指标体系设计原则

在城市竞争力和绿色发展的理论框架下，经过专家研讨及课题组论证，本报告最终确定了中国城市绿色竞争力评价指标体系的设计原则。

（一）逻辑性原则

中国城市绿色竞争力指标体系并非只是经济运行和社会发展指标的简单堆砌，而是在已有扎实理论研究的基础之上，从绿色竞争力构成的各个方面，整体全面、逻辑严谨地总结城市绿色竞争力形成和发展的一般规律。同时，同一层级的各个指标可以独立反映上一层级指标的不同方面，各个指标相互支撑共同反映上一层级的指标特征。

（二）代表性原则

城市绿色竞争力的形成是相关要素系统运行的集成结果，因此构成城市绿色竞争力的指标体系必须采用重要且有代表性的指标。既要避免指标体系过于庞杂，又要避免指标过于单一导致的对于测评结果和测评价值的削弱。同时，指标的代表性

也意味着相应数据的可获得性，这些对于研究目的的实现有着重要的意义。

（三）可比性原则

课题组在设计城市绿色竞争力指标评价体系时，力求所选指标具有明显的可度量性，尽可能采用国际通用指标，以求在较长时期内和更广区域内更好地分析城市绿色竞争力形成的特点，为今后开展城市绿色竞争力的动态监测和对比提供扎实的系统支撑。

（四）导向性原则

课题组在进行指标选取时，同时注重指标蕴含的现实指导意义和绿色发展潜力，指标体系设计紧密结合城市绿色竞争力形成和发展的实际，选取的指标具有导向性。既有助于发现城市绿色竞争力形成中存在的短板，通过评价可以引导城市绿色发展，又可以通过具备前瞻性导向的评价指标体系激励城市绿色竞争力的培养和形成，为城市绿色发展指明方向。

四、中国城市绿色竞争力评价指标体系

基于经济增长和国家竞争力理论，结合绿色增长的理论内涵，并借鉴OECD绿色增长评价指标体系、“世界经济论坛”国家竞争力指标体系的设计方法，课题组分别从经济基础与科技进步、自然资产与环境压力、资源与环境效率、政策响应与社会福利四个方面全面设计并最终形成中国城市绿色竞争力指标体系。

具体而言，“经济基础与科技进步”反映城市的经济实力以及经济增长的源泉，包括技术进步、教育等因素，体现的是绿色竞争力第一大支柱，即“经济”层面的内容；“自然资产与环境压力”“资源与环境效率”主要反映各个城市的资源与环境状况，体现的是绿色竞争力第二大支柱，即“资源环境”层面的内容。需要说明的是，城市“资源环境”内容既包括城市本身的资源环境状况，也包含经济运行过程中资源环境的使用状况。且由于绿色竞争力更加注重资源利用与环境保护，如果只设计1个一级指标并不能全面衡量资源环境所涵盖的全部内容。因此，在经过专家研讨及课题组反复论证之后，将“资源环境”分解为2个一级指标，即“自然资产与环境压力”和“资源与环境效率”。前者体现城市的自然资本和环境负荷，后者则重点反映经济运行过程中的资源环境的生产效率。“政策

响应与社会福利”反映政府和社会对环境的投资管理以及人民生活质量状况，体现绿色竞争力第三大支柱“社会”层面的内容。

在中国城市绿色竞争力评价体系基础之上，2017 年，经过专家组多次研讨和论证，课题组对中国城市绿色竞争力指标的选取进行了多次调整和完善，并根据指标的可获得性，最终形成中国城市绿色竞争力指标体系，包括 4 个一级指标、8 个二级指标以及 44 个三级指标。

同时，考虑到党的十九大对社会经济发展提出的新要求，以及绿色发展的新形势、新进展，课题组最终确定了一级指标权重设计的思路：在城市绿色竞争力的三大支柱中，给予第二大支柱“资源环境”相较于“经济”和“社会”另两大支柱更高的权重，而第二大支柱设置了 2 个一级指标，故将“自然资产与环境压力”“资源与环境效率”的指标权重分别定为 20%、20%，同时，分别给予“经济基础与科技进步”及“政策响应与社会福利”各 30% 的权重。在此基础上，确定三级指标在一级指标下平均权重，然后“倒推加总”计算出相应的二级指标权重。具体指标体系设置如表 1–1 所示。

表 1–1 中国城市绿色竞争力评价指标体系

一级指标	二级指标	三级指标	
经济基础与科技进步	经济基础	1. 人均地区生产总值	2. 地区财政收入
		3. 第一产业劳动生产率	4. 第二产业劳动生产率
		5. 第三产业劳动生产率	6. 第三产业增加值比重
	科技教育	7. 科技投入占公共财政支出比例	8. 万名从业人口中科学技术人员数
		9. 全市科技从业人员数占全省比重	10. 教育投入占公共财政支出比例
		11. 每万人在校大学生人数	
自然资产与环境压力	资源储量	12. 人均耕地面积	13. 人均水资源量
		14. 人均绿地面积	15. 森林覆盖率
	环境压力	16. 单位土地面积二氧化硫排放量	17. 人均二氧化硫排放量
		18. 单位土地面积化学需氧量排量	19. 人均化学需氧量排放量
		20. 单位土地面积氮氧化物排放量	21. 人均氮氧化物排放量
		22. 单位土地面积氨氮排放量	23. 人均氨氮排放量
资源与环境效率	资源效率	24. 单位地区生产总值用水量	25. 工业固体废物综合利用率
	环境效率	26. 单位地区生产总值二氧化硫排放量	27. 单位地区生产总值化学需氧量排放量
		28. 单位地区生产总值氮氧化物排放量	29. 单位地区生产总值氨氮排放量

续表

一级指标	二级指标	三级指标	
政策响应与社会福利	环境投资与治理	30. 城市污水处理投资占市政公用设施建设固定资产投资比重	31. 城市园林绿化投资占市政公用设施建设固定资产投资比重
		32. 城市市容环境卫生投资占市政公用设施建设固定资产投资比重	33. 城市垃圾处理投资占市政公用设建设固定资产投资比重
		34. 节能保护支出占财政支出比重	35. 每万人拥有公共汽车数量
		36. 工业二氧化硫去除率	37. 工业烟尘排放达标率
		38. 城市污水处理率	39. 生活垃圾无害化处理率
	生活质量	40. 城镇居民人均可支配收入	41. 人均住房面积
		42. 建成区绿化覆盖率	43. 空气质量达到二级以上天数
		44. 可吸入颗粒物浓度（PM2.5）年均值	

注：本表内容由课题组在 2017 年在多次专家研讨会上讨论确定。

五、中国城市绿色竞争力测算方法

中国城市绿色竞争力的测算，需要保证评价方法和测度结果客观科学，更好地反映中国城市绿色竞争力探索的实践。为此，课题组与专家经过反复研讨及论证，最终确定采用“极差标准化法”（本报告统一简称为“极差法”）对 2015 年中国城市绿色竞争力指数进行测度[①]。

本报告采用“极差法”对城市绿色竞争力指数进行测算的过程，主要是对 44 个三级指标进行标准化处理。需要注意的是，这一标准化过程需要区分指标与城市绿色竞争力之间相关性的正负特征。正向指标与逆向指标的标准化过程存在一定区别。具体处理过程如下：

若是正向指标，即指标值越大，越有利于城市绿色竞争力的形成和发展，则该指标标准化的计算公式为：

$$X_i = \frac{x_i - x_{min}}{x_{max} - x_{min}}$$

若是逆向指标，即指标值越大，越不利于城市绿色竞争力的形成和发展，则该指标的标准化计算公式为：

① 数据的标准化是将数据按比例缩放，使之落入一个小的特定区间。这样去除数据的单位限制，将其转化为无量纲的纯数值，便于不同单位或量级的指标能够进行比较和加权。其中，最典型的就是“极差法”和“标准化法”。

$$X_i = \frac{x_{max} - x_i}{x_{max} - x_{min}}$$

其中，X_i 为标准化处理之后的值；x_i 指标原始值；$x_{\min}$ 为样本最小值；$x_{\max}$ 为样本最大值。

采用极差法进行数据标准化的好处是，以指标数据的极值为参照系，对原始数据进行线性变换，所得测算结果将会落到 0 至 1 的区间内，这样将使得数值之间差异较小、分布紧凑，且无负值产生。更为重要的是，相对于标准化法，极差法能够更好地实现城市绿色竞争力指数的纵向比较，可以保证后续《中国城市绿色竞争力报告》测算方法上的可比性，避免测算方法改变可能引起的结果偏差。

经过标准化处理之后，按照确定的指标权重对各指标加权求和，即可得到上一级指标的综合得分。将 4 个一级指标加权综合后便可最终得出相应城市绿色竞争力指数。

六、中国城市绿色竞争力的测算结果及分析

在中国城市绿色竞争力评价指标体系的基础之上，课题组测算了 2015 年中国 290 个城市的“绿色竞争力指数”。具体测评城市如表 1–2 所示。

表 1–2 中国城市绿色竞争力指数测评城市

省（区、市）	城市个数	具体城市	省（区、市）	城市个数	具体城市
北京	1	北京	河南省	17	郑州、开封、洛阳、平顶山、安阳、鹤壁、新乡、焦作、濮阳、许昌、漯河、三门峡、南阳、商丘、信阳、周口、驻马店
天津	1	天津	湖北省	12	武汉、黄石、十堰、宜昌、襄阳、鄂州、荆门、孝感、荆州、黄冈、咸宁、随州
河北省	11	石家庄、唐山、秦皇岛、邯郸、邢台、保定、张家口、承德、沧州、廊坊、衡水	湖南省	13	长沙、株洲、湘潭、衡阳、邵阳、岳阳、常德、张家界、益阳、郴州、永州、怀化、娄底
山西省	11	太原、大同、阳泉、长治、晋城、朔州、晋中、运城、忻州、临汾、吕梁	广东省	21	广州、韶关、深圳、珠海、汕头、佛山、江门、湛江、茂名、肇庆、惠州、梅州、汕尾、河源、阳江、清远、东莞、中山、潮州、揭阳、云浮

续表

省（区、市）	城市个数	具体城市	省（区、市）	城市个数	具体城市
内蒙古	9	呼和浩特、包头、乌海、赤峰、通辽、鄂尔多斯、呼伦贝尔、巴彦淖尔、乌兰察布	广西	14	南宁、柳州、桂林、梧州、北海、防城港、钦州、贵港、玉林、百色、贺州、河池、来宾、崇左
辽宁省	14	沈阳、大连、鞍山、抚顺、本溪、丹东、锦州、营口、阜新、辽阳、盘锦、铁岭、朝阳、葫芦岛	海南省	3	海口、三亚、儋州
吉林省	8	长春、吉林、四平、辽源、通辽、白山、松原、白城	重庆	1	重庆
黑龙江	12	哈尔滨、齐齐哈尔、鸡西、鹤岗、双鸭山、大庆、伊春、佳木斯、七台河、牡丹江、黑河、绥化	四川省	18	成都、自贡、攀枝花、泸州、德阳、绵阳、广元、遂宁、内江、乐山、南充、眉山、宜宾、广安、达州、雅安、巴中、资阳
上海	1	上海	贵州省	6	贵阳、六盘水、遵义、安顺、毕节、铜仁
江苏省	13	南京、无锡、徐州、常州、苏州、南通、连云港、淮安、盐城、扬州、镇江、泰州、宿迁	云南省	8	昆明、曲靖、玉溪、保山、昭通、丽江、普洱、临沧
浙江省	11	杭州、宁波、温州、嘉兴、湖州、绍兴、金华、衢州、舟山、台州、丽水	西藏	1	拉萨
安徽省	16	合肥、芜湖、蚌埠、淮南、马鞍山、淮北、铜陵、安庆、黄山、滁州、阜阳、宿州、六安、亳州、池州、宣城	陕西省	10	西安、铜川、宝鸡、咸阳、渭南、延安、汉中、榆林、安康、商洛
福建省	9	福州、厦门、莆田、三明、泉州、漳州、南平、龙岩、宁德	甘肃省	12	兰州、嘉峪关、金昌、白银、天水、武威、张掖、平凉、酒泉、庆阳、定西、陇南
江西省	11	南昌、景德镇、萍乡、九江、新余、鹰潭、赣州、吉安、宜春、抚州、上饶	青海省	2	西宁、海东
山东省	17	济南、青岛、淄博、枣庄、东营、烟台、潍坊、济宁、泰安、威海、日照、莱芜、临沂、德州、聊城、滨州、菏泽	宁夏	5	银川、石嘴山、吴忠、固原、中卫
			新疆	2	乌鲁木齐、克拉玛依

（一）中国城市绿色竞争力指数测算结果

根据 2015 年的数据，按照中国城市绿色竞争力指标体系，课题组测算了中国 290 个城市的绿色竞争力指数。具体指数及其排名如表 1–3 所示。

表 1-3 中国 290 个城市绿色竞争力指数及排名

城市	绿色竞争力综合指数		经济基础与科技进步		自然资产与环境压力		资源与环境效率		政策响应与社会福利	
	指数值	排名	分指数值	排名	分指数	排名	分指数	排名	分指数	排名
北京	0.4514	1	0.2031	1	0.0200	112	0.1057	4	0.1226	42
深圳	0.4313	2	0.1287	8	0.0216	91	0.1414	1	0.1396	3
上海	0.3907	3	0.1800	2	0.0096	283	0.0743	12	0.1269	27
长沙	0.3791	4	0.1268	9	0.0233	72	0.1120	3	0.1170	83
广州	0.3733	5	0.1562	3	0.0178	148	0.0693	17	0.1301	18
无锡	0.3597	6	0.1049	26	0.0221	84	0.1122	2	0.1204	57
贺州	0.3587	7	0.0543	179	0.0924	1	0.0820	9	0.1300	19
杭州	0.3564	8	0.1379	5	0.0230	76	0.0753	11	0.1201	58
三亚	0.3374	9	0.0910	42	0.0539	4	0.0610	38	0.1314	14
海口	0.3345	10	0.1092	18	0.0226	78	0.0862	8	0.1165	90
苏州	0.3337	11	0.1091	19	0.0127	254	0.0904	5	0.1214	49
常州	0.3283	12	0.1047	27	0.0176	153	0.0863	7	0.1196	64
南京	0.3275	13	0.1334	6	0.0172	160	0.0618	35	0.1151	104
天津	0.3253	14	0.1442	4	0.0069	290	0.0635	28	0.1106	152
克拉玛依	0.3234	15	0.0729	79	0.0276	38	0.0884	6	0.1346	11
武汉	0.3194	16	0.1306	7	0.0101	280	0.0680	20	0.1107	150
威海	0.3140	17	0.0985	35	0.0177	151	0.0629	30	0.1349	8
厦门	0.3121	18	0.0938	38	0.0161	180	0.0667	22	0.1355	7
东莞	0.3076	19	0.1069	22	0.0241	67	0.0505	86	0.1262	29
青岛	0.3047	20	0.1056	23	0.0159	189	0.0634	29	0.1198	63
东营	0.3042	21	0.1120	16	0.0112	274	0.0605	39	0.1205	56
长春	0.3023	22	0.0898	47	0.0274	39	0.0763	10	0.1088	168
昆明	0.3016	23	0.1053	24	0.0261	48	0.0405	200	0.1297	20
珠海	0.3016	24	0.1081	21	0.0122	262	0.0500	89	0.1312	15
镇江	0.3012	25	0.1002	34	0.0118	268	0.0667	23	0.1225	43
合肥	0.2993	26	0.1051	25	0.0154	198	0.0622	33	0.1165	87
成都	0.2990	27	0.1025	28	0.0169	165	0.0718	14	0.1078	177
拉萨	0.2976	28	0.0776	69	0.0424	10	0.0529	71	0.1246	36
宁波	0.2975	29	0.0910	43	0.0148	207	0.0677	21	0.1240	38
绍兴	0.2970	30	0.0950	37	0.0180	145	0.0569	47	0.1269	26
西安	0.2961	31	0.1221	11	0.0139	230	0.0443	154	0.1158	94
乌鲁木齐	0.2926	32	0.1186	12	0.0125	259	0.0536	69	0.1080	176

续表

城市	绿色竞争力综合指数		经济基础与科技进步		自然资产与环境压力		资源与环境效率		政策响应与社会福利	
	指数值	排名	分指数值	排名	分指数	排名	分指数	排名	分指数	排名
福州	0.2909	33	0.0898	48	0.0174	156	0.0564	49	0.1273	24
济南	0.2908	34	0.1124	15	0.0144	221	0.0573	44	0.1067	193
太原	0.2879	35	0.1089	20	0.0165	171	0.0476	110	0.1150	105
温州	0.2876	36	0.0842	55	0.0206	102	0.0561	50	0.1267	28
大庆	0.2869	37	0.1023	29	0.0167	168	0.0523	79	0.1156	99
泉州	0.2860	38	0.0713	87	0.0176	152	0.0661	25	0.1310	17
佛山	0.2859	39	0.0861	52	0.0096	282	0.0546	62	0.1356	6
呼和浩特	0.2854	40	0.1262	10	0.0148	206	0.0287	266	0.1157	95
鄂尔多斯	0.2850	41	0.0968	36	0.0174	157	0.0535	70	0.1173	82
芜湖	0.2840	42	0.1103	17	0.0116	271	0.0492	92	0.1130	127
南昌	0.2825	43	0.0922	39	0.0147	214	0.0552	56	0.1205	55
台州	0.2822	44	0.0769	72	0.0187	137	0.0521	80	0.1346	10
三明	0.2819	45	0.0714	86	0.0250	59	0.0584	41	0.1272	25
嘉兴	0.2815	46	0.1012	31	0.0084	287	0.0486	97	0.1232	39
惠州	0.2804	47	0.0742	76	0.0198	115	0.0526	76	0.1338	12
大连	0.2798	48	0.0916	40	0.0158	193	0.0549	60	0.1176	80
沈阳	0.2790	49	0.1011	32	0.0126	258	0.0528	74	0.1127	131
毕节	0.2790	50	0.0855	53	0.0301	23	0.0484	100	0.1150	106
郑州	0.2778	51	0.1012	30	0.0146	216	0.0545	63	0.1073	183
南通	0.2769	52	0.0814	60	0.0121	264	0.0645	27	0.1189	69
中山	0.2754	53	0.0900	45	0.0082	288	0.0542	66	0.1230	40
南宁	0.2752	54	0.0834	56	0.0217	90	0.0501	87	0.1200	60
铜陵	0.2745	55	0.0775	70	0.0116	270	0.0529	72	0.1325	13
扬州	0.2743	56	0.0778	68	0.0135	238	0.0649	26	0.1180	78
丽水	0.2730	57	0.0709	90	0.0303	22	0.0443	153	0.1275	23
汕头	0.2714	58	0.0806	63	0.0129	252	0.0432	165	0.1347	9
汕尾	0.2709	59	0.0426	260	0.0222	83	0.0441	156	0.1620	1
徐州	0.2700	60	0.0813	61	0.0157	195	0.0549	59	0.1181	75
哈尔滨	0.2698	61	0.0901	44	0.0197	117	0.0552	55	0.1047	209
金华	0.2696	62	0.0808	62	0.0186	139	0.0511	83	0.1191	67
龙岩	0.2690	63	0.0723	82	0.0237	69	0.0508	85	0.1221	45
酒泉	0.2684	64	0.0618	124	0.0578	2	0.0466	118	0.1022	231
淄博	0.2682	65	0.0900	46	0.0160	183	0.0543	65	0.1078	178

续表

城 市	绿色竞争力综合指数		经济基础与科技进步		自然资产与环境压力		资源与环境效率		政策响应与社会福利	
	指数值	排名	分指数值	排名	分指数	排名	分指数	排名	分指数	排名
烟台	0.2680	66	0.1009	33	0.0147	209	0.0489	95	0.1035	221
潍坊	0.2674	67	0.0895	49	0.0144	222	0.0447	148	0.1188	70
舟山	0.2673	68	0.0669	96	0.0210	99	0.0544	64	0.1250	33
贵阳	0.2669	69	0.1131	14	0.0199	113	0.0393	209	0.0945	270
松原	0.2651	70	0.0584	148	0.0283	33	0.0687	18	0.1098	160
漳州	0.2650	71	0.0593	142	0.0189	131	0.0614	36	0.1254	31
遵义	0.2643	72	0.0711	88	0.0274	40	0.0408	196	0.1251	32
湖州	0.2637	73	0.0816	59	0.0165	170	0.0475	111	0.1181	76
盐城	0.2631	74	0.0800	66	0.0132	246	0.0570	46	0.1129	128
泰州	0.2625	75	0.0805	64	0.0100	281	0.0622	34	0.1098	159
兰州	0.2614	76	0.1171	13	0.0103	279	0.0456	135	0.0883	284
洛阳	0.2606	77	0.0916	41	0.0212	96	0.0415	185	0.1063	197
新余	0.2606	78	0.0729	78	0.0190	128	0.0465	120	0.1222	44
银川	0.2600	79	0.0750	74	0.0132	244	0.0470	116	0.1248	35
铜仁	0.2599	80	0.0651	106	0.0254	54	0.0411	190	0.1284	21
莆田	0.2599	81	0.0624	119	0.0218	89	0.0561	51	0.1196	65
石家庄	0.2595	82	0.0875	51	0.0145	220	0.0460	124	0.1116	140
襄阳	0.2575	83	0.0801	65	0.0183	144	0.0481	102	0.1110	148
宣城	0.2575	84	0.0657	104	0.0220	87	0.0487	96	0.1211	51
衢州	0.2566	85	0.0709	89	0.0218	88	0.0500	90	0.1140	117
包头	0.2564	86	0.0851	54	0.0107	277	0.0423	174	0.1183	72
宁德	0.2562	87	0.0500	208	0.0256	51	0.0611	37	0.1194	66
郴州	0.2552	88	0.0618	125	0.0252	55	0.0399	205	0.1283	22
绵阳	0.2549	89	0.0772	71	0.0221	85	0.0490	94	0.1066	194
重庆	0.2548	90	0.0818	57	0.0188	135	0.0409	195	0.1133	126
六盘水	0.2547	91	0.0666	98	0.0290	30	0.0443	152	0.1147	108
北海	0.2543	92	0.0614	126	0.0193	124	0.0527	75	0.1209	53
黑河	0.2539	93	0.0256	288	0.0489	5	0.0629	31	0.1165	86
乌兰察布	0.2536	94	0.0454	239	0.0324	16	0.0549	58	0.1209	52
张掖	0.2520	95	0.0545	176	0.0542	3	0.0483	101	0.0950	268
资阳	0.2517	96	0.0438	252	0.0251	56	0.0704	15	0.1124	133

续表

城市	绿色竞争力综合指数		经济基础与科技进步		自然资产与环境压力		资源与环境效率		政策响应与社会福利	
	指数值	排名	分指数值	排名	分指数	排名	分指数	排名	分指数	排名
池州	0.2517	97	0.0564	161	0.0231	74	0.0460	125	0.1262	30
常德	0.2509	98	0.0636	112	0.0177	150	0.0549	57	0.1147	107
株洲	0.2508	99	0.0611	131	0.0193	125	0.0486	98	0.1218	46
安顺	0.2506	100	0.0626	116	0.0247	61	0.0452	138	0.1181	77
日照	0.2506	101	0.0664	102	0.0164	174	0.0463	121	0.1215	48
泰安	0.2496	102	0.0746	75	0.0146	215	0.0463	122	0.1141	116
德州	0.2489	103	0.0761	73	0.0108	276	0.0420	177	0.1200	59
丽江	0.2488	104	0.0535	184	0.0452	8	0.0389	213	0.1113	142
黄山	0.2473	105	0.0567	159	0.0355	14	0.0413	188	0.1138	121
辽源	0.2472	106	0.0529	190	0.0237	68	0.0661	24	0.1044	212
西宁	0.2469	107	0.0895	50	0.0119	266	0.0387	214	0.1068	192
广元	0.2469	108	0.0645	109	0.0241	65	0.0440	158	0.1143	114
茂名	0.2461	109	0.0706	92	0.0138	231	0.0457	133	0.1160	91
桂林	0.2459	110	0.0705	93	0.0256	50	0.0377	225	0.1121	137
马鞍山	0.2458	111	0.0739	77	0.0122	263	0.0432	164	0.1165	88
南充	0.2445	112	0.0469	226	0.0371	11	0.0723	13	0.0882	285
鹰潭	0.2439	113	0.0498	210	0.0195	119	0.0381	221	0.1365	5
唐山	0.2437	114	0.0787	67	0.0140	228	0.0473	112	0.1038	220
潮州	0.2435	115	0.0620	123	0.0225	80	0.0485	99	0.1104	154
宿迁	0.2433	116	0.0646	108	0.0179	146	0.0539	68	0.1069	190
榆林	0.2432	117	0.0529	191	0.0148	208	0.0681	19	0.1075	180
许昌	0.2431	118	0.0651	105	0.0167	167	0.0600	40	0.1013	240
蚌埠	0.2427	119	0.0709	91	0.0159	190	0.0471	115	0.1088	167
德阳	0.2427	120	0.0599	136	0.0179	147	0.0555	53	0.1094	163
岳阳	0.2424	121	0.0817	58	0.0129	251	0.0406	198	0.1072	188
玉林	0.2418	122	0.0572	156	0.0299	24	0.0460	126	0.1087	171
白城	0.2418	123	0.0520	197	0.0297	26	0.0528	73	0.1072	186
湘潭	0.2411	124	0.0716	84	0.0131	247	0.0444	151	0.1119	138
黄冈	0.2406	125	0.0542	180	0.0484	6	0.0566	48	0.0815	290
沧州	0.2403	126	0.0611	130	0.0157	194	0.0478	107	0.1156	98
临沂	0.2402	127	0.0725	81	0.0159	188	0.0431	166	0.1087	172

续表

城　市	绿色竞争力综合指数		经济基础与科技进步		自然资产与环境压力		资源与环境效率		政策响应与社会福利	
	指数值	排名	分指数值	排名	分指数	排名	分指数	排名	分指数	排名
雅安	0.2399	128	0.0402	274	0.0339	15	0.0491	93	0.1167	84
固原	0.2393	129	0.0569	157	0.0294	28	0.0459	130	0.1072	189
延安	0.2393	130	0.0490	214	0.0278	37	0.0623	32	0.1002	249
江门	0.2388	131	0.0637	111	0.0143	225	0.0410	193	0.1198	61
巴中	0.2385	132	0.0383	281	0.0471	7	0.0523	78	0.1008	243
安康	0.2382	133	0.0583	149	0.0193	122	0.0476	109	0.1129	129
张家界	0.2380	134	0.0631	113	0.0251	58	0.0457	132	0.1042	215
六安	0.2374	135	0.0677	95	0.0164	172	0.0393	210	0.1140	118
营口	0.2373	136	0.0589	143	0.0147	213	0.0508	84	0.1129	130
柳州	0.2366	137	0.0666	99	0.0234	71	0.0465	119	0.1001	250
曲靖	0.2363	138	0.0448	245	0.0187	138	0.0363	234	0.1365	4
韶关	0.2361	139	0.0526	194	0.0246	62	0.0383	218	0.1206	54
景德镇	0.2355	140	0.0551	170	0.0210	98	0.0416	184	0.1179	79
吉安	0.2355	141	0.0517	200	0.0215	93	0.0409	194	0.1213	50
枣庄	0.2354	142	0.0584	146	0.0159	187	0.0472	113	0.1138	120
通化	0.2353	143	0.0503	207	0.0246	63	0.0547	61	0.1056	205
庆阳	0.2352	144	0.0451	241	0.0355	13	0.0696	16	0.0850	288
滨州	0.2348	145	0.0668	97	0.0103	278	0.0350	243	0.1227	41
呼伦贝尔	0.2343	146	0.0599	137	0.0303	21	0.0431	167	0.1009	242
巴彦淖尔	0.2343	147	0.0398	275	0.0272	42	0.0361	239	0.1312	16
南平	0.2341	148	0.0576	151	0.0282	34	0.0370	229	0.1113	143
秦皇岛	0.2337	149	0.0714	85	0.0158	192	0.0321	259	0.1144	111
湛江	0.2337	150	0.0604	133	0.0168	166	0.0429	171	0.1135	123
天水	0.2336	151	0.0563	163	0.0310	19	0.0422	175	0.1041	217
梅州	0.2336	152	0.0449	243	0.0262	46	0.0376	226	0.1249	34
普洱	0.2332	153	0.0445	247	0.0450	9	0.0324	256	0.1112	144
绥化	0.2331	154	0.0449	244	0.0193	123	0.0578	42	0.1111	145
连云港	0.2318	155	0.0628	115	0.0132	245	0.0459	127	0.1098	158
九江	0.2318	156	0.0611	129	0.0200	110	0.0342	247	0.1165	89
河源	0.2316	157	0.0436	253	0.0297	25	0.0459	131	0.1124	134
钦州	0.2313	158	0.0574	153	0.0241	66	0.0439	159	0.1060	201

续表

城市	绿色竞争力综合指数		经济基础与科技进步		自然资产与环境压力		资源与环境效率		政策响应与社会福利	
	指数值	排名	分指数值	排名	分指数	排名	分指数	排名	分指数	排名
焦作	0.2309	159	0.0728	80	0.0147	212	0.0390	211	0.1044	213
阳江	0.2308	160	0.0533	185	0.0198	114	0.0433	163	0.1143	112
南阳	0.2308	161	0.0662	103	0.0225	81	0.0481	103	0.0939	271
四平	0.2305	162	0.0596	141	0.0202	108	0.0575	43	0.0931	275
滁州	0.2302	163	0.0584	147	0.0166	169	0.0472	114	0.1080	175
吉林	0.2302	164	0.0679	94	0.0226	79	0.0378	223	0.1018	234
莱芜	0.2300	165	0.0620	122	0.0153	199	0.0418	179	0.1109	149
乌海	0.2297	166	0.0665	100	0.0089	284	0.0359	241	0.1183	71
信阳	0.2296	167	0.0491	213	0.0235	70	0.0571	45	0.0999	252
新乡	0.2296	168	0.0628	114	0.0136	236	0.0459	128	0.1072	187
济宁	0.2295	169	0.0650	107	0.0136	237	0.0407	197	0.1101	156
廊坊	0.2294	170	0.0720	83	0.0127	255	0.0451	140	0.0996	253
通辽	0.2293	171	0.0547	174	0.0202	109	0.0434	162	0.1110	147
儋州	0.2292	172	0.0622	121	0.0164	175	0.0364	233	0.1143	113
淮安	0.2291	173	0.0597	139	0.0145	219	0.0524	77	0.1025	229
广安	0.2290	174	0.0467	228	0.0176	154	0.0457	134	0.1191	68
梧州	0.2290	175	0.0562	164	0.0295	27	0.0381	220	0.1052	207
乐山	0.2290	176	0.0553	167	0.0198	116	0.0480	104	0.1059	203
张家口	0.2284	177	0.0531	187	0.0195	120	0.0384	217	0.1173	81
安庆	0.2272	178	0.0552	169	0.0151	203	0.0447	147	0.1122	135
泸州	0.2271	179	0.0589	144	0.0195	121	0.0459	129	0.1029	225
聊城	0.2269	180	0.0603	134	0.0127	257	0.0418	180	0.1121	136
朔州	0.2267	181	0.0601	135	0.0144	224	0.0370	231	0.1153	101
遂宁	0.2252	182	0.0455	236	0.0227	77	0.0553	54	0.1016	237
牡丹江	0.2248	183	0.0607	132	0.0280	35	0.0446	149	0.0915	279
邯郸	0.2245	184	0.0625	117	0.0149	205	0.0410	192	0.1060	200
河池	0.2237	185	0.0499	209	0.0358	12	0.0247	274	0.1134	125
石嘴山	0.2236	186	0.0565	160	0.0185	141	0.0375	227	0.1111	146
亳州	0.2233	187	0.0454	238	0.0119	265	0.0501	88	0.1158	93
贵港	0.2230	188	0.0625	118	0.0205	104	0.0383	219	0.1017	236
赤峰	0.2222	189	0.0598	138	0.0254	53	0.0212	280	0.1157	96

续表

城 市	绿色竞争力综合指数		经济基础与科技进步		自然资产与环境压力		资源与环境效率		政策响应与社会福利	
	指数值	排名	分指数值	排名	分指数	排名	分指数	排名	分指数	排名
肇庆	0.2217	190	0.0611	128	0.0231	73	0.0371	228	0.1004	248
晋中	0.2215	191	0.0643	110	0.0084	286	0.0342	246	0.1145	110
锦州	0.2214	192	0.0622	120	0.0152	201	0.0417	182	0.1024	230
保定	0.2207	193	0.0664	101	0.0173	158	0.0396	206	0.0974	264
菏泽	0.2206	194	0.0544	178	0.0162	179	0.0403	202	0.1097	162
玉溪	0.2204	195	0.0517	199	0.0208	100	0.0296	263	0.1182	73
永州	0.2203	196	0.0512	203	0.0231	75	0.0395	208	0.1066	195
佳木斯	0.2197	197	0.0466	229	0.0304	20	0.0337	250	0.1090	166
咸阳	0.2195	198	0.0505	206	0.0138	233	0.0450	142	0.1103	155
宜宾	0.2194	199	0.0516	201	0.0170	163	0.0435	161	0.1073	185
铜川	0.2193	200	0.0450	242	0.0156	196	0.0431	168	0.1157	97
宝鸡	0.2191	201	0.0547	173	0.0192	126	0.0271	271	0.1181	74
开封	0.2184	202	0.0550	171	0.0134	241	0.0453	137	0.1046	210
盘锦	0.2182	203	0.0462	230	0.0145	218	0.0447	146	0.1127	132
商洛	0.2179	204	0.0474	225	0.0191	127	0.0298	262	0.1216	47
汉中	0.2177	205	0.0528	193	0.0163	177	0.0445	150	0.1041	216
黄石	0.2172	206	0.0476	221	0.0135	239	0.0410	191	0.1151	103
丹东	0.2171	207	0.0529	192	0.0188	134	0.0421	176	0.1033	222
抚顺	0.2169	208	0.0545	177	0.0208	101	0.0323	257	0.1093	164
濮阳	0.2167	209	0.0484	217	0.0163	176	0.0512	82	0.1008	244
商丘	0.2163	210	0.0404	270	0.0190	130	0.0540	67	0.1029	224
安阳	0.2158	211	0.0580	150	0.0123	260	0.0413	189	0.1041	219
渭南	0.2157	212	0.0476	223	0.0130	250	0.0454	136	0.1097	161
上饶	0.2155	213	0.0558	165	0.0269	43	0.0129	288	0.1198	62
防城港	0.2150	214	0.0455	237	0.0205	103	0.0449	145	0.1041	218
昭通	0.2148	215	0.0441	250	0.0290	31	0.0401	204	0.1016	238
宜春	0.2147	216	0.0479	220	0.0184	142	0.0403	203	0.1082	174
大同	0.2144	217	0.0518	198	0.0160	182	0.0377	224	0.1088	169
平顶山	0.2131	218	0.0541	181	0.0164	173	0.0449	144	0.0977	261
随州	0.2128	219	0.0539	183	0.0242	64	0.0370	230	0.0978	260
揭阳	0.2127	220	0.0556	166	0.0204	106	0.0479	105	0.0888	282

续表

城市	绿色竞争力综合指数		经济基础与科技进步		自然资产与环境压力		资源与环境效率		政策响应与社会福利	
	指数值	排名	分指数值	排名	分指数	排名	分指数	排名	分指数	排名
百色	0.2125	221	0.0548	172	0.0286	32	0.0139	286	0.1151	102
驻马店	0.2125	222	0.0430	257	0.0172	159	0.0477	108	0.1045	211
萍乡	0.2123	223	0.0506	205	0.0186	140	0.0404	201	0.1026	227
自贡	0.2118	224	0.0546	175	0.0170	162	0.0517	81	0.0884	283
中卫	0.2117	225	0.0541	182	0.0114	272	0.0430	170	0.1032	223
晋城	0.2116	226	0.0484	218	0.0160	185	0.0338	249	0.1135	124
益阳	0.2113	227	0.0485	216	0.0174	155	0.0395	207	0.1058	204
云浮	0.2111	228	0.0457	235	0.0188	132	0.0361	238	0.1105	153
定西	0.2101	229	0.0417	265	0.0320	18	0.0492	91	0.0871	286
淮南	0.2088	230	0.0493	212	0.0086	285	0.0367	232	0.1142	115
淮北	0.2084	231	0.0433	255	0.0116	269	0.0417	181	0.1119	139
咸宁	0.2084	232	0.0553	168	0.0190	129	0.0243	276	0.1099	157
阜阳	0.2080	233	0.0445	248	0.0172	161	0.0438	160	0.1026	228
三门峡	0.2079	234	0.0531	188	0.0205	105	0.0336	253	0.1007	247
十堰	0.2079	235	0.0386	280	0.0293	29	0.0337	252	0.1063	198
双鸭山	0.2078	236	0.0360	283	0.0215	92	0.0461	123	0.1042	214
嘉峪关	0.2077	237	0.0468	227	0.0111	275	0.0255	273	0.1244	37
抚州	0.2074	238	0.0420	264	0.0251	57	0.0344	245	0.1060	202
清远	0.2066	239	0.0522	195	0.0188	133	0.0430	169	0.0926	277
来宾	0.2065	240	0.0495	211	0.0220	86	0.0243	275	0.1107	151
娄底	0.2063	241	0.0457	234	0.0158	191	0.0442	155	0.1007	246
邢台	0.2063	242	0.0564	162	0.0134	242	0.0380	222	0.0986	257
衡阳	0.2063	243	0.0521	196	0.0154	197	0.0405	199	0.0983	258
鹤壁	0.2056	244	0.0476	222	0.0113	273	0.0419	178	0.1048	208
承德	0.2052	245	0.0576	152	0.0212	97	0.0125	289	0.1139	119
怀化	0.2046	246	0.0572	155	0.0261	47	0.0280	270	0.0933	274
鸡西	0.2045	247	0.0356	284	0.0213	95	0.0389	212	0.1087	173
宜昌	0.2040	248	0.0568	158	0.0200	111	0.0199	281	0.1074	182
赣州	0.2033	249	0.0511	204	0.0222	82	0.0362	237	0.0938	272
平凉	0.2030	250	0.0426	261	0.0160	184	0.0450	141	0.0994	256
攀枝花	0.2029	251	0.0596	140	0.0197	118	0.0218	279	0.1017	235

续表

城 市	绿色竞争力综合指数		经济基础与科技进步		自然资产与环境压力		资源与环境效率		政策响应与社会福利	
	指数值	排名	分指数值	排名	分指数	排名	分指数	排名	分指数	排名
伊春	0.2025	252	0.0227	290	0.0321	17	0.0311	260	0.1166	85
崇左	0.2025	253	0.0588	145	0.0203	107	0.0227	278	0.1007	245
邵阳	0.2021	254	0.0412	268	0.0265	45	0.0362	236	0.0982	259
荆门	0.2019	255	0.0431	256	0.0147	210	0.0414	187	0.1027	226
铁岭	0.2014	256	0.0433	254	0.0123	261	0.0322	258	0.1136	122
本溪	0.2012	257	0.0531	189	0.0258	49	0.0149	285	0.1074	181
宿州	0.2012	258	0.0446	246	0.0152	200	0.0353	242	0.1061	199
临汾	0.2010	259	0.0482	219	0.0163	178	0.0295	264	0.1069	191
长治	0.2009	260	0.0487	215	0.0159	186	0.0286	269	0.1076	179
临沧	0.2008	261	0.0365	282	0.0279	36	0.0416	183	0.0948	269
达州	0.2008	262	0.0462	232	0.0188	136	0.0440	157	0.0918	278
葫芦岛	0.2006	263	0.0438	251	0.0140	229	0.0335	254	0.1093	165
朝阳	0.1999	264	0.0424	262	0.0141	226	0.0415	186	0.1019	232
齐齐哈尔	0.1995	265	0.0462	231	0.0178	149	0.0425	173	0.0929	276
保山	0.1992	266	0.0394	277	0.0247	60	0.0340	248	0.1010	241
内江	0.1991	267	0.0396	276	0.0144	223	0.0449	143	0.1001	251
武威	0.1988	268	0.0428	258	0.0183	143	0.0479	106	0.0898	280
辽阳	0.1985	269	0.0573	154	0.0137	234	0.0130	287	0.1145	109
阳泉	0.1985	270	0.0532	186	0.0170	164	0.0170	283	0.1114	141
运城	0.1981	271	0.0512	202	0.0131	248	0.0178	282	0.1160	92
阜新	0.1976	272	0.0409	269	0.0146	217	0.0348	244	0.1073	184
漯河	0.1968	273	0.0350	285	0.0134	243	0.0466	117	0.1018	233
陇南	0.1960	274	0.0393	278	0.0267	44	0.0286	268	0.1015	239
吴忠	0.1959	275	0.0422	263	0.0152	202	0.0230	277	0.1155	100
孝感	0.1955	276	0.0391	279	0.0147	211	0.0329	255	0.1088	170
眉山	0.1954	277	0.0457	233	0.0151	204	0.0452	139	0.0894	281
周口	0.1951	278	0.0403	271	0.0161	181	0.0559	52	0.0828	289
七台河	0.1941	279	0.0336	286	0.0213	94	0.0337	251	0.1054	206
金昌	0.1935	280	0.0324	287	0.0136	235	0.0056	290	0.1418	2
鄂州	0.1925	281	0.0444	249	0.0078	289	0.0427	172	0.0976	262
鞍山	0.1904	282	0.0614	127	0.0138	232	0.0157	284	0.0996	254

续表

城市	绿色竞争力综合指数		经济基础与科技进步		自然资产与环境压力		资源与环境效率		政策响应与社会福利	
	指数值	排名	分指数值	排名	分指数	排名	分指数	排名	分指数	排名
白山	0.1894	283	0.0412	267	0.0256	52	0.0363	235	0.0863	287
衡水	0.1884	284	0.0402	273	0.0140	227	0.0385	216	0.0957	267
白银	0.1882	285	0.0402	272	0.0130	249	0.0286	267	0.1065	196
海东	0.1880	286	0.0428	259	0.0127	256	0.0387	214	0.0937	273
鹤岗	0.1842	287	0.0237	289	0.0272	41	0.0359	240	0.0974	263
忻州	0.1840	288	0.0452	240	0.0135	240	0.0289	265	0.0964	265
吕梁	0.1837	289	0.0414	266	0.0128	253	0.0300	261	0.0995	255
荆州	0.1821	290	0.0475	224	0.0119	267	0.0266	272	0.0961	266

注：1. 本表根据“中国城市绿色竞争力评价指标体系”，各指标依据 2015 年数据测算而得；2. 本表中各测评城市按照绿色竞争力综合指数的指数值从大到小排序；3. 本表中绿色竞争力综合指数等于经济基础与科技进步、自然资产与环境压力、资源与环境效率和政策响应与社会福利 4 个一级指标分数之和；4. 本表测算结果保留 4 位小数，如果指数相同排名相同说明两市测算的指数完全一样，如果指数相同但排名不同则是小数点四舍五入的结果，说明指数值在小数点后 4 位之后有差异，本报告此后所有测算结果均采用该方法保留 4 位小数；5. 以上数据及排名根据《中国统计年鉴 2016》《中国城市统计年鉴 2016》《中国环境统计年鉴 2016》《2015 中国环境统计年报》《中国省市经济发展年鉴 2016》《中国城市建设统计年鉴 2016》《国泰安数据库—经济研究系列区域经济库》等测算。

（二）城市绿色竞争力指数的分布与比较

在参与测算的 290 个城市中，城市绿色竞争力综合指数平均值为 0.2434，其中，有 115 个城市的绿色竞争力指数高于平均水平，175 个城市的绿色竞争力指数低于平均水平。综合指数最高的城市是北京，达到 0.4514；最低的城市是荆州，仅为 0.1821。综合指数排在前 20 位的城市依次是北京、深圳、上海、长沙、广州、无锡、贺州、杭州、三亚、海口、苏州、常州、南京、天津、克拉玛依、武汉、威海、厦门、东莞和青岛。根据表 1–3，报告同时绘出了 2015 年中国城市绿色竞争力指数排名前 20 城市和排名后 20 城市的比较图，具体分布情况见图 1–3。

根据表 1–3 和图 1–3，报告进一步从地理区域、城市群、城市人口规模、经济发展水平等不同角度，对城市绿色竞争力指数进行了更加深入地探讨，以求更加细致、全面地了解中国城市绿色竞争力的发展状况。

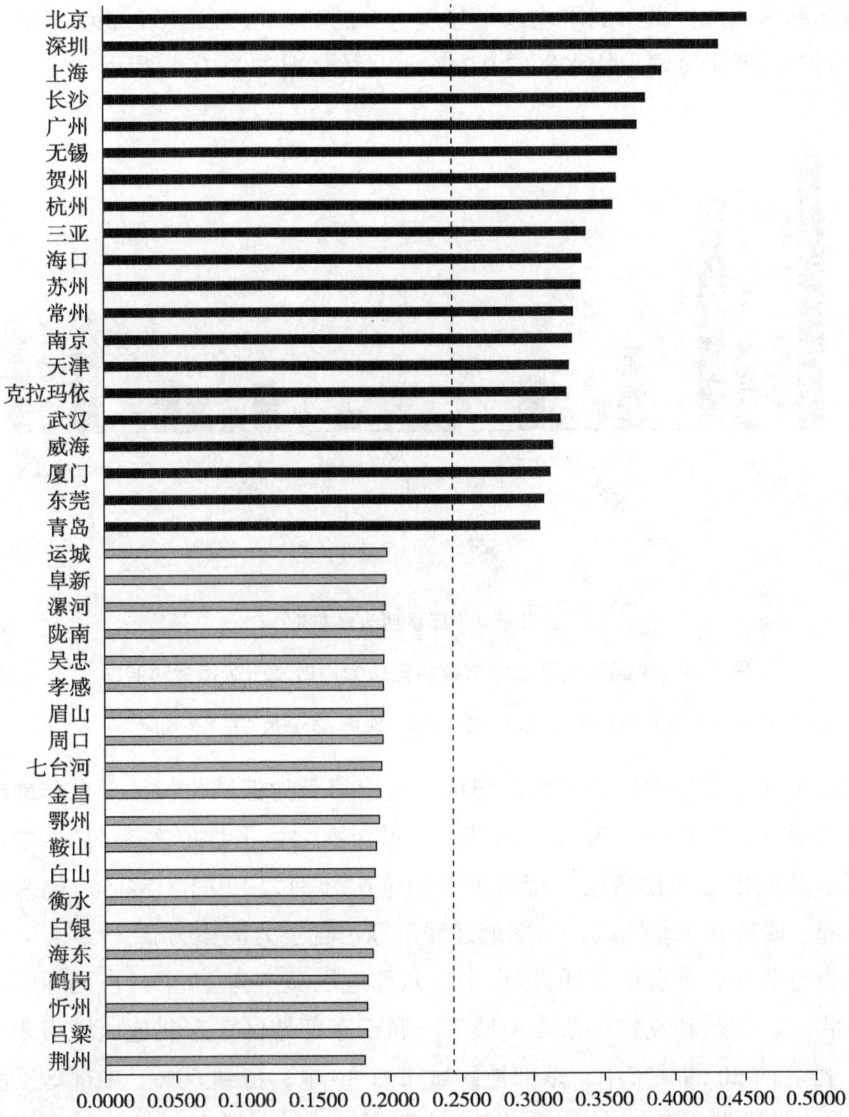

图 1–3　中国城市绿色竞争力指数排名前 20 城市和排名后 20 城市比较图

注：本图根据表 1–3 制作。指数值由高到低排列，虚线表示所有参评城市绿色竞争力指数的平均值 0.2434。

1. 不同地理区域城市绿色竞争力差异分析

（1）区域间对比

按照东部、中部、西部和东北地区的地理区域划分标准，报告绘制了 2015 年中国城市绿色竞争力指数区域比较。从城市绿色竞争力指数来看，区域差异非常明显，东部地区城市遥遥领先，西部地区稍强，中部和东北地区水平相当，较为落后。其中，东部所有测评城市的平均水平达到 0.2701，远高于其他地区。中部、西部和东北地区城市的平均水平分别为 0.2283、0.2373、0.2259，均低于东部地区，同时也低于全国平均水平的 0.2434。具体情况如图 1-4 所示。

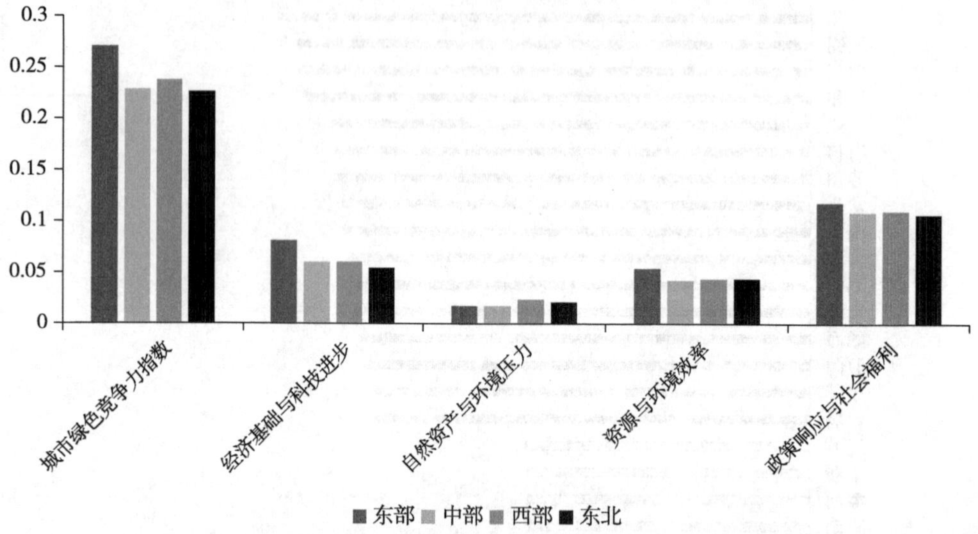

图 1-4　中国四大区域城市绿色竞争力指数及一级指标对照图

注：本图数据为四大区域中各城市绿色竞争力指数值及一级指标分数值的算术平均值。

从城市绿色竞争力排名来看，同样呈现出显著的区域化特征。东部地区多数城市排名靠前，平均位次为 92；西部地区城市次之，平均位次为 153；中部和东北地区多数城市总体排名比较接近，平均位次分别为 179 和 184。总体来看，相对于中部、西部和东北地区，东部地区城市绿色竞争力优势明显。

综合排名中，排名前 20 的城市中，东部地区城市有 16 个，占到 80%，仅有长沙、武汉、贺州和克拉玛依 4 个城市不属于东部地区，东北地区城市未能进入前 20；排名前 50 的城市中，东部地区城市有 30 个，占到 60%，中部地区城市有 6 个，西部地区城市有 10 个，东北地区城市有 4 个；在全国 115 个城市绿色竞争力综合指数高于平均水平的城市中，东部地区城市有 57 个，几乎占到总数的一半，中部地区城市有 19 个，西部地区城市有 31 个，东北地区城市仅有 8 个。

（2）区域内对比

从区域内城市绿色竞争力排名的位次差和指数值的差来看，各区域内的城市排名差异比较明显。东部地区排名最高的北京（第 1 名，指数值 0.4514）与排名最低的衡水（第 284 名，指数值 0.1884）之间的位次差为 283，在四大区域中位差排名第二，指数值的差为 0.2630，在四大区域中位差排名第一；中部地区排名最高的长沙（第 4 名，指数值 0.3791）与排名最低的荆州（第 290 名，指数值 0.1821）之间的位次差为 286，在四大区域中位差排名第一，指数值的差为 0.1970，在四大区域中位差排名第二；西部地区排名最高的贺州（第 7 名，指数值 0.3587）与排名最低的海东（第 286 名，指数值 0.1880）之间的位次差为 279，在四大区域中位差排名第三，指数值的差为 0.1707，在四大区域中位差排名第三；东北地区排名最高的长春（第 22 名，指数值 0.3023）与排名最低的鹤岗（第 287 名，指数值 0.1842）之间的位次差为 265，在四大区域中位差排名第四，指数值的差为 0.1181，在四大区域中位差排名第四（见图 5）。

在东部地区参评的 88 个城市中，有 8 个城市位居所有参评城市的前 10 位，分别是北京、深圳、上海、广州、无锡、杭州、三亚和海口，占东部城市的 9.09%。除去全国排名前 10 的 8 个城市外，苏州、南京、天津、济南、石家庄、潮州等 49 个城市排在全国第 11 名到第 115 名不等的位置，以上 57 个东部城市的绿色竞争力指数高于全国平均水平，占东部城市的 64.77%。而宿迁、连云港、邯郸、衡水等其余 31 个城市位于所有参评城市的第 116 位到第 284 位，这些城市的指数值均低于全国平均水平。总体来看，东部地区城市绿色竞争力优势明显，多数城市位于全国平均水平之上，只有少部分城市低于平均水平，区域内的城市差距较小。

在中部地区参评的 80 个城市中，仅有长沙 1 个城市位居所有参评城市的前 10 位，占中部城市的 1.25%。除长沙外，武汉、合肥、郑州、常德、鹰潭等 18 个城市排在全国第 16 名到第 113 名不等的位置，以上 19 个中部城市的绿色竞争力指数高于全国平均水平，占东部城市的 23.75%。而许昌、焦作、上饶、大同、赣州、荆州等其余 61 个城市位于所有参评城市的第 118 位到第 290 位，这些城市的指数值均低于全国平均水平。总体来看，中部地区城市绿色竞争力较东部地区处于明显劣势，超过 3/4 的城市位于全国平均水平之下，仅有不足 1/4 的城市高于平均水平，且差距较大。

在西部地区参评的 88 个城市中，仅有贺州 1 个城市位居所有参评城市的前 10 位，占东部城市的 1.14%。除贺州外，克拉玛依、呼和浩特、南宁、兰州、重庆、西宁、南充等 30 个城市排在全国第 15 名到第 112 名不等的位置，以上 31 个西部城市的绿色竞争力指数高于全国平均水平，占西部城市的 35.23%。而榆林、柳州、天水、赤峰、宝鸡、攀枝花、海东等其余 57 个城市位于所有参评城市的第 117 位到第 286 位，这些城市的指数值均低于全国平均水平。总体来看，西部地区城市绿色竞争力尽管无法与东部地区城市相比，但是相比于中部城市而言，仍具有一定的优势，超过 1/3 的城市位于全国平均水平之上，其余不到 2/3 的城市低于全国平均水平，差距相对较大。

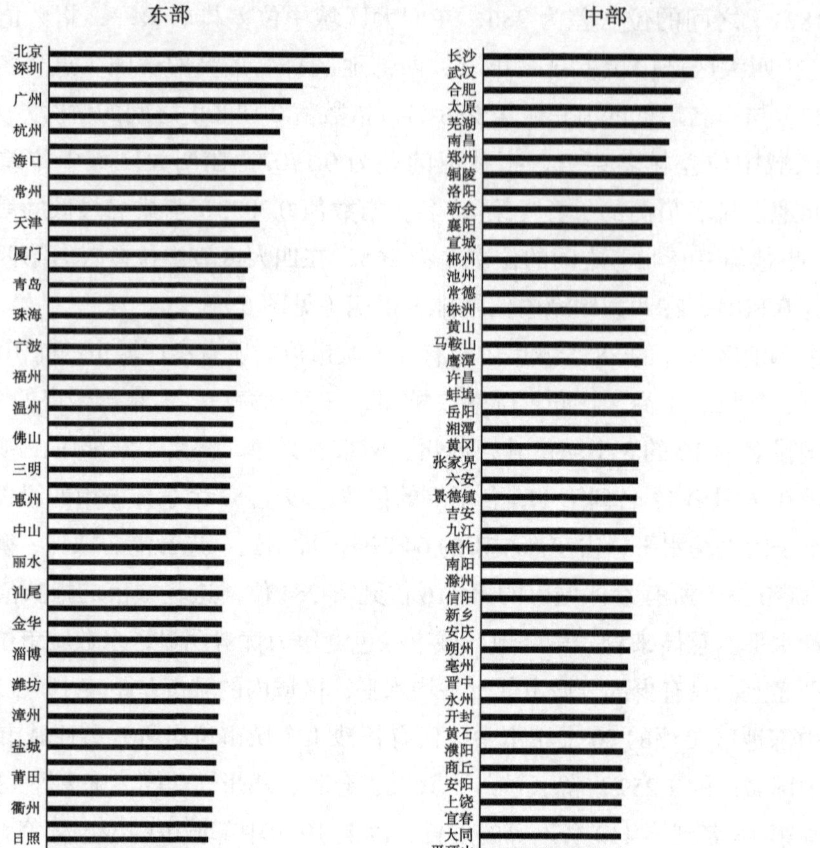
东部
北京
深圳
广州
杭州
海口
常州
天津
厦门
青岛
珠海
宁波
福州
温州
佛山
三明
惠州
中山
丽水
汕尾
金华
淄博
潍坊
漳州
盐城
莆田
衢州
日照
德州
唐山
宿迁
临沂
韶关
滨州
秦皇岛
梅州
河源
莱芜
廊坊
淮安
聊城
肇庆
菏泽
云浮
邢台
衡水
0
0.1
0.2
0.3
0.4
0.5
中部
长沙
武汉
合肥
太原
芜湖
南昌
郑州
铜陵
洛阳
新余
襄阳
宣城
郴州
池州
常德
株洲
黄山
马鞍山
鹰潭
许昌
蚌埠
岳阳
湘潭
黄冈
张家界
六安
景德镇
吉安
九江
焦作
南阳
滁州
信阳
新乡
安庆
朔州
亳州
晋中
永州
开封
黄石
濮阳
商丘
安阳
上饶
宜春
大同
平顶山
随州
驻马店
萍乡
晋城
益阳
淮南
淮北
咸宁
阜阳
三门峡
十堰
抚州
娄底
衡阳
鹤壁
怀化
宜昌
赣州
邵阳
荆门
宿州
临汾
长治
阳泉
运城
漯河
孝感
周口
鄂州
忻州
吕梁
荆州
0
0.1
0.2
0.3
0.4
0.5

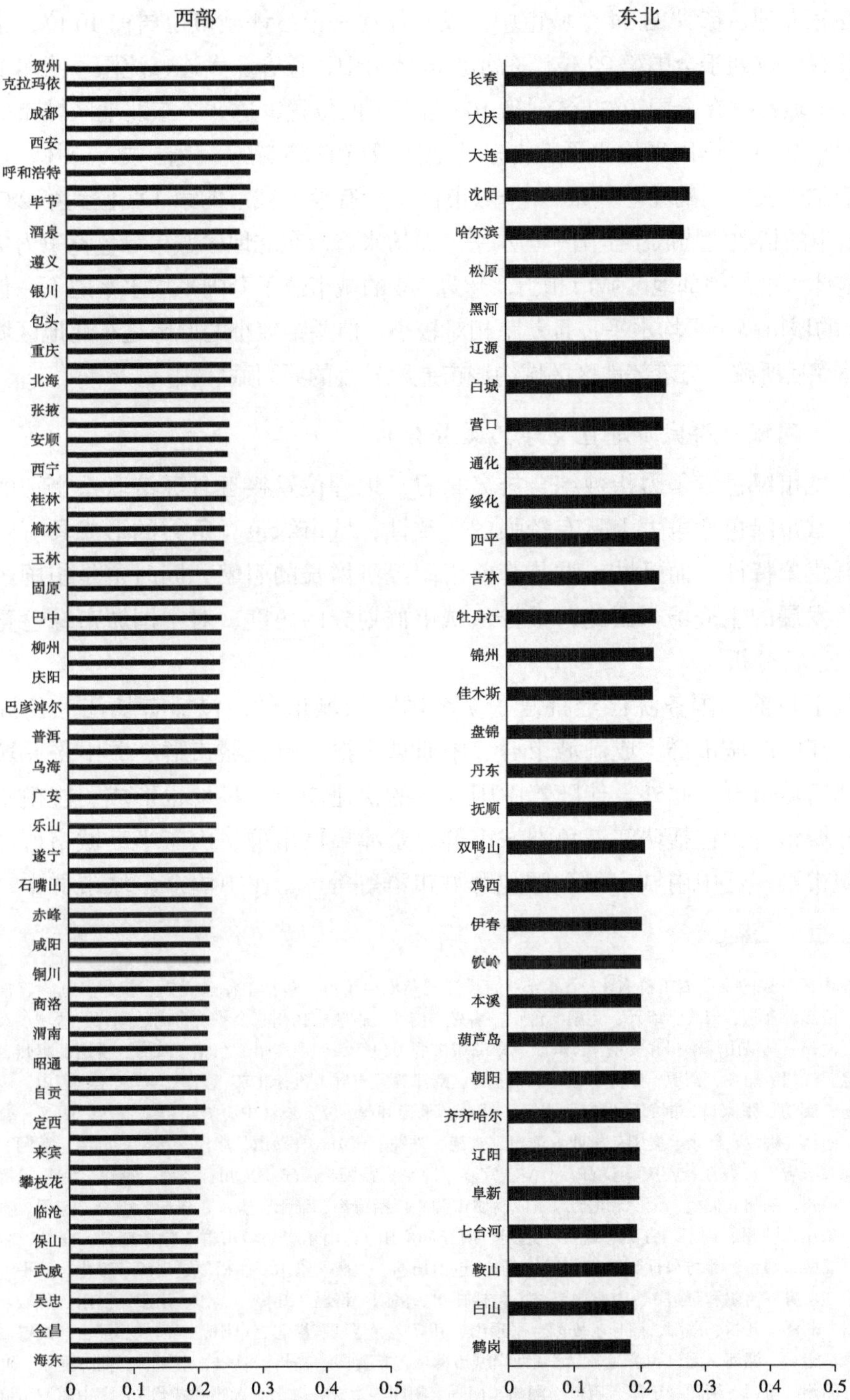

图 1–5 中国城市绿色竞争力指数区域对比

注：本图按照东部、中部、西部和东北地区划分，根据城市绿色竞争力指数大小由上至下排列。

在东北地区参评的 34 个城市中，没有任何一个参评城市位居前 10 位，排名最高的长春仅位列于全国第 22 位。东北地区城市中，长春、大连、沈阳、哈尔滨、辽源等 8 个城市排在全国第 22 名到第 106 名不等的位置，这 8 个东北地区城市的绿色竞争力指数高于全国平均水平，占东北地区城市的 23.53%。而白城、吉林、抚顺、齐齐哈尔、鞍山、鹤岗等其余 26 个城市位于所有参评城市的第 123 位到第 287 位，这些城市的指数值均低于全国平均水平。总体来看，东北地区城市绿色竞争力劣势明显，整体水平与中部地区城市相当，超过 3/4 的城市位于全国平均水平之下，仅有不足 1/4 的城市高于平均水平，且差距相对较小。但差距较小的原因是东北地区城市排名整体靠后所致，与东部地区区域内城市差距较小的原因截然相反。

2. 不同城市群城市绿色竞争力差异分析

从城市绿色竞争力指数综合排名来看，地理位置接近且经济联系密切的城市往往在城市绿色竞争力上具有较强的一致性，城市绿色竞争力的形成具有明显的城市群集聚特征。而且城市群是当前中国经济增长的引擎，同时也是中国经济实现绿色发展的主战场。因此，报告从城市群划分的角度，对中国城市绿色竞争力的表现进行分析。

截至目前，国务院已经批复了 7 个国家级城市群，包括有长江三角洲城市群、长江中游城市群、成渝城市群、中原城市群、哈长城市群、关中平原城市群和北部湾城市群。此外，伴随着中国经济的快速增长，多地也形成了规模不一的区域性城市群，包括珠江三角洲城市群、京津冀城市群、山东半岛城市群、海峡西岸城市群、辽中南城市群和呼包鄂城市群等等①。在中国众多城市群中，长江

① 当前中国形成的主要城市群有 13 个，分别为长江三角洲城市群（包括上海、无锡、杭州、苏州、常州、南京、镇江、合肥、宁波、绍兴、芜湖、台州、嘉兴、南通、铜陵、扬州、金华、舟山、湖州、盐城、泰州、宣城、池州、马鞍山、滁州和安庆）、珠江三角洲城市群（包括深圳、广州、东莞、珠海、佛山、惠州、中山、汕尾、江门、韶关、河源、肇庆、云浮和清远）、京津冀城市群（包括北京、天津、石家庄、唐山、沧州、秦皇岛、廊坊、张家口、邯郸、保定、安阳、邢台、承德和衡水）、长江中游城市群（长沙、武汉、合肥、芜湖、南昌、铜陵、新余、襄阳、郴州、池州、常德、株洲、黄山、马鞍山、鹰潭、岳阳、湘潭、黄冈、六安、景德镇、吉安、九江、安庆、黄石、上饶、宜春、萍乡、益阳、咸宁、抚州、娄底、衡阳、宜昌、荆门、孝感、鄂州、荆州、仙桃、天门和潜江）、成渝城市群（包括成都、绵阳、重庆、资阳、南充、德阳、雅安、广安、乐山、泸州、遂宁、宜宾、自贡、达州、内江和眉山）、山东半岛城市群（包括威海、青岛、东营、济南、淄博、烟台、潍坊和日照）、哈长城市群（包括长春、大庆、哈尔滨、松原、辽源、绥化、四平、机理、牡丹江、齐齐哈尔和延边）、中原城市群（包括郑州、洛阳、许昌、蚌埠、焦作、南阳、信阳、聊城、邯郸、亳州、菏泽、开封、濮阳、商丘、安阳、平顶山、驻马店、晋城、淮北、阜阳、三门峡、邢台、鹤壁、宿州、长治、运城、漯河、周口和济源）、海峡西岸城市群（包括厦门、福州、温州、泉州、三明、丽水、汕头、龙岩、漳州、莆田、衢州、宁德、鹰潭、潮州、南平、梅州、上饶、揭阳、抚州和赣州）、辽中南城市群（包括沈阳、大连、鞍山、抚顺、本溪、丹东、营口、辽阳和盘锦）、关中平原城市群（包括西安、庆阳、天水、咸阳、铜川、宝鸡、商洛、渭南、平凉、临汾、运城和杨凌）、北部湾城市群（包括海口、南宁、北海、茂名、玉林、湛江、钦州、阳江、儋州、防城港和崇左）和呼包鄂城市群（呼和浩特、包头和鄂尔多斯）。

三角洲城市群、珠江三角洲城市群和京津冀城市群是目前最具代表性的三大城市群，其规模和经济实力都名列前茅。

从城市绿色竞争力指数综合排名来看，排名前100的城市中，有多达84个城市处在地理位置不同、规模大小不一、经济实力悬殊的城市群当中，城市群成为当前中国城市绿色竞争力形成的重要载体。具体分布情况如表1–4所示。

表1–4 中国城市绿色竞争力前100强城市群分布

城市群	城市绿色竞争力分布（排名）
长江三角洲城市群	上海（3）、无锡（6）、杭州（8）、苏州（11）、常州（12）、南京（13）、镇江（25）、合肥（26）、宁波（29）、绍兴（30）、芜湖（42）、台州（44）、嘉兴（46）、南通（52）、铜陵（55）、扬州（56）、金华（62）、舟山（68）、湖州（73）、盐城（74）、泰州（75）、宣城（84）、池州（97）
珠江三角洲城市群	深圳（2）、广州（5）、东莞（19）、珠海（24）、佛山（39）、惠州（47）、中山（53）、汕尾（59）
京津冀城市群	北京（1）、天津（14）、石家庄（82）
长江中游城市群	长沙（4）、武汉（16）、合肥（26）、芜湖（42）、南昌（43）、铜陵（55）、新余（78）、襄阳（83）、郴州（88）、池州（97）、常德（98）、株洲（99）
成渝城市群	成都（27）、绵阳（89）、重庆（90）、资阳（96）
哈长城市群	长春（22）、大庆（37）、哈尔滨（61）、松原（70）
中原城市群	郑州（51）、洛阳（77）
关中平原城市群	西安（31）
北部湾城市群	海口（10）、南宁（54）、北海（92）
山东半岛城市群	威海（17）、青岛（20）、东营（21）、济南（34）、淄博（65）、烟台（66）、潍坊（67）
海峡西岸城市群	厦门（18）、福州（33）、温州（36）、泉州（38）、三明（45）、丽水（57）、汕头（58）、龙岩（63）、漳州（71）、莆田（81）、衢州（85）、宁德（87）
辽中南城市群	大连（48）、沈阳（49）
呼包鄂城市群	呼和浩特（40）、鄂尔多斯（41）包头（86）

（1）城市群间对比

按照中国城市绿色竞争力指标体系的测算方法，报告计算得到全国13个主要城市群的绿色竞争力平均水平及排名，并绘制了2015中国城市绿色竞争力指数城市群比较图①。从城市绿色竞争力指数来看，城市群差异非常明显，但是由于城

① 本报告所有参评城市群绿色竞争力指数平均值及其排名如下：长江三角洲城市群（平均值0.2886，第1位）、山东半岛城市群（0.2835，第2位）、珠江三角洲城市群（平均值0.2766，第3位）、呼包鄂城市群（0.2756，第4位）、海峡西岸城市群（0.2552，第5位）、哈长城市群（0.2489，第6位）、京津冀城市群（0.2480，第7位）、北部湾城市群（0.2449，第8位）、长江中游城市群（0.2397，第9位）、成渝城市群（0.2328，第10位）、辽中南城市群（0.2265，第11位）、关中平原城市群（0.2235，第12位）、中原城市群（0.2198，第13位）。可以看出，多数城市群绿色竞争力指数均值要高于全国平均水平的0.2434。

市群划分较多，报告仅呈现了长江三角洲、珠江三角洲和京津冀三大城市群的具体情况。长江三角洲城市绿色竞争力遥遥领先，珠江三角洲城市群城市稍强，京津冀城市群中的城市较为落后。其中，长江三角洲城市群所有测评城市的平均水平达到 0.2886，远高于其他城市群。珠江三角洲和京津冀城市的平均水平分别为 0.2766、0.2480，均低于长江三角洲，不过三大城市群的绿色竞争力均高于全国平均水平的 0.2434。具体情况如图 1–6 所示。

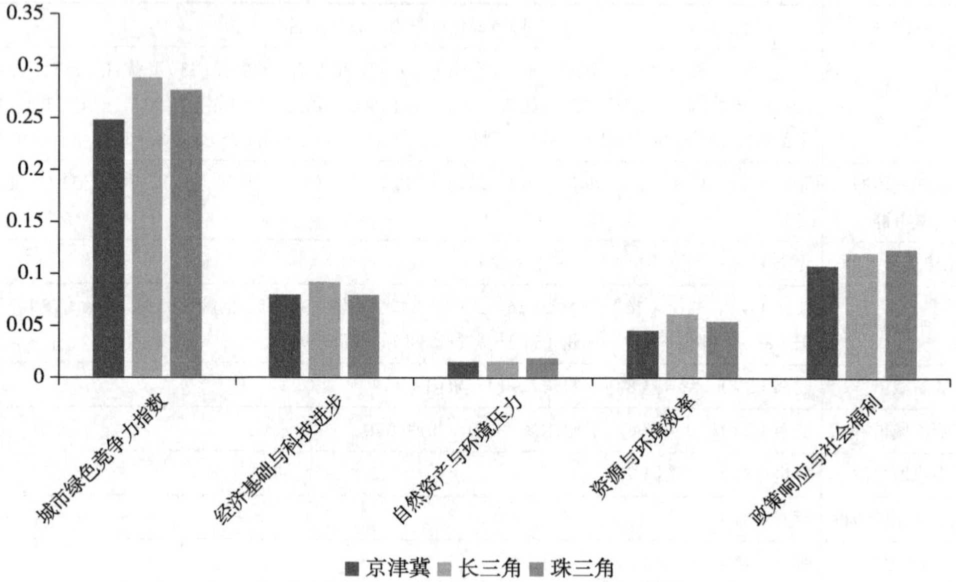

图 1–6　中国三大城市群城市绿色竞争力指数及一级指标对照图

注：本图数据为三大城市群中各城市绿色竞争力指数值及一级指标分数值的算术平均值。

从城市绿色竞争力排名来看，排名前 20 的城市中，长江三角洲城市群有 6 个，分别为上海、无锡、杭州、苏州、常州和南京，珠江三角洲城市群有 3 个，分别为深圳、广州和东莞，京津冀城市群有 2 个，分别为北京和天津，其余城市群分布状况为：长江中游城市群 2 个（长沙和武汉），北部湾城市群 1 个（北海），山东半岛城市群 1 个（威海），城市绿色竞争力指数综合排名前 20 的城市中共有 15 个城市分布在不同的城市群中；有 115 个城市绿色竞争力指数高于全国平均水平，其中，长江三角洲城市群有 24 个，占长江三角洲城市群城市的 92.31%，珠江三角洲城市群城市有 8 个，占珠江三角洲城市群城市的 57.14%，京津冀城市群有 4 个，占京津冀城市群中城市的 28.57%。

从城市绿色竞争力的水平来看，城市群的集聚特征十分显著。长江三角洲城市群中，绝大多数城市排名靠前，平均位次为 56，其中有 23 个城市排名前 100，占比 88.46%，剩余 3 个城市排名位于 101—200 之前没有城市排名在 200 名之后；珠江三角洲城市群城市中，城市排名平均位次为 95，其中有 8 个城市排名前 100，占比 57.14%，4 个城市排名位于 101—200 之前，2 个城市排名在 200 名之后，占比 14.29%；在京津冀城市群城市中，城市排名平均位次为 157，其中有 3 个城市排名前 100，占比 21.43%，7 个城市排名位于 101—200 之前，4 个城市排名在 200 名之后，占比 28.57%。总体上，长江三角洲城市群城市在绿色竞争力上优势十分明显，珠江三角洲城市群次之，京津冀城市群尽管整体绿色竞争力要高于全国平均水平，但在三大城市群中最为落后。

（2）城市群组内对比

从城市群内城市绿色竞争力排名的位次差和指数值的差来看，各城市群内的城市排名差异表现不一。长江三角洲城市群中排名最高的上海（第 3 名，指数值 0.3907）与排名最低的安庆（第 178 名，指数值 0.2272）之间的位次差为 175，在三大城市群中位差排名第三，指数值的差为 0.1635；珠江三角洲城市群中排名最高的深圳（第 2 名，指数值 0.4313）与排名最低的清远（第 239 名，指数值 0.2066）之间的位次差为 237，在三大城市群中位差排名第二，指数值的差为 0.2247，在三大城市群中位差排名第二；京津冀城市群中排名最高的北京（第 1 名，指数值 0.4514）与排名最低的衡水（第 284 名，指数值 0.1884）之间的位次差为 283，在三大城市群中位差排名第一，指数值的差为 0.2630，在三大城市群中位差排名第一（见图 1–7）。

在长江三角洲城市群中参评的 26 个城市中，有 3 个城市位居所有参评城市的前 10 位，分别是上海、无锡和杭州，占长江三角洲城市群城市的 11.54%。除此之外，苏州、南京、宁波、扬州、泰州、马鞍山等 21 个城市排在全国第 11 名到第 111 名不等的位置，以上 24 个长江三角洲城市群城市的绿色竞争力指数高于全国平均水平，占长江三角洲城市群城市的 91.31%。仅有滁州和安庆 2 个城市的指数值低于全国平均水平，分别位于所有参评城市的第 163 位和第 178 位。总体来看，长江三角洲城市群城市绿色竞争力优势十分明显，绝大多数城市都位于全国平均水平之上，仅有极少部分城市低于平均水平，且城市群内城市绿色竞争力差距较小。

在珠江三角洲城市群参评的 14 个城市中，有 2 个城市位居所有参评城市的前 10 位，分别为深圳和广州，占珠江三角洲城市群城市的 14.29%。除此之外，东莞、珠海、佛山、惠州、中山和汕尾等 6 个城市排在全国第 19 名到第 59 名不等的位置，以上 8 个珠江三角洲城市群城市的绿色竞争力指数高于全国平均水平，占珠江三角洲城市群城市的 57.14%。而江门、韶关、河源、肇庆、云浮和清远等 6 个城市位于所有参评城市的第 131 位到第 239 位，这些城市的指数值均低于全国平均水平。总体来看，珠江三角洲城市群中城市绿色竞争力尽管较长江三角洲城市群城市处于劣势，但仍有超过一半以上的城市位于全国平均水平之下，但相比于长江三角洲城市群，珠江三角洲城市群内城市绿色竞争力水平差距相对较大。

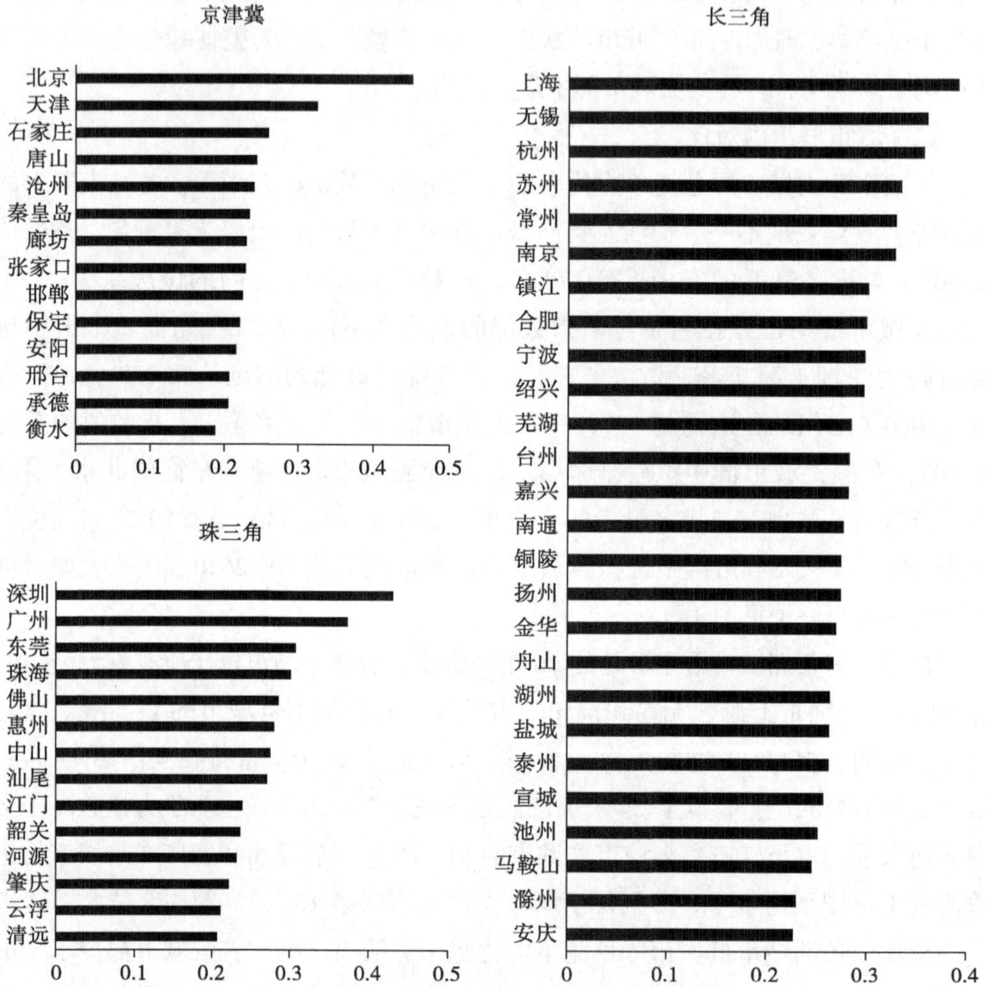

图 1–7　中国城市群绿色竞争力指数对比

注：本图按照三大城市群划分，根据城市绿色竞争力指数大小由上至下排列。

在京津冀城市群参评的 14 个城市中，仅有北京 1 个城市位居所有参评城市的前 10 位，占京津冀城市群中城市的 7.14%。除此之外，天津、石家庄和唐山等 3 个城市排在全国第 14 名到第 114 名不等的位置，以上 4 个京津冀城市群中城市的绿色竞争力指数高于全国平均水平，占京津冀城市群中城市的28.57%。而沧州、廊坊、邯郸、邢台、衡水等其余10个城市位于所有参评城市的第126位到第284位，这些城市的指数值均低于全国平均水平。总体来看，京津冀城市群中城市绿色竞争力明显落后于长江三角洲城市群城市，接近3/4的城市位于全国平均水平之下，仅有1/4稍强的城市高于全国平均水平，且城市群内城市绿色竞争力差距较大。

3. 不同人口规模城市表现

按照城市人口数量，可以将城市划分为不同规模。2014年11月20日，国务院发布《关于调整城市规模划分标准的通知》（以下简称"通知"）对中国城市规模的划分标准做出了正式调整。《通知》将中国城市划分为五类七档：城区常住人口50万以下的城市为小城市，其中20万以上50万以下的城市为Ⅰ型小城市，20万以下的城市为Ⅱ型小城市；城区常住人口50万以上100万以下的城市为中等城市；城区常住人口100万以上500万以下的城市为大城市，其中300万以上500万以下的城市为Ⅰ型大城市，100万以上300万以下的城市为Ⅱ型大城市；城区常住人口500万以上1000万以下的城市为特大城市；城区常住人口1000万以上的城市为超大城市（以上包括本数，以下不包括本数）[①]。借鉴国务院的划分标准，报告对中国城市的规模进行了分组，并在此基础上对不同规模城市的绿色竞争力展开分析。

（1）不同规模城市组间对比

按照超大、特大、大、中、小城市的划分标准，报告绘制了2015中国城市绿色竞争力指数规模城市比较图[②]。从城市绿色竞争力指数来看，城市规模

① 《国务院关于调整城市规模划分标准的通知》对城区和常住人口概念进行了明确定义。城区是指在市辖区和不设区的市，区、市政府驻地的实际建设连接到的居民委员会所辖区域和其他区域。常住人口包括：居住在本乡镇街道，且户口在本乡镇街道或户口待定的人；居住在本乡镇街道，且离开户口登记地所在的乡镇街道半年以上的人；户口在本乡镇街道，且外出不满半年或在境外工作学习的人。

② 关于超大城市的划分是逐渐变化的。政府层面上，2014年发布的《国家新型城镇化规划（2014–2020年）》按照2010年第六次全国人口普查数据，公布符合超大城市标准的共有6个，分别是北京、上海、广州、深圳、重庆和天津；2016年，中共中央发布的《长江经济带发展规划纲要》中，进一步将武汉列为超大城市，强调要发挥上海、武汉、重庆等超大城市的引领作用，由此形成目前普遍熟知的7大超大城市。但是鉴于本报告是对2015年中国城市绿色竞争力进行评价且近年城市化进程加快，因此本报告并未采用2010年第六次人口普查数据对中国城市规模进行分组。为了保证报告数据的权威性和对未来城市新变化的适应性，本报告最终选定城市年末户籍人口数作为城市规模划分的标准。做出这一变化的原因在于，发改委2018年3月9日发布的《国家发展改革委关于实施2018年推进新型城镇化建设重点任务的通知》中指出，要探索租赁房屋的常住人口在城市公共户口落户，加快农业转移人口市民化。按照这一标准，并考虑到未来城市人口可能存在的新变化，故而本报告最终采用城市年末户籍人口数作为衡量城市规模的划分标准。

的影响比较明显，超大城市的绿色竞争力平均水平遥遥领先，特大城市和中等城市稍强，大城市和小城市水平相当，最为落后。其中，超大城市所有测评城市的平均水平达到 0.3556，远高于其他地区。特大、大、中、小城市的平均水平分别为 0.3102、0.2518、0.2262、0.2312，均低于超大城市水平，其中中等城市和小城市绿色竞争力指数低于全国平均水平的 0.2434。具体情况如图 1–8 所示。

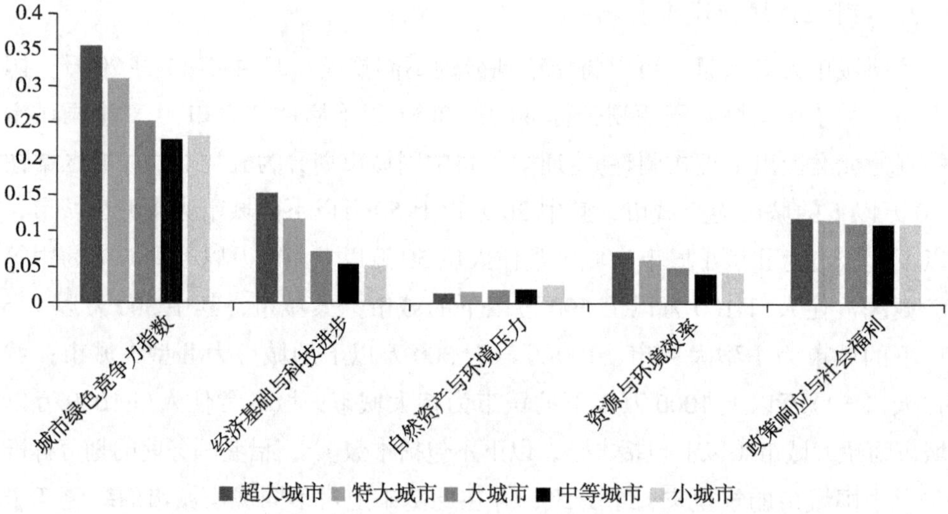

图 1–8 中国不同规模城市绿色竞争力指数及一级指标对照图

注：本图数据为按照人口规模划分的五类城市中各城市绿色竞争力指数值及一级指标分数值的算术平均值。

从城市绿色竞争力排名来看，城市绿色竞争力的规模差异明显。排名前 20 的城市中，超大城市有 3 个，分别为北京、上海和天津，特大城市有 4 个，分别为广州、杭州、南京和武汉，大城市有 11 个，分别为深圳、长沙、无锡、贺州、海口、苏州、常州、威海、厦门、东莞和青岛，中小城市各有 1 个，分别为三亚和克拉玛依；在全国 115 个城市绿色竞争力指数高于平均水平的城市中，4 个超大城市和 9 个特大城市均高于全国平均水平。另外，大城市有 66 个，占大城市的 49.25%，中等城市有 20 个，占中等城市的 21.51%，小城市有 15 个，占小城市的 30%。

具体来看，4 个超大城市和 9 特大城市共 13 个城市排名均在前 100，平均位次分别为 27 和 30；大城市中，城市排名平均位次为 125，其中有 58 个城市排名前 100，占比 43.28%，47 个城市排名位于 101—200 之间，29 个城市排名在 200 名之后，占比 21.64%；中等城市中，城市排名平均位次为 181，其中有 17 个城市排名前100，占比18.28%，34个城市排名位于101—200之间，42个城市排名在200名之后，占比45.16%；小城市中，城市排名平均位次为167，其中有11个城市排名前100，占比22%，19个城市排名位于101—200之间，20个城市排名在200名之后，占比40%。总体上，超大城市和特大城市在绿色竞争力上优势明显，大城市绿色竞争力水平次之，中等城市绿色竞争力水平最低，小城市绿色竞争力水平较低。

（2）相同规模城市组内对比

从相同规模城市组内城市绿色竞争力排名的位次差和指数值的差来看，各区域内的城市排名差异比较明显。超大城市组中排名最高的北京（第1名，指数值0.4514）与排名最低的重庆（第90名，指数值0.2548）之间的位次差为89，在五类分组中位差排名第四，指数值的差为0.1966，在五类分组中位差排名第二；特大城市组中排名最高的广州（第5名，指数值0.3733）与排名最低的哈尔滨（第61名，指数值0.2698）之间的位次差为56，在五类分组中位差排名第五，指数值的差为0.1035，在五类分组中位差排名第五；大城市组中排名最高的深圳（第2名，指数值0.4313）与排名最低的鞍山（第282名，指数值0.1904）之间的位次差为280，在五类分组中位差排名第二，指数值的差为0.2409，在五类分组中位差排名第一；中等城市组中排名最高的三亚（第9名，指数值0.3374）与排名最低的荆州（第290名，指数值0.1821）之间的位次差为281，在五类分组中位差排名第一，指数值的差为0.1562，在五类分组中位差排名第三；小城市组中排名最高的克拉玛依（第15名，指数值0.3234）与排名最低的吕梁（第289名，指数值0.1837）之间的位次差为274，在五类分组中位差排名第三，指数值的差为0.1397，在五类分组中位差排名第四（见图1–9）。

在参评的4个超大城市中，有2个城市位居所有参评城市的前10位，分别是北京和上海，占超大城市的50%。此外，天津和重庆2个城市分别位于全国第14名和第90名。以上4个超大城市的绿色竞争力指数全部高于全国平均水平。总体来看，超大城市绿色竞争力优势明显，但组内差距较大。

在参评的9个特大城市中，有2个城市位居所有参评城市的前10位，分别是广州和杭州，占特大城市的22.22%。此外，南京、武汉、成都、西安、沈阳、汕头和哈尔滨等7个城市排在全国第13名到第61名不等的位置，以上9个特大城市的绿色竞争力指数均高于全国平均水平。总体来看，特大城市绿色竞争力优势较为明显，组内差距较小。

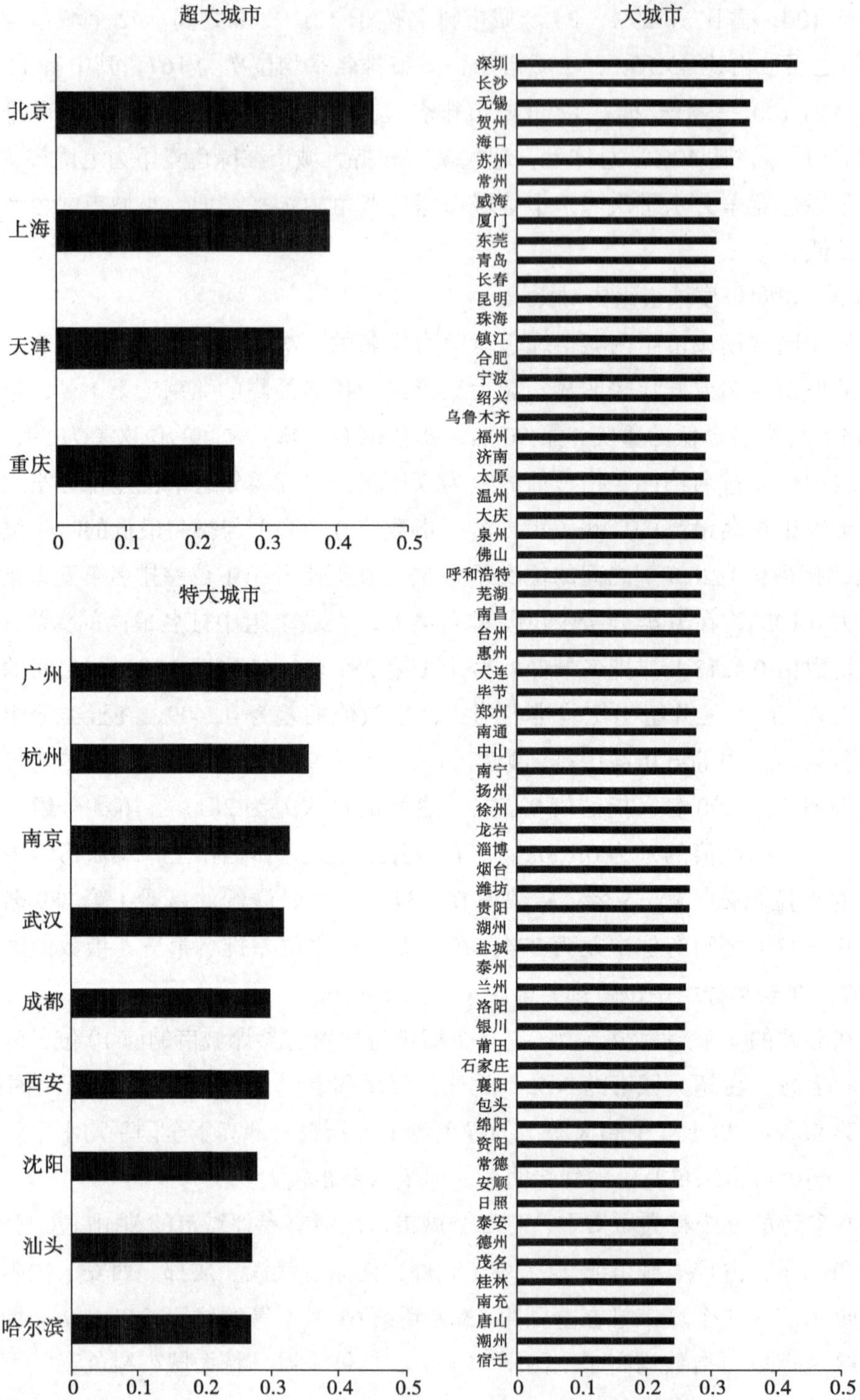
超大城市
北京
上海
天津
重庆
0
0.1
0.2
0.3
0.4
0.5
特大城市
广州
杭州
南京
武汉
成都
西安
沈阳
汕头
哈尔滨
0
0.1
0.2
0.3
0.4
0.5
大城市
深圳
长沙
无锡
贺州
海口
苏州
常州
威海
厦门
东莞
青岛
长春
昆明
珠海
镇江
合肥
宁波
绍兴
乌鲁木齐
福州
济南
太原
温州
大庆
泉州
佛山
呼和浩特
芜湖
南昌
台州
惠州
大连
毕节
郑州
南通
中山
南宁
扬州
徐州
龙岩
淄博
烟台
潍坊
贵阳
湖州
盐城
泰州
兰州
洛阳
银川
莆田
石家庄
襄阳
包头
绵阳
资阳
常德
安顺
日照
泰安
德州
茂名
桂林
南充
唐山
潮州
宿迁
0
0.1
0.2
0.3
0.4
0.5

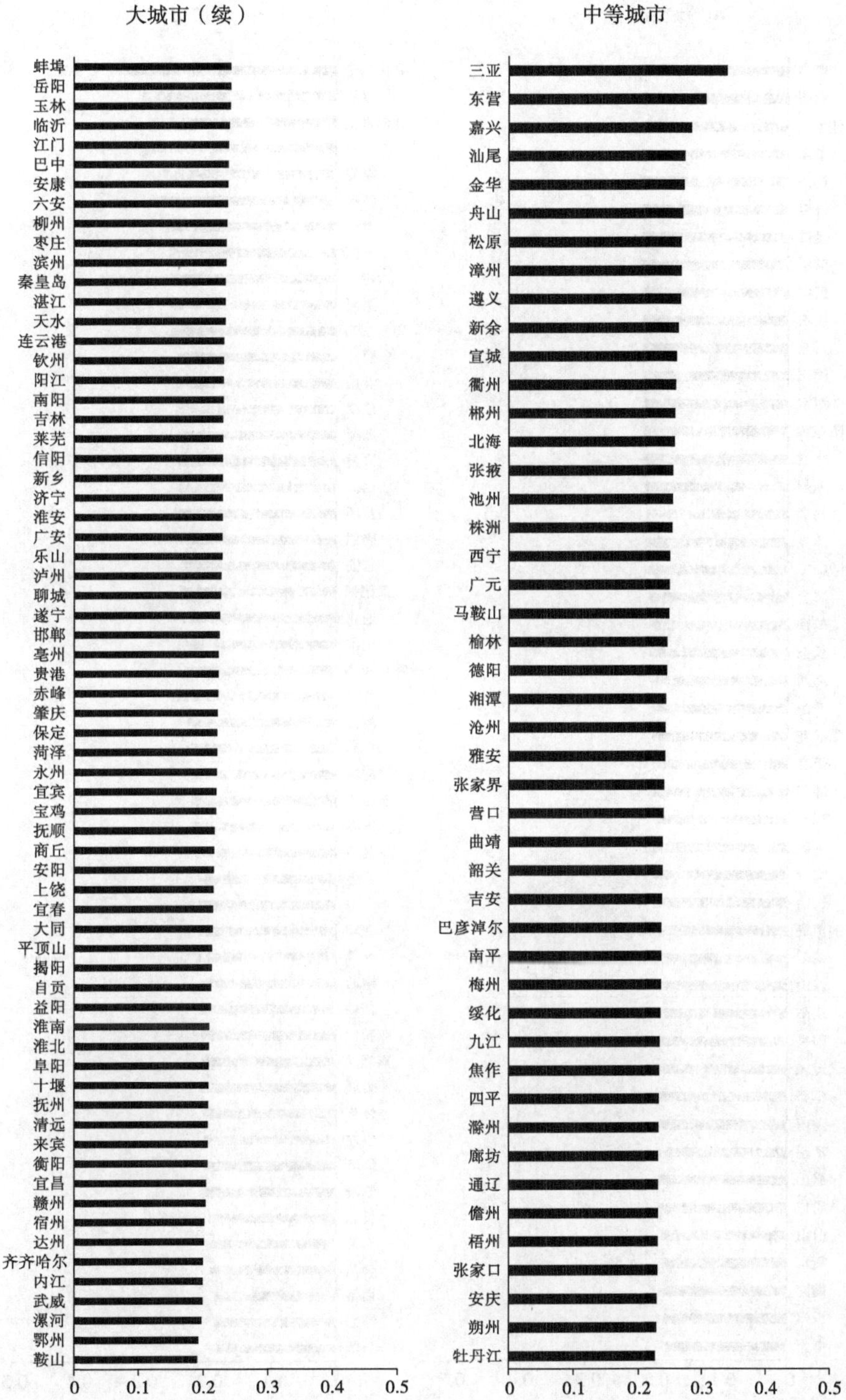
大城市（续）
蚌埠
岳阳
玉林
临沂
江门
巴中
安康
六安
柳州
枣庄
滨州
秦皇岛
湛江
天水
连云港
钦州
阳江
南阳
吉林
莱芜
信阳
新乡
济宁
淮安
广安
乐山
泸州
聊城
遂宁
邯郸
亳州
贵港
赤峰
肇庆
保定
菏泽
永州
宜宾
宝鸡
抚顺
商丘
安阳
上饶
宜春
大同
平顶山
揭阳
自贡
益阳
淮南
淮北
阜阳
十堰
抚州
清远
来宾
衡阳
宜昌
赣州
宿州
达州
齐齐哈尔
内江
武威
漯河
鄂州
鞍山
0
0.1
0.2
0.3
0.4
0.5
中等城市
三亚
东营
嘉兴
汕尾
金华
舟山
松原
漳州
遵义
新余
宣城
衢州
郴州
北海
张掖
池州
株洲
西宁
广元
马鞍山
榆林
德阳
湘潭
沧州
雅安
张家界
营口
曲靖
韶关
吉安
巴彦淖尔
南平
梅州
绥化
九江
焦作
四平
滁州
廊坊
通辽
儋州
梧州
张家口
安庆
朔州
牡丹江
0
0.1
0.2
0.3
0.4
0.5

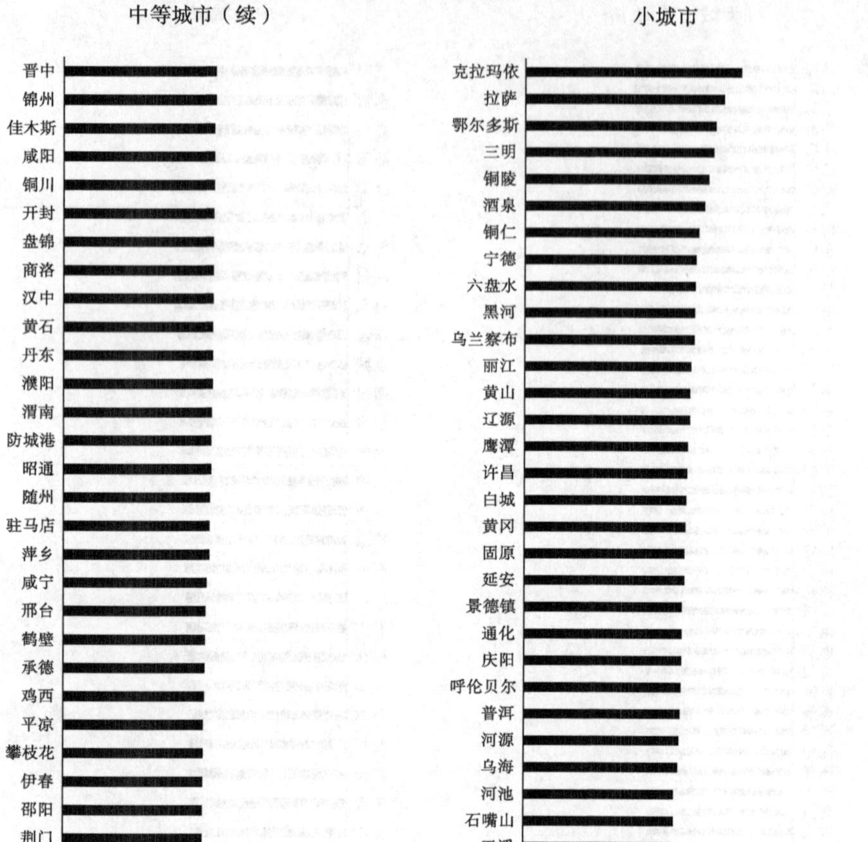

图 1-9　中国城市绿色竞争力指数城市群对比

注：本图按照超大、特大、大、中、小城市划分，根据城市绿色竞争力指数大小自上至下排列。

在参评的134个大城市中，有5个城市位居所有参评城市的前10位，分别是深圳、长沙、无锡、贺州和海口，占大城市的4.17%。此外，苏州、绍兴、呼和浩特、徐州、银川、安顺和潮州等61个城市排在全国第11名到第115名不等的位置，以上66个大城市的绿色竞争力指数高于全国平均水平，占大城市的49.25%。而宿迁、临沂、秦皇岛、泸州、宝鸡、大同、清远和鞍山等其余68个城市位于所有参评城市的第116位到第282位，这些城市的指数值均低于全国平均水平。总体来看，尽管大城市绿色竞争力较超大城市和特大城市处于劣势，但仍有接近一半的城市位于全国平均水平之上，且组内差距较小。

在参评的93个中等城市中，仅有三亚1个城市位居所有参评城市的前10位，占中等城市的9.68%。此外，东营、汕尾、宣城、北海、株洲和马鞍山等19个城市排在全国第21名到第111名不等的位置，以上20个中等城市的绿色竞争力指数高于全国平均水平，占中等城市的21.51%。而榆林、曲靖、焦作、朔州、铜川、随州、平凉、葫芦岛、孝感和荆州等其余73个城市位于所有参评城市的第117位到第290位，这些城市的指数值均低于全国平均水平。总体来看，中等城市绿色竞争力无法与大城市相比，超过3/4的城市低于全国平均水平，仅有不足1/4的城市高于平均水平，城市绿色竞争力劣势明显，组内差距相对较小。

在参评的50个小城市中，没有任何一个参评城市位居前10位，排名最高的克拉玛依位列全国第15位。此外，拉萨、铜陵、黑河、丽江和鹰潭等其余14个城市位于所有参评城市的第28位到第113位，以上15个小等城市的绿色竞争力指数高于全国平均水平，占小等城市的30%。而许昌、延安、河源、黄石、三门峡、临沧和吕梁等其余35个城市位于所有参评城市的第118位到第289位，这些城市的指数值均低于全国平均水平。总体来看，小城市绿色竞争力劣势明显，仅有不足1/3的城市的绿色竞争力指数高于平均水平，且组内差距较小。

4. 不同经济发展水平城市表现

从城市绿色竞争力指数综合排名来看，经济发展水平的高低与城市绿色竞争力的形成同样具有密切的关系。按照收入水平的高低，报告从高收入、中等偏上收入、中等偏下收入三个层次将中国城市分为三组①。

① 世界银行2013年根据人均国民总收入将不同国家和地区按照收入水平划分为不同组别。借鉴世界银行的划分标准，并结合2015年人民币兑美元年平均汇率6.2284，报告计算得出了中国城市按照人均国内生产总值划分的收入组别，包括低收入：1035美元以下（约6446元）；下中等收入：1036美元至4085美元（约6453元至25443元）；上中等收入：4086美元至12615美元（约25449元至78571元）；高收入：12616美元以上（约78577元）。中国目前已经步入中等收入国家，因此在城市分组中中国城市分组均落在中等收入及高收入组内。（注：国民总收入与国内生产总值之间存在一定区别。一般来说，国民总收入（亦称国民生产总值）是指一个国家或地区所有常住单位在一定时期内所获得的初次分配收入总额，其等于国内生产总值加上来自国外的净要素收入。中国2015年国内生产总值为676708亿元，国民总收入为673021亿元，两者差异较小。考虑到中国城市国内生产总值较国民总收入数据更为完备，因此本报告按照人均国内生产总值作为划分城市收入水平高低的标准。）

（1）不同收入水平城市组间对比

按照高收入、中等偏上和中等偏下收入的划分标准，报告绘制了 2015 中国城市绿色竞争力指数收入水平比较图。从城市绿色竞争力指数来看，不同收入水平城市差异非常明显，高收入城市遥遥领先，中等偏上收入城市稍强，中等偏下收入城市最为落后。其中，所有测评的高收入城市的绿色竞争力平均水平达到 0.2804，远高于其他经济发展水平的城市。中等偏上和中等偏下收入城市的平均水平分别为 0.2323、0.2144，均低于高收入城市，同时也低于全国平均水平的 0.2434。具体情况如图 1–10 所示。

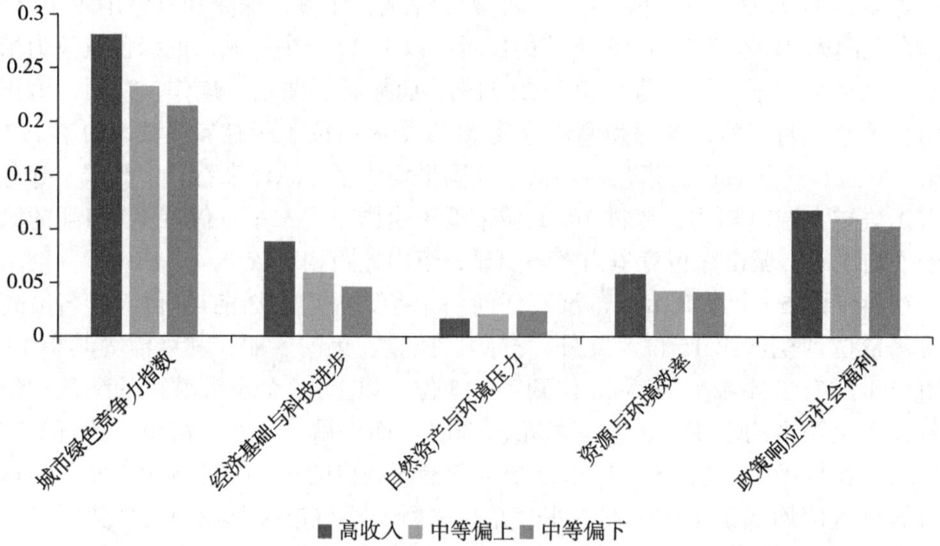

图 1–10　中国不同发展水平城市绿色竞争力指数及一级指标对照图

注：本图数据为不同收入组城市绿色竞争力指数值及一级指标分数值的算术平均值。

从城市绿色竞争力排名来看，发展水平的高低与城市绿色竞争力有着密切关系。排名前 20 的城市中，高收入城市有 16 个，分别为北京、深圳、上海、长沙、广州、无锡、杭州、苏州、常州、南京、天津、克拉玛依、武汉、威海、厦门和青岛，中等偏上收入城市有 4 个，分别为贺州、三亚、海口和东莞，中等偏下收入城市排名未能进入前 20；在全国 115 个城市绿色竞争力指数高于平均水平的城市中，高收入城市有 57 个，占高收入城市的 76%，中等偏上收入城市有 57 个，占中等偏上收入城市的 29.38%，中等偏下收入城市仅有 1 个，占中等偏下收入城市的 4.76%。

具体来看，高收入城市中，几乎所有城市排名都十分靠前，平均位次高达 75，其中有 52 个城市排名前 100，占比 69.33%，18 个城市排名位于 101—200

之间，5个城市排名在200名之后；中等偏上收入城市中，城市排名平均位次为165，其中有47个城市排名前100，占比24.23%，76个城市排名位于101—200之间，71个城市排名在200名之后，占比36.60%；中等偏下收入城市中，城市排名平均位次为213，其中仅有1个城市排名前100，占比4.76%，6个城市排名位于101—200之间，14个城市排名在200名之后，占比66.67%。总体上，相对于低收入城市，高收入城市在绿色竞争力上具有十分明显的优势。

（2）同等收入水平城市组内对比

从同等收入城市组内城市的绿色竞争力排名位次差和指数值的差来看，各组组内城市排名差异不尽相同。高收入城市中排名最高的北京（第1名，指数值0.4514）与排名最低的海东（第286名，指数值0.1880）之间的位次差为285，在三组城市中位差排名第一；中等偏上收入城市中排名最高的贺州（第7名，指数值0.3587）与排名最低的荆州（第290名，指数值0.1821）之间的位次差为283，在三组城市中位差排名第二；中等偏下收入城市中排名最高的毕节（第50名，指数值0.2790）与排名最低的吕梁（第289名，指数值0.1837）之间的位次差为239，在三组城市中位差排名第三（见图1–11）。

在参评的75个高收入城市中，有7个城市位居所有参评城市的前10位，分别是北京、深圳、上海、长沙、广州、无锡和杭州，占高收入城市的9.33%。此外，苏州、青岛、济南、大连、扬州、包头、唐山等50个城市排在全国第11名到第114名不等的位置，以上57个高收入城市的绿色竞争力指数高于全国平均水平，占高收入城市的76%。而榆林、柳州、廊坊、宜昌、海东等18个城市的指数值低于全国平均水平。总体来看，高收入城市绿色竞争力普遍具有优势，超过3/4的城市都位于全国平均水平之上，只有少数城市低于平均水平，组内差距较大。

在参评的194个中等偏上收入城市中，仅有贺州、三亚和海口3个城市位居所有参评城市的前10位，占中等偏上收入城市的1.55%。此外，东莞、郑州、哈尔滨、贵阳、银川、石家庄、重庆、泰安、潮州等54个城市排在全国第19名到第115名不等的位置，以上57个中等偏上收入城市的绿色竞争力指数高于全国平均水平，占中等偏上收入城市的29.38%。而宿迁、延安、秦皇岛、吉林、乐山、邯郸、宜宾、上饶、大同、云浮、承德、齐齐哈尔、周口、荆州等其余137个城市位于所有参评城市的第116位到第290位，这些城市的指数值均低于全国平均水平。总体来看，中等偏上收入城市绿色竞争力较高收入城市处于明显劣势，接近3/4的城市位于全国平均水平之下，仅有不足1/3的城市高于平均水平，组内差距相对较小。

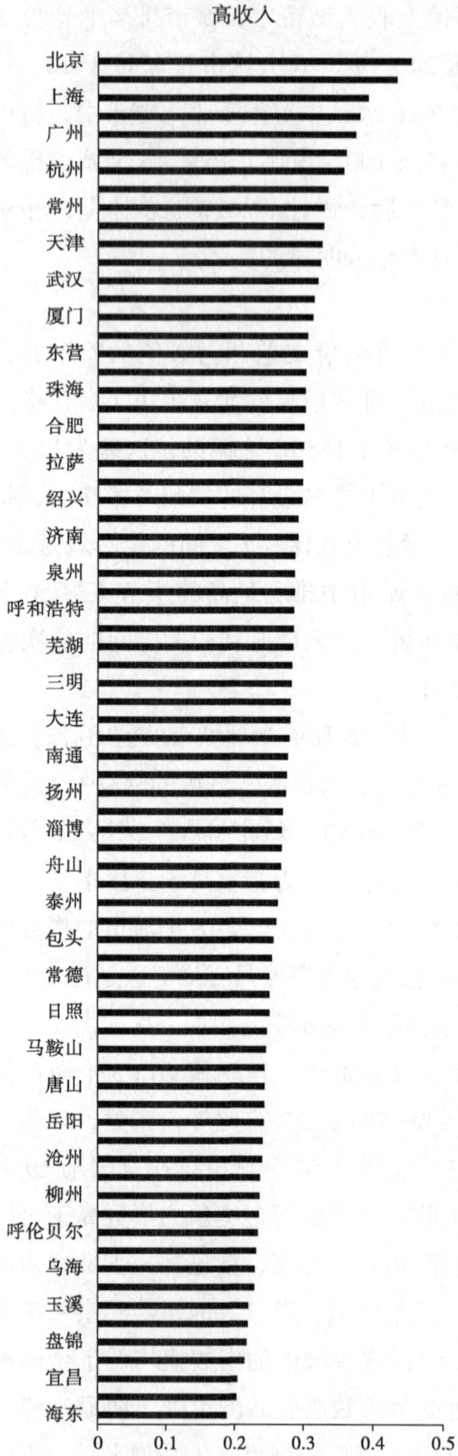
高收入
北京
上海
广州
杭州
常州
天津
武汉
厦门
东营
珠海
合肥
拉萨
绍兴
济南
泉州
呼和浩特
芜湖
三明
大连
南通
扬州
淄博
舟山
泰州
包头
常德
日照
马鞍山
唐山
岳阳
沧州
柳州
呼伦贝尔
乌海
玉溪
盘锦
宜昌
海东
0
0.1
0.2
0.3
0.4
0.5

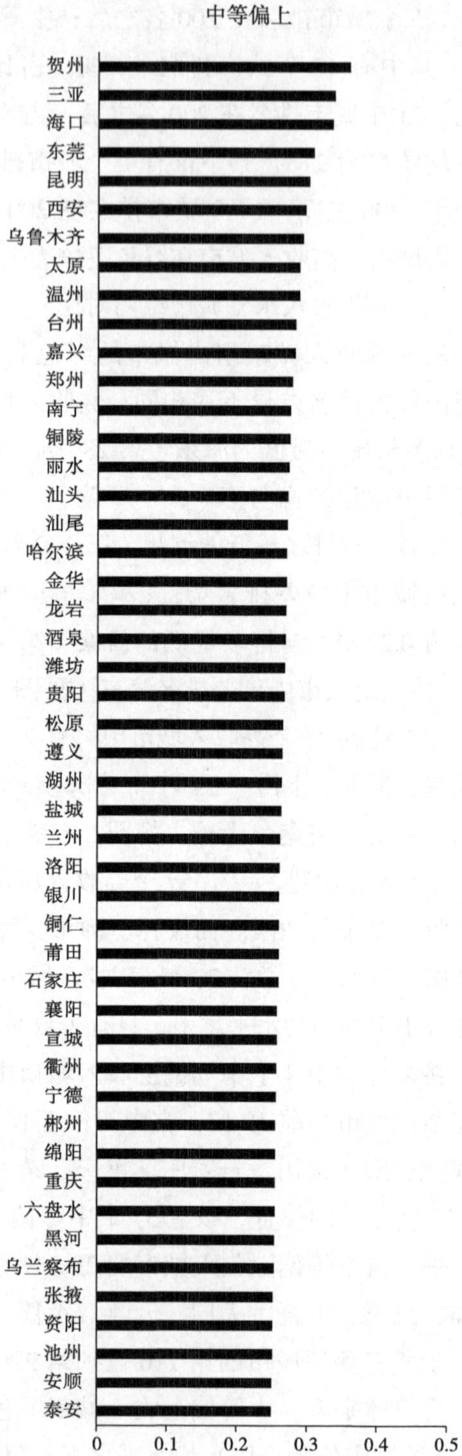
中等偏上
贺州
三亚
海口
东莞
昆明
西安
乌鲁木齐
太原
温州
台州
嘉兴
郑州
南宁
铜陵
丽水
汕头
汕尾
哈尔滨
金华
龙岩
酒泉
潍坊
贵阳
松原
遵义
湖州
盐城
兰州
洛阳
银川
铜仁
莆田
石家庄
襄阳
宣城
衢州
宁德
郴州
绵阳
重庆
六盘水
黑河
乌兰察布
张掖
资阳
池州
安顺
泰安
0
0.1
0.2
0.3
0.4
0.5

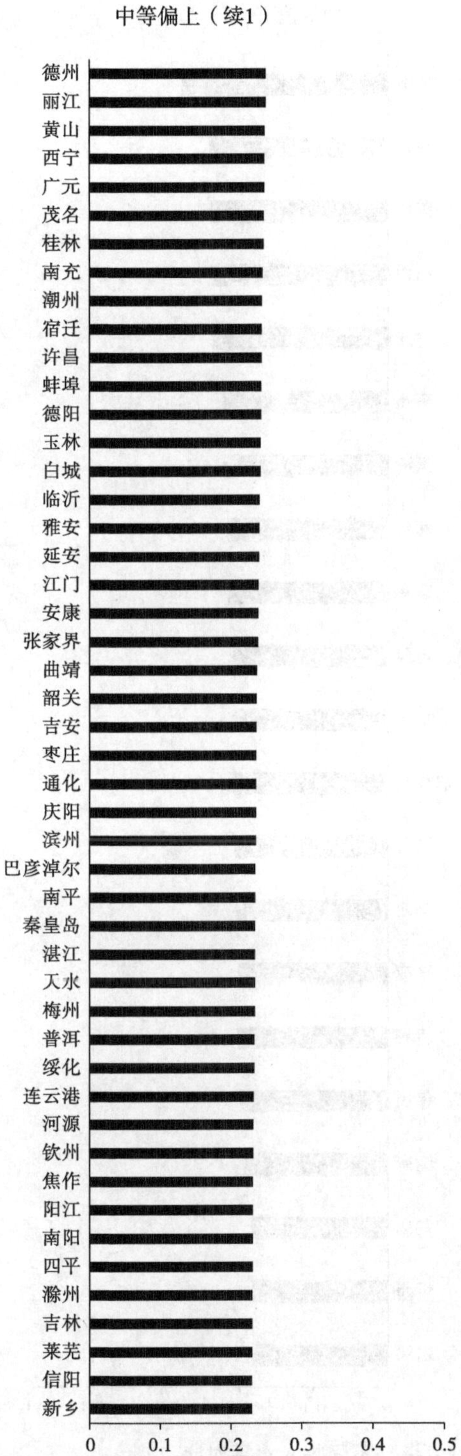
中等偏上（续1）
德州
丽江
黄山
西宁
广元
茂名
桂林
南充
潮州
宿迁
许昌
蚌埠
德阳
玉林
白城
临沂
雅安
延安
江门
安康
张家界
曲靖
韶关
吉安
枣庄
通化
庆阳
滨州
巴彦淖尔
南平
秦皇岛
湛江
天水
梅州
普洱
绥化
连云港
河源
钦州
焦作
阳江
南阳
四平
滁州
吉林
莱芜
信阳
新乡
0
0.1
0.2
0.3
0.4
0.5

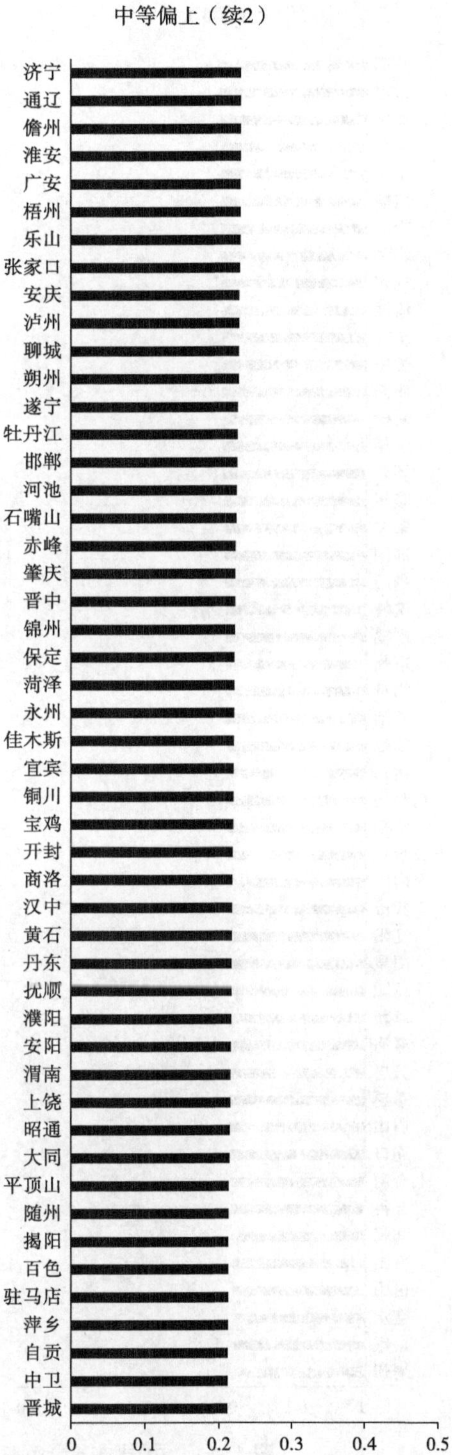
中等偏上（续2）
济宁
通辽
儋州
淮安
广安
梧州
乐山
张家口
安庆
泸州
聊城
朔州
遂宁
牡丹江
邯郸
河池
石嘴山
赤峰
肇庆
晋中
锦州
保定
菏泽
永州
佳木斯
宜宾
铜川
宝鸡
开封
商洛
汉中
黄石
丹东
抚顺
濮阳
安阳
渭南
上饶
昭通
大同
平顶山
随州
揭阳
百色
驻马店
萍乡
自贡
中卫
晋城
0
0.1
0.2
0.3
0.4
0.5

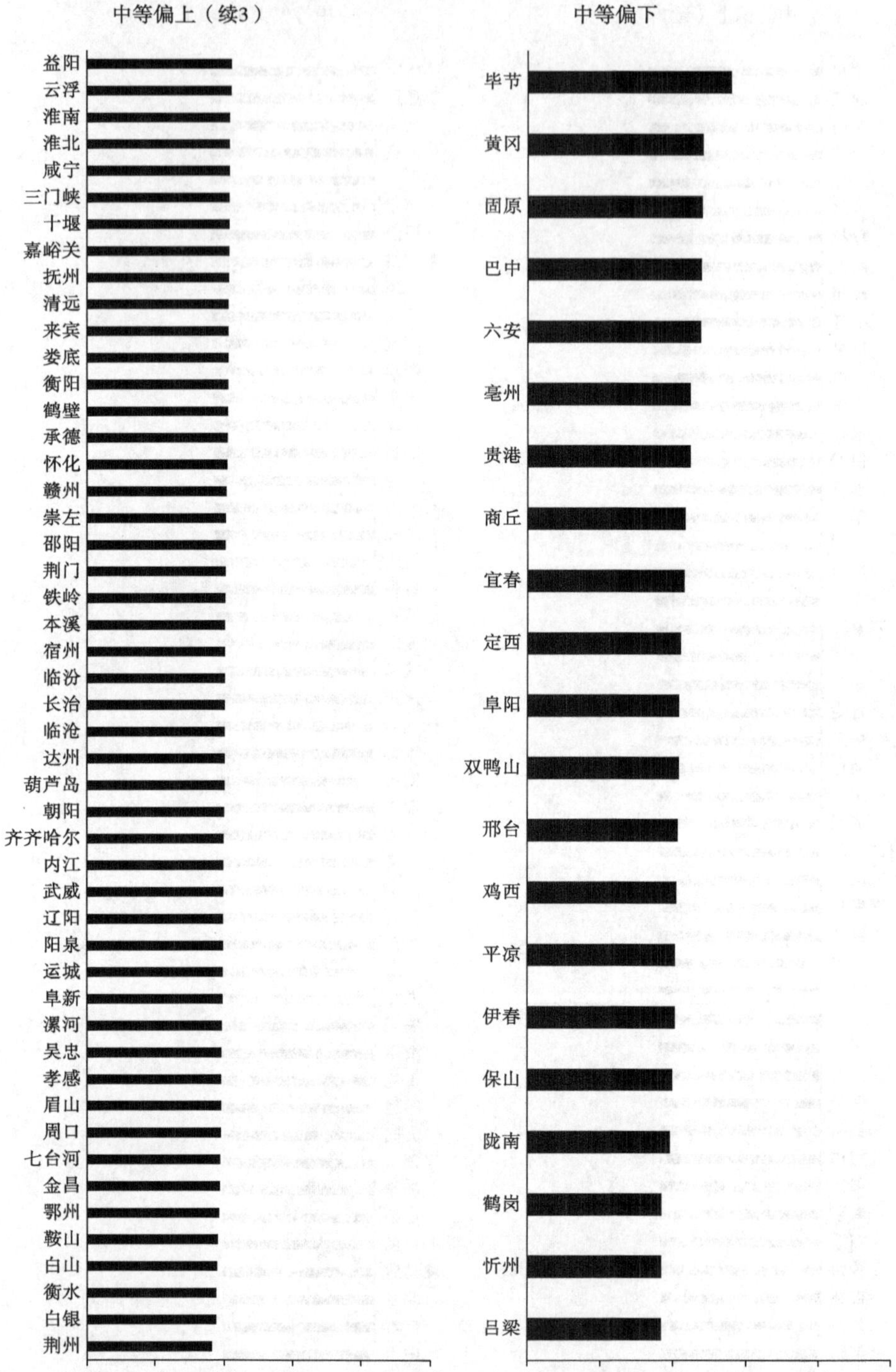

图 1-11　中国城市绿色竞争力指数不同收入水平对比

注：本图按照高收入、中等偏上和中等偏下收入划分，根据城市绿色竞争力指数大小自上至下排列。

在参评的21个中等偏下收入城市中，未有城市位居所有参评城市的前10位，且仅有毕节1个城市的绿色竞争力指数高于全国平均水平，仅占中等偏下收入城市的4.76%。而黄冈、亳州、定西、鸡西、吕梁等其余20个城市位于所有参评城市的第125位到第289位，这些城市的指数值均低于全国平均水平。总体来看，中等偏下收入城市绿色竞争力最为落后，无法与其余两组城市相比，仅有不足5%的城市位于全国平均水平之上，超过95%的城市低于全国平均水平，区域内城市间差距较小。

七、本报告的框架结构及分析重点

《2018中国城市绿色竞争力指数报告》由总论、城市经济基础与科技进步测算与分析、城市自然资产与环境压力测算与分析、城市资源与环境效率测算与分析、城市政策响应与社会福利测算与分析以及新时代中国城市绿色发展战略研究和附录组成。各部分围绕城市绿色竞争力这一主题，从不同角度对全国290个城市的绿色竞争力进行了测度、分析和专题研究。本报告框架如下：

“总论”探讨了城市绿色竞争力的内涵，建立了中国城市绿色竞争力评价指标体系，测度了全国290个城市绿色竞争力指数，并对报告的整体框架进行了介绍。

报告的主体内容为五章。

城市经济基础与科技进步测算与分析。该章与城市绿色竞争力指数的第一个一级指标相对应，对城市经济基础与科技进步指标进行测度及结果分析。

城市自然资产与环境压力测算与分析。该章与城市绿色竞争力指数的第二个一级指标相对应，对城市自然资产与环境压力指标进行测度及结果分析。

城市资源与环境效率测算与分析。该章与城市绿色竞争力指数的第三个一级指标相对应，对城市资源与环境效率指标进行测度及结果分析。

城市政策响应与社会福利测算与分析。该章与城市绿色竞争力指数的第四个一级指标相对应，对城市政策响应与社会福利指标进行测度及结果分析。

新时代中国城市绿色发展战略研究。该章中国城市绿色竞争力的现状进行综合性评价，探讨中国城市绿色竞争力提升的桎梏，指出中国城市绿色竞争力提升的重点方向。

本报告的最后部分为附录。主要分为两大附录，分别对城市绿色竞争力指数测算指标和数据来源等进行解释。

第二章　经济基础与科技进步测算及分析

经济基础与科技进步是城市绿色竞争力的重要组成部分，是推动城市绿色发展的不竭动力。本章根据“中国城市绿色竞争力评价指标体系”中经济基础与科技进步的测度标准，利用 2015 年度数据，从经济基础和科技教育两个方面对中国 290 个地级以上城市的经济基础与科技进步指数进行了测度分析。

一、经济基础与科技进步的测算结果

根据“中国城市绿色竞争力评价指标体系”中经济基础与科技进步的测度体系和权重标准，对 2015 年中国 290 个地级以上城市的经济基础与科技进步指数测算结果如表 2–1 所示。

表 2–1 中国 290 个地级以上城市经济基础与科技进步指数及排名

城市	一级指标		二级指标			
	经济基础与科技进步		经济基础指标		科技教育指标	
	指数值	排 名	指数值	排 名	指数值	排 名
北京	0.2031	1	0.1160	1	0.0871	1
上海	0.1800	2	0.1130	2	0.0670	12
广州	0.1562	3	0.0716	6	0.0845	2
天津	0.1442	4	0.0714	7	0.0729	7
杭州	0.1379	5	0.0675	12	0.0704	9
南京	0.1334	6	0.0571	20	0.0763	5
武汉	0.1306	7	0.0562	22	0.0744	6
深圳	0.1287	8	0.0893	3	0.0395	51
长沙	0.1268	9	0.0676	11	0.0591	19
呼和浩特	0.1262	10	0.0678	10	0.0585	21

续表

城市	一级指标		二级指标			
	经济基础与科技进步		经济基础指标		科技教育指标	
	指数值	排 名	指数值	排 名	指数值	排 名
西安	0.1221	11	0.0425	64	0.0796	3
乌鲁木齐	0.1186	12	0.0496	39	0.0690	10
兰州	0.1171	13	0.0379	97	0.0792	4
贵阳	0.1131	14	0.0462	56	0.0670	13
济南	0.1124	15	0.0565	21	0.0559	23
东营	0.1120	16	0.0828	5	0.0292	108
芜湖	0.1103	17	0.0582	19	0.0521	27
海口	0.1092	18	0.0409	76	0.0682	11
苏州	0.1091	19	0.0682	9	0.0409	47
太原	0.1089	20	0.0376	99	0.0713	8
珠海	0.1081	21	0.0464	55	0.0617	15
东莞	0.1069	22	0.0558	25	0.0511	30
青岛	0.1056	23	0.0643	14	0.0413	45
昆明	0.1053	24	0.0394	87	0.0660	14
合肥	0.1051	25	0.0459	58	0.0593	18
无锡	0.1049	26	0.0693	8	0.0356	63
常州	0.1047	27	0.0652	13	0.0395	50
成都	0.1025	28	0.0418	70	0.0608	17
大庆	0.1023	29	0.0414	73	0.0609	16
郑州	0.1012	30	0.0466	53	0.0546	24
嘉兴	0.1012	31	0.0634	15	0.0378	56
沈阳	0.1011	32	0.0479	44	0.0532	25
烟台	0.1009	33	0.0607	17	0.0402	48
镇江	0.1002	34	0.0608	16	0.0394	52
威海	0.0985	35	0.0544	29	0.0442	42
鄂尔多斯	0.0968	36	0.0840	4	0.0129	284
绍兴	0.0950	37	0.0535	32	0.0416	44
厦门	0.0938	38	0.0492	41	0.0446	41
南昌	0.0922	39	0.0342	124	0.0580	22
大连	0.0916	40	0.0587	18	0.0329	76

续表

城市	一级指标		二级指标			
	经济基础与科技进步		经济基础指标		科技教育指标	
	指数值	排 名	指数值	排 名	指数值	排 名
洛阳	0.0916	41	0.0523	33	0.0393	53
三亚	0.0910	42	0.0473	49	0.0437	43
宁波	0.0910	43	0.0558	24	0.0351	66
哈尔滨	0.0901	44	0.0415	72	0.0486	36
中山	0.0900	45	0.0543	30	0.0357	62
淄博	0.0900	46	0.0548	28	0.0352	65
长春	0.0898	47	0.0375	100	0.0523	26
福州	0.0898	48	0.0381	96	0.0517	28
潍坊	0.0895	49	0.0496	38	0.0400	49
西宁	0.0895	50	0.0310	151	0.0585	20
石家庄	0.0875	51	0.0387	92	0.0488	35
佛山	0.0861	52	0.0559	23	0.0302	98
毕节	0.0855	53	0.0362	110	0.0492	33
包头	0.0851	54	0.0548	27	0.0302	96
温州	0.0842	55	0.0473	47	0.0368	57
南宁	0.0834	56	0.0327	140	0.0506	31
重庆	0.0818	57	0.0327	139	0.0491	34
岳阳	0.0817	58	0.0539	31	0.0278	127
湖州	0.0816	59	0.0502	35	0.0314	86
南通	0.0814	60	0.0451	61	0.0363	61
徐州	0.0813	61	0.0488	43	0.0325	78
金华	0.0808	62	0.0473	48	0.0335	75
汕头	0.0806	63	0.0500	36	0.0306	94
泰州	0.0805	64	0.0555	26	0.0250	175
襄阳	0.0801	65	0.0465	54	0.0337	74
盐城	0.0800	66	0.0500	37	0.0300	99
唐山	0.0787	67	0.0503	34	0.0283	121
扬州	0.0778	68	0.0466	52	0.0312	91
拉萨	0.0776	69	0.0309	153	0.0467	37
铜陵	0.0775	70	0.0318	146	0.0456	38

续表

城市	一级指标		二级指标			
	经济基础与科技进步		经济基础指标		科技教育指标	
	指数值	排名	指数值	排名	指数值	排名
绵阳	0.0772	71	0.0259	211	0.0513	29
台州	0.0769	72	0.0419	67	0.0349	67
德州	0.0761	73	0.0469	50	0.0291	111
银川	0.0750	74	0.0294	172	0.0455	39
泰安	0.0746	75	0.0451	62	0.0296	102
惠州	0.0742	76	0.0416	71	0.0326	77
马鞍山	0.0739	77	0.0396	84	0.0343	71
新余	0.0729	78	0.0493	40	0.0236	198
克拉玛依	0.0729	79	0.0365	108	0.0364	60
焦作	0.0728	80	0.0474	46	0.0254	169
临沂	0.0725	81	0.0408	77	0.0317	83
龙岩	0.0723	82	0.0408	78	0.0315	84
廊坊	0.0720	83	0.0402	82	0.0318	82
湘潭	0.0716	84	0.0467	51	0.0250	176
秦皇岛	0.0714	85	0.0375	101	0.0339	73
三明	0.0714	86	0.0419	68	0.0295	104
泉州	0.0713	87	0.0390	90	0.0323	80
遵义	0.0711	88	0.0346	121	0.0365	58
衢州	0.0709	89	0.0418	69	0.0291	114
丽水	0.0709	90	0.0395	85	0.0314	87
蚌埠	0.0709	91	0.0299	165	0.0410	46
茂名	0.0706	92	0.0422	65	0.0283	122
桂林	0.0705	93	0.0353	118	0.0352	64
吉林	0.0679	94	0.0408	79	0.0272	137
六安	0.0677	95	0.0386	94	0.0291	112
舟山	0.0669	96	0.0453	60	0.0216	226
滨州	0.0668	97	0.0413	75	0.0255	166
六盘水	0.0666	98	0.0422	66	0.0245	185
柳州	0.0666	99	0.0285	182	0.0381	54
乌海	0.0665	100	0.0475	45	0.0190	256

续表

城市	一级指标		二级指标			
	经济基础与科技进步		经济基础指标		科技教育指标	
	指数值	排 名	指数值	排 名	指数值	排 名
保定	0.0664	101	0.0216	247	0.0448	40
日照	0.0664	102	0.0394	86	0.0269	142
南阳	0.0662	103	0.0367	107	0.0295	105
宣城	0.0657	104	0.0401	83	0.0256	164
许昌	0.0651	105	0.0374	102	0.0277	129
铜仁	0.0651	106	0.0308	154	0.0342	72
济宁	0.0650	107	0.0356	113	0.0294	107
宿迁	0.0646	108	0.0391	89	0.0255	168
广元	0.0645	109	0.0459	57	0.0186	260
晋中	0.0643	110	0.0265	203	0.0379	55
江门	0.0637	111	0.0316	149	0.0321	81
常德	0.0636	112	0.0404	80	0.0232	203
张家界	0.0631	113	0.0490	42	0.0140	282
新乡	0.0628	114	0.0318	147	0.0310	92
连云港	0.0628	115	0.0333	132	0.0295	103
安顺	0.0626	116	0.0345	122	0.0281	123
邯郸	0.0625	117	0.0364	109	0.0261	158
贵港	0.0625	118	0.0281	185	0.0344	69
莆田	0.0624	119	0.0281	184	0.0343	70
锦州	0.0622	120	0.0332	134	0.0290	116
儋州	0.0622	121	0.0127	289	0.0495	32
莱芜	0.0620	122	0.0328	137	0.0292	110
潮州	0.0620	123	0.0307	158	0.0313	90
酒泉	0.0618	124	0.0353	116	0.0265	148
郴州	0.0618	125	0.0360	111	0.0258	160
北海	0.0614	126	0.0344	123	0.0270	139
鞍山	0.0614	127	0.0359	112	0.0255	167
肇庆	0.0611	128	0.0316	148	0.0295	106
九江	0.0611	129	0.0307	157	0.0304	95
沧州	0.0611	130	0.0371	103	0.0241	195

续表

城市	一级指标		二级指标			
	经济基础与科技进步		经济基础指标		科技教育指标	
	指数值	排 名	指数值	排 名	指数值	排 名
株洲	0.0611	131	0.0350	119	0.0261	156
牡丹江	0.0607	132	0.0413	74	0.0194	252
湛江	0.0604	133	0.0302	161	0.0302	97
聊城	0.0603	134	0.0404	81	0.0200	245
朔州	0.0601	135	0.0382	95	0.0219	220
德阳	0.0599	136	0.0338	129	0.0261	155
呼伦贝尔	0.0599	137	0.0392	88	0.0207	238
赤峰	0.0598	138	0.0353	117	0.0245	183
淮安	0.0597	139	0.0356	114	0.0242	193
攀枝花	0.0596	140	0.0232	227	0.0364	59
四平	0.0596	141	0.0321	143	0.0276	132
漳州	0.0593	142	0.0340	128	0.0254	171
营口	0.0589	143	0.0434	63	0.0155	278
泸州	0.0589	144	0.0340	125	0.0248	178
崇左	0.0588	145	0.0275	192	0.0313	88
枣庄	0.0584	146	0.0370	104	0.0214	230
滁州	0.0584	147	0.0308	156	0.0276	130
松原	0.0584	148	0.0390	91	0.0194	251
安康	0.0583	149	0.0293	173	0.0290	115
安阳	0.0580	150	0.0323	142	0.0258	161
南平	0.0576	151	0.0324	141	0.0252	172
承德	0.0576	152	0.0300	164	0.0276	131
钦州	0.0574	153	0.0283	183	0.0291	113
辽阳	0.0573	154	0.0386	93	0.0187	259
怀化	0.0572	155	0.0368	105	0.0204	242
玉林	0.0572	156	0.0248	218	0.0324	79
固原	0.0569	157	0.0334	131	0.0235	200
宜昌	0.0568	158	0.0270	197	0.0298	101
黄山	0.0567	159	0.0367	106	0.0200	244
石嘴山	0.0565	160	0.0320	145	0.0245	182

续表

城市	一级指标		二级指标			
	经济基础与科技进步		经济基础指标		科技教育指标	
	指数值	排 名	指数值	排 名	指数值	排 名
池州	0.0564	161	0.0336	130	0.0228	208
邢台	0.0564	162	0.0321	144	0.0243	189
天水	0.0563	163	0.0216	248	0.0347	68
梧州	0.0562	164	0.0298	168	0.0264	150
上饶	0.0558	165	0.0331	135	0.0227	210
揭阳	0.0556	166	0.0301	163	0.0255	165
乐山	0.0553	167	0.0303	160	0.0250	174
咸宁	0.0553	168	0.0308	155	0.0245	186
安庆	0.0552	169	0.0268	199	0.0284	120
景德镇	0.0551	170	0.0288	177	0.0263	154
开封	0.0550	171	0.0296	170	0.0254	170
百色	0.0548	172	0.0278	189	0.0270	141
宝鸡	0.0547	173	0.0263	206	0.0284	119
通辽	0.0547	174	0.0332	133	0.0214	231
自贡	0.0546	175	0.0278	190	0.0268	146
张掖	0.0545	176	0.0232	228	0.0313	89
抚顺	0.0545	177	0.0354	115	0.0191	255
菏泽	0.0544	178	0.0301	162	0.0243	188
贺州	0.0543	179	0.0275	193	0.0269	144
黄冈	0.0542	180	0.0279	188	0.0263	152
平顶山	0.0541	181	0.0293	174	0.0249	177
中卫	0.0541	182	0.0280	187	0.0261	157
随州	0.0539	183	0.0379	98	0.0161	276
丽江	0.0535	184	0.0265	202	0.0269	143
阳江	0.0533	185	0.0349	120	0.0184	262
阳泉	0.0532	186	0.0262	208	0.0270	140
张家口	0.0531	187	0.0280	186	0.0251	173
三门峡	0.0531	188	0.0289	176	0.0243	190
本溪	0.0531	189	0.0340	127	0.0191	254
辽源	0.0529	190	0.0340	126	0.0189	257

续表

城市	一级指标		二级指标			
	经济基础与科技进步		经济基础指标		科技教育指标	
	指数值	排 名	指数值	排 名	指数值	排 名
榆林	0.0529	191	0.0456	59	0.0074	289
丹东	0.0529	192	0.0273	194	0.0256	162
汉中	0.0528	193	0.0228	232	0.0300	100
韶关	0.0526	194	0.0285	180	0.0241	194
清远	0.0522	195	0.0312	150	0.0210	235
衡阳	0.0521	196	0.0310	152	0.0211	234
白城	0.0520	197	0.0278	191	0.0242	192
大同	0.0518	198	0.0272	195	0.0246	181
玉溪	0.0517	199	0.0286	179	0.0231	204
吉安	0.0517	200	0.0203	257	0.0314	85
宜宾	0.0516	201	0.0261	209	0.0256	163
运城	0.0512	202	0.0240	222	0.0272	136
永州	0.0512	203	0.0291	175	0.0220	218
赣州	0.0511	204	0.0231	230	0.0280	125
萍乡	0.0506	205	0.0285	181	0.0221	217
咸阳	0.0505	206	0.0198	263	0.0307	93
通化	0.0503	207	0.0264	205	0.0240	196
宁德	0.0500	208	0.0268	200	0.0232	202
河池	0.0499	209	0.0232	226	0.0267	147
鹰潭	0.0498	210	0.0269	198	0.0229	207
来宾	0.0495	211	0.0221	242	0.0274	134
淮南	0.0493	212	0.0220	244	0.0273	135
信阳	0.0491	213	0.0199	260	0.0292	109
延安	0.0490	214	0.0264	204	0.0226	212
长治	0.0487	215	0.0243	220	0.0244	187
益阳	0.0485	216	0.0304	159	0.0181	265
濮阳	0.0484	217	0.0251	217	0.0233	201
晋城	0.0484	218	0.0237	223	0.0247	180
临汾	0.0482	219	0.0263	207	0.0219	219
宜春	0.0479	220	0.0215	249	0.0265	149

续表

城市	一级指标		二级指标			
	经济基础与科技进步		经济基础指标		科技教育指标	
	指数值	排名	指数值	排名	指数值	排名
黄石	0.0476	221	0.0260	210	0.0216	228
鹤壁	0.0476	222	0.0298	169	0.0178	267
渭南	0.0476	223	0.0198	262	0.0278	128
荆州	0.0475	224	0.0195	264	0.0280	124
商洛	0.0474	225	0.0195	265	0.0279	126
南充	0.0469	226	0.0234	225	0.0236	199
嘉峪关	0.0468	227	0.0298	167	0.0170	274
广安	0.0467	228	0.0251	216	0.0216	227
佳木斯	0.0466	229	0.0295	171	0.0171	273
盘锦	0.0462	230	0.0328	138	0.0135	283
齐齐哈尔	0.0462	231	0.0243	221	0.0219	221
达州	0.0462	232	0.0199	261	0.0263	153
眉山	0.0457	233	0.0258	213	0.0199	246
娄底	0.0457	234	0.0288	178	0.0169	275
云浮	0.0457	235	0.0188	269	0.0268	145
遂宁	0.0455	236	0.0270	196	0.0186	261
防城港	0.0455	237	0.0331	136	0.0124	287
亳州	0.0454	238	0.0256	214	0.0199	247
乌兰察布	0.0454	239	0.0298	166	0.0156	277
忻州	0.0452	240	0.0246	219	0.0206	240
庆阳	0.0451	241	0.0209	255	0.0242	191
铜川	0.0450	242	0.0191	266	0.0259	159
梅州	0.0449	243	0.0222	241	0.0227	209
绥化	0.0449	244	0.0252	215	0.0197	249
曲靖	0.0448	245	0.0172	279	0.0275	133
宿州	0.0446	246	0.0161	283	0.0285	118
普洱	0.0445	247	0.0159	284	0.0286	117
阜阳	0.0445	248	0.0219	245	0.0226	213
鄂州	0.0444	249	0.0237	224	0.0208	237
昭通	0.0441	250	0.0224	238	0.0217	225

续表

城市	一级指标		二级指标			
	经济基础与科技进步		经济基础指标		科技教育指标	
	指数值	排 名	指数值	排 名	指数值	排 名
葫芦岛	0.0438	251	0.0224	237	0.0214	232
资阳	0.0438	252	0.0221	243	0.0217	224
河源	0.0436	253	0.0227	234	0.0209	236
铁岭	0.0433	254	0.0218	246	0.0215	229
淮北	0.0433	255	0.0209	254	0.0224	215
荆门	0.0431	256	0.0224	239	0.0207	239
驻马店	0.0430	257	0.0185	271	0.0245	184
武威	0.0428	258	0.0209	253	0.0219	222
海东	0.0428	259	0.0206	256	0.0222	216
汕尾	0.0426	260	0.0230	231	0.0196	250
平凉	0.0426	261	0.0155	285	0.0271	138
朝阳	0.0424	262	0.0226	235	0.0198	248
吴忠	0.0422	263	0.0231	229	0.0192	253
抚州	0.0420	264	0.0172	280	0.0248	179
定西	0.0417	265	0.0187	270	0.0231	205
吕梁	0.0414	266	0.0188	268	0.0226	214
白山	0.0412	267	0.0266	201	0.0147	280
邵阳	0.0412	268	0.0228	233	0.0184	263
阜新	0.0409	269	0.0182	275	0.0227	211
商丘	0.0404	270	0.0200	258	0.0204	243
周口	0.0403	271	0.0165	282	0.0238	197
白银	0.0402	272	0.0184	272	0.0218	223
衡水	0.0402	273	0.0222	240	0.0179	266
雅安	0.0402	274	0.0259	212	0.0143	281
巴彦淖尔	0.0398	275	0.0226	236	0.0172	271
内江	0.0396	276	0.0167	281	0.0229	206
保山	0.0394	277	0.0189	267	0.0205	241
陇南	0.0393	278	0.0214	250	0.0178	268
孝感	0.0391	279	0.0127	288	0.0264	151
十堰	0.0386	280	0.0199	259	0.0187	258

续表

城市	一级指标		二级指标			
	经济基础与科技进步		经济基础指标		科技教育指标	
	指数值	排名	指数值	排名	指数值	排名
巴中	0.0383	281	0.0210	252	0.0173	270
临沧	0.0365	282	0.0182	274	0.0183	264
双鸭山	0.0360	283	0.0183	273	0.0177	269
鸡西	0.0356	284	0.0142	286	0.0214	233
漯河	0.0350	285	0.0179	276	0.0171	272
七台河	0.0336	286	0.0211	251	0.0126	286
金昌	0.0324	287	0.0175	278	0.0149	279
黑河	0.0256	288	0.0140	287	0.0116	288
鹤岗	0.0237	289	0.0110	290	0.0127	285
伊春	0.0227	290	0.0176	277	0.0051	290

注：1. 本表根据“中国城市绿色竞争力评价指标体系”中的经济基础与科技进步指标体系，各指标依据2015年数据测算而得。2. 本表各测评城市按照经济基础与科技进步的指数值从大到小排序。3. 本表一级指标“经济基础与科技进步”指数值等于两个二级指标“经济基础”“科技教育”指数值之和。4. 本表测度结果保留4位小数，如果指数相同排名相同说明两市测算的指数完全一样，如果指数相同但排名不同则是小数点四舍五入的结果，说明指数值在小数点4位之后有差异，本章节此后所有测度结果均采用该方法保留4位小数。5. 以上数据及排名根据《中国城市统计年鉴2016》《国泰安数据库—经济研究系列区域经济库》等测算。6. 为了便于后文进行比较分析，基于算数平均方法，我们测算出全国所有参评城市经济基础与科技进步指数平均水平为0.0657，所有参评城市经济基础指数平均水平为0.0350，所有参评城市科技教育指数平均水平为0.0307。

从表2–1可以看到，2015年中国290个城市经济基础与科技进步中，指数值最高的是北京，达到了0.2031；最低的是伊春，为0.0227。排在前20位的城市依次是：北京、上海、广州、天津、杭州、南京、武汉、深圳、长沙、呼和浩特、西安、乌鲁木齐、兰州、贵阳、济南、东营、芜湖、海口、苏州、太原。其中，二级指标中，经济基础指标排名前20位的城市依次为北京、上海、深圳、鄂尔多斯、东营、广州、天津、无锡、苏州、呼和浩特、长沙、杭州、常州、青岛、嘉兴、镇江、烟台、大连、芜湖、南京；科技教育指标排名前20的城市依次为北京、广州、西安、兰州、南京、武汉、天津、太原、杭州、乌鲁木齐、海口、上海、贵阳、昆明、珠海、大庆、成都、合肥、长沙、西宁。2015年中国290个城市经济基础与科技进步排名前20位和后20位的具体情况见图2–1。

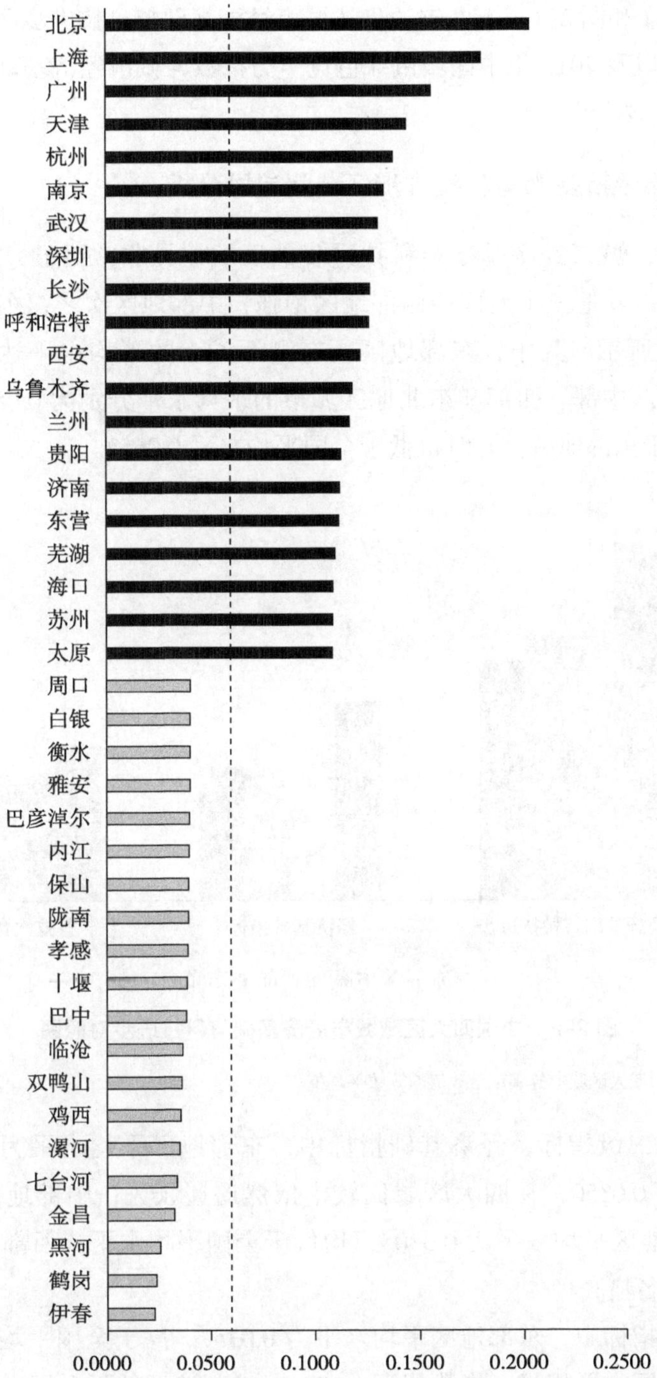

图 2-1　中国城市经济基础与科技进步排名前 20 位和后 20 位的城市

注：本图根据表 2-1 制作。指数值由高到低排列，虚线表示所有参评城市经济基础与科技进步的平均值 0.0657。

根据表 2–1 和图 2–1，下面进一步从城市经济基础与科技进步区域之间差异、区域内部差异以及 2015 年中国城市绿色竞争力指数与城市经济基础与科技进步的相关关系进行分析。

（一）城市经济基础与科技进步区域间差异分析

总体来看，城市经济基础与科技进步的区域差异非常明显，其中东部地区城市遥遥领先，其他三个地区中西部地区稍强，中部地区次之，东北地区最弱。具体如图 2–2 所示。其中，东部地区所有测评城市的平均水平达到 0.0810，远高于其他地区。中部、西部和东北地区城市的平均水平分别为 0.0597、0.0601 和 0.0544，均低于东部地区，同时也低于全国平均水平 0.0657。

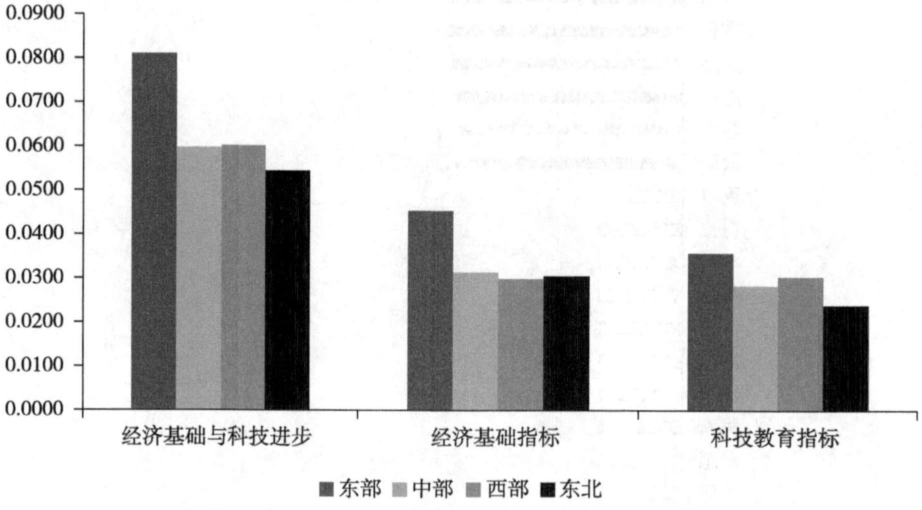

图 2–2　中国四大区域城市经济基础与科技进步对照图

注：本图数据为四大区域中各城市指数值的算数平均值。

具体到各二级指标，经济基础指标中，东部地区平均水平为 0.0453，高于全国平均水平 0.0350，在四大区域比较中依然遥遥领先；中部地区平均水平为 0.0313，东北地区平均水平为 0.0305，均低于全国平均水平；西部地区平均水平为 0.0298，排名垫底。

科技教育指标中，东部地区平均水平为 0.0357，高于全国平均水平 0.0307；西部地区与全国水平相当，指数值为 0.0303；中部地区低于全国平均水平，平均水平为 0.0284；东北地区平均水平最低，为 0.0239。

（二）城市经济基础与科技进步区域内差异分析

从城市经济基础与科技进步测算结果来看，城市排名呈现出区域化特征，东部地区多数城市排名相对靠前，平均位次为90；中部、西部及东北部地区多数城市总体排名比较接近，平均位次分别为166、166、187。各区域内部的城市排名差异十分接近。从区域内部最高位次与最低位次的位差数来看：东部地区差距为272位，中部地区、西部地区和东北地区差距分别为278位、277位和261位。

1. 东部地区城市经济基础与科技进步指数及排名

2015年东部地区城市经济基础与科技进步指数及排名如表2–2所示。

表2–2　东部地区城市经济基础与科技进步指数及排名

城市	指数值	整体排名	区域内排名	城市	指数值	整体排名	区域内排名
北京	0.2031	1	1	临沂	0.0725	81	45
上海	0.1800	2	2	龙岩	0.0723	82	46
广州	0.1562	3	3	廊坊	0.0720	83	47
天津	0.1442	4	4	秦皇岛	0.0714	85	48
杭州	0.1379	5	5	三明	0.0714	86	49
南京	0.1334	6	6	泉州	0.0713	87	50
深圳	0.1287	8	7	衢州	0.0709	89	51
济南	0.1124	15	8	丽水	0.0709	90	52
东营	0.1120	16	9	茂名	0.0706	92	53
海口	0.1092	18	10	舟山	0.0669	96	54
苏州	0.1091	19	11	滨州	0.0668	97	55
珠海	0.1081	21	12	保定	0.0664	101	56
东莞	0.1069	22	13	日照	0.0664	102	57
青岛	0.1056	23	14	济宁	0.0650	107	58
无锡	0.1049	26	15	宿迁	0.0646	108	59
常州	0.1047	27	16	江门	0.0637	111	60
嘉兴	0.1012	31	17	连云港	0.0628	115	61
烟台	0.1009	33	18	邯郸	0.0625	117	62
镇江	0.1002	34	19	莆田	0.0624	119	63
威海	0.0985	35	20	儋州	0.0622	121	64
绍兴	0.0950	37	21	莱芜	0.0620	122	65
厦门	0.0938	38	22	潮州	0.0620	123	66

续表

城市	指数值	整体排名	区域内排名	城市	指数值	整体排名	区域内排名
三亚	0.0910	42	23	肇庆	0.0611	128	67
宁波	0.0910	43	24	沧州	0.0611	130	68
中山	0.0900	45	25	湛江	0.0604	133	69
淄博	0.0900	46	26	聊城	0.0603	134	70
福州	0.0898	48	27	淮安	0.0597	139	71
潍坊	0.0895	49	28	漳州	0.0593	142	72
石家庄	0.0875	51	29	枣庄	0.0584	146	73
佛山	0.0861	52	30	南平	0.0576	151	74
温州	0.0842	55	31	承德	0.0576	152	75
湖州	0.0816	59	32	邢台	0.0564	162	76
南通	0.0814	60	33	揭阳	0.0556	166	77
徐州	0.0813	61	34	菏泽	0.0544	178	78
金华	0.0808	62	35	阳江	0.0533	185	79
汕头	0.0806	63	36	张家口	0.0531	187	80
泰州	0.0805	64	37	韶关	0.0526	194	81
盐城	0.0800	66	38	清远	0.0522	195	82
唐山	0.0787	67	39	宁德	0.0500	208	83
扬州	0.0778	68	40	云浮	0.0457	235	84
台州	0.0769	72	41	梅州	0.0449	243	85
德州	0.0761	73	42	河源	0.0436	253	86
泰安	0.0746	75	43	汕尾	0.0426	260	87
惠州	0.0742	76	44	衡水	0.0402	273	88

注：根据表 2-1 整理。

东部地区参评的 88 个城市中，有 7 个城市位居所有测评城市的前 10 位，分别是北京、上海、广州、天津、杭州、南京和深圳，占东部城市的比重为 7.95%。其中北京以 0.2031 的高分位居所有测评城市之首，稍微领先于第二名上海的 0.1800。除去全国排名前 10 的 7 个城市外，济南、东营、海口、滨州、保定、日照等 50 个城市排在全国第 11 名到 110 名不等的位置。这 57 个东部城市的经济基础与科技进步指数高于全国平均水平，占东部城市的 64.77%，优势非常明显。而济宁、宿迁、江门、河源、汕尾、衡水等其余的 31 个城市位于所有参评城市的第 111 位到 280 位，它们的指数值均低于全国平均水平。总体来看，东部地区城市的经济基础与科技进步指数处于领先地位。

从区域内部差异来看，东部地区排名最高的北京（第 1 名，指数值 0.2031）与排名最低的衡水（第 273 名，指数值 0.0402）之间的位差为 272 位，在四大区域中位差排名第三。可见东部地区不但整体较强，而且区域内部差距也较小。

2. 中部地区城市经济基础与科技进步指数及排名

2015 年中部地区城市经济基础与科技进步指数及排名如表 2–3 所示。

表 2–3 中部地区城市经济基础与科技进步指数及排名

城市	指数值	整体排名	区域内排名	城市	指数值	整体排名	区域内排名
武汉	0.1306	7	1	平顶山	0.0541	181	41
长沙	0.1268	9	2	随州	0.0539	183	42
芜湖	0.1103	17	3	阳泉	0.0532	186	43
太原	0.1089	20	4	三门峡	0.0531	188	44
合肥	0.1051	25	5	衡阳	0.0521	196	45
郑州	0.1012	30	6	大同	0.0518	198	46
南昌	0.0922	39	7	吉安	0.0517	200	47
洛阳	0.0916	41	8	运城	0.0512	202	48
岳阳	0.0817	58	9	永州	0.0512	203	49
襄阳	0.0801	65	10	赣州	0.0511	204	50
铜陵	0.0775	70	11	萍乡	0.0506	205	51
马鞍山	0.0739	77	12	鹰潭	0.0498	210	52
新余	0.0729	78	13	淮南	0.0493	212	53
焦作	0.0728	80	14	信阳	0.0491	213	54
湘潭	0.0716	84	15	长治	0.0487	215	55
蚌埠	0.0709	91	16	益阳	0.0485	216	56
六安	0.0677	95	17	濮阳	0.0484	217	57
南阳	0.0662	103	18	晋城	0.0484	218	58
宣城	0.0657	104	19	临汾	0.0482	219	59
许昌	0.0651	105	20	宜春	0.0479	220	60
晋中	0.0643	110	21	黄石	0.0476	221	61
常德	0.0636	112	22	鹤壁	0.0476	222	62
张家界	0.0631	113	23	荆州	0.0475	224	63
新乡	0.0628	114	24	娄底	0.0457	234	64
郴州	0.0618	125	25	亳州	0.0454	238	65

续表

城市	指数值	整体排名	区域内排名	城市	指数值	整体排名	区域内排名
九江	0.0611	129	26	忻州	0.0452	240	66
株洲	0.0611	131	27	宿州	0.0446	246	67
朔州	0.0601	135	28	阜阳	0.0445	248	68
滁州	0.0584	147	29	鄂州	0.0444	249	69
安阳	0.0580	150	30	淮北	0.0433	255	70
怀化	0.0572	155	31	荆门	0.0431	256	71
宜昌	0.0568	158	32	驻马店	0.0430	257	72
黄山	0.0567	159	33	抚州	0.0420	264	73
池州	0.0564	161	34	吕梁	0.0414	266	74
上饶	0.0558	165	35	邵阳	0.0412	268	75
咸宁	0.0553	168	36	商丘	0.0404	270	76
安庆	0.0552	169	37	周口	0.0403	271	77
景德镇	0.0551	170	38	孝感	0.0391	279	78
开封	0.0550	171	39	十堰	0.0386	280	79
黄冈	0.0542	180	40	漯河	0.0350	285	80

注：根据表 2-1 整理。

中部地区参与测评的 80 个城市中，武汉、长沙位于所有参评城市排名前 10 位；除此之外中部还有芜湖、太原、合肥、六安、南阳、宣城等 17 个城市的经济基础与科技进步指数值高于全国所有参评城市的平均水平 0.0657。而中部城市的指数值从全国排名第 105 位的许昌开始，余下的 61 个城市指标值均小于 0.0657，即低于全国平均水平，排名分布在第 104 位至 285 位之间。因此，绝大部分中部城市经济基础与科技进步指数值在全国排名较低。

从区域内部差异来看，中部地区排名最高的武汉（第 7 名，指数值 0.1306）与排名最低的漯河（第 285 名，指数值 0.0350）之间的位差为 278 位，在四大区域中位差排名第一，可见中部地区区域内部差距也较大。

3. 西部地区城市经济基础与科技进步指数及排名

2015 年西部地区城市经济基础与科技进步指数及排名如表 2-4 所示。

表 2-4　西部地区城市经济基础与科技进步指数及排名

城市	指数值	整体排名	区域内排名	城市	指数值	整体排名	区域内排名
呼和浩特	0.1262	10	1	通辽	0.0547	174	45

续表

城市	指数值	整体排名	区域内排名	城市	指数值	整体排名	区域内排名
西安	0.1221	11	2	自贡	0.0546	175	46
乌鲁木齐	0.1186	12	3	张掖	0.0545	176	47
兰州	0.1171	13	4	贺州	0.0543	179	48
贵阳	0.1131	14	5	中卫	0.0541	182	49
昆明	0.1053	24	6	丽江	0.0535	184	50
成都	0.1025	28	7	榆林	0.0529	191	51
鄂尔多斯	0.0968	36	8	汉中	0.0528	193	52
西宁	0.0895	50	9	玉溪	0.0517	199	53
毕节	0.0855	53	10	宜宾	0.0516	201	54
包头	0.0851	54	11	咸阳	0.0505	206	55
南宁	0.0834	56	12	河池	0.0499	209	56
重庆	0.0818	57	13	来宾	0.0495	211	57
拉萨	0.0776	69	14	延安	0.0490	214	58
绵阳	0.0772	71	15	渭南	0.0476	223	59
银川	0.0750	74	16	商洛	0.0474	225	60
克拉玛依	0.0729	79	17	南充	0.0469	226	61
遵义	0.0711	88	18	嘉峪关	0.0468	227	62
桂林	0.0705	93	19	广安	0.0467	228	63
六盘水	0.0666	98	20	达州	0.0462	232	64
柳州	0.0666	99	21	眉山	0.0457	233	65
乌海	0.0665	100	22	遂宁	0.0455	236	66
铜仁	0.0651	106	23	防城港	0.0455	237	67
广元	0.0645	109	24	乌兰察布	0.0454	239	68
安顺	0.0626	116	25	庆阳	0.0451	241	69
贵港	0.0625	118	26	铜川	0.0450	242	70
酒泉	0.0618	124	27	曲靖	0.0448	245	71
北海	0.0614	126	28	普洱	0.0445	247	72
德阳	0.0599	136	29	昭通	0.0441	250	73
呼伦贝尔	0.0599	137	30	资阳	0.0438	252	74
赤峰	0.0598	138	31	武威	0.0428	258	75
攀枝花	0.0596	140	32	海东	0.0428	259	76
泸州	0.0589	144	33	平凉	0.0426	261	77

续表

城市	指数值	整体排名	区域内排名	城市	指数值	整体排名	区域内排名
崇左	0.0588	145	34	吴忠	0.0422	263	78
安康	0.0583	149	35	定西	0.0417	265	79
钦州	0.0574	153	36	白银	0.0402	272	80
玉林	0.0572	156	37	雅安	0.0402	274	81
固原	0.0569	157	38	巴彦淖尔	0.0398	275	82
石嘴山	0.0565	160	39	内江	0.0396	276	83
天水	0.0563	163	40	保山	0.0394	277	84
梧州	0.0562	164	41	陇南	0.0393	278	85
乐山	0.0553	167	42	巴中	0.0383	281	86
百色	0.0548	172	43	临沧	0.0365	282	87
宝鸡	0.0547	173	44	金昌	0.0324	287	88

注：根据表 2–1 整理。

西部地区参与测评的88个城市中，呼和浩特唯一进入所有参评城市前10位；西安、乌鲁木齐、兰州、六盘水、柳州、乌海等21个城市指数值大于0.0657，其经济基础与科技进步高于全国平均水平，均位于全国所有参评城市前100位。铜仁、广元、安顺、巴中、临沧、金昌等66个城市经济基础与科技进步指数值小于0.0657，低于全国平均水平。总的来说，西部城市的指数值的结构与中部城市类似，绝大多数城市经济基础与科技进步的指数值处于全国中下游水平。

从区域内部差异来看，西部地区排名最高的呼和浩特（第10名，指数值0.1262）与排名最低的金昌（第287名，指数值0.0324）之间的位差为277位，在四大区域中位差排名第二。可见西部地区城市经济基础与科技进步水平总体较差，区域内部差距也非常大。

4. 东北地区城市经济基础与科技进步指数及排名

2015 年东北地区城市经济基础与科技进步指数及排名如表 2–5 所示。

表 2–5　东北地区城市经济基础与科技进步指数及排名

城市	指数值	整体排名	区域内排名	城市	指数值	整体排名	区域内排名
大庆	0.1023	29	1	白城	0.0520	197	18
沈阳	0.1011	32	2	通化	0.0503	207	19
大连	0.0916	40	3	佳木斯	0.0466	229	20

续表

城市	指数值	整体排名	区域内排名	城市	指数值	整体排名	区域内排名
哈尔滨	0.0901	44	4	盘锦	0.0462	230	21
长春	0.0898	47	5	齐齐哈尔	0.0462	231	22
吉林	0.0679	94	6	绥化	0.0449	244	23
锦州	0.0622	120	7	葫芦岛	0.0438	251	24
鞍山	0.0614	127	8	铁岭	0.0433	254	25
牡丹江	0.0607	132	9	朝阳	0.0424	262	26
四平	0.0596	141	10	白山	0.0412	267	27
营口	0.0589	143	11	阜新	0.0409	269	28
松原	0.0584	148	12	双鸭山	0.0360	283	29
辽阳	0.0573	154	13	鸡西	0.0356	284	30
抚顺	0.0545	177	14	七台河	0.0336	286	31
本溪	0.0531	189	15	黑河	0.0256	288	32
辽源	0.0529	190	16	鹤岗	0.0237	289	33
丹东	0.0529	192	17	伊春	0.0227	290	34

注：根据表 2-1 整理。

东北地区参与测评的 34 个城市中，无城市进入参评城市前 10 位的行列。大庆、沈阳、大连、哈尔滨、长春、吉林 6 个城市指数值大于 0.0657，高于全国平均水平。锦州、鞍山、牡丹江、黑河、鹤岗、伊春等其余 28 个城市的指数值都小于 0.0657，低于全国平均水平，位居全国所有参评城市的中下游。总体来讲，东北地区绝大多数城市的经济基础与科技进步在全国排名偏于较低水平。

从区域内部差异来看，东北地区排名最高的大庆（第 29 名，指数值 0.1023）与排名最低的伊春（第 290 名，指数值 0.0227）之间的位差为 261 位，在四大区域中位差最小；指数值的差为 0.0796，在四大区域中同样最小。可见东北地区城市经济基础与科技进步较为接近，区域内部差距相对较小，但由于样本量也较小所以这种接近也有一定的相对性。

（三）城市经济基础与科技进步对中国城市绿色竞争力的影响分析

对比 2015 年中国城市绿色竞争力指数与经济基础与科技进步指数，可以看出 290 个参评城市中，有 137 个城市绿色竞争力指数排名高于经济基础与科技进步指数排名，比重为 47.24%，这些城包括深圳、长沙、无锡、七台河、金昌、鹤岗等。同时，有 150 个城市绿色竞争力指数排名低于经济基础与科技进步指数排名，如上海、广州、杭州、忻州、吕梁、荆州等。北京、金华和新余 3 座城市绿色竞争力指数排名与经济基础与科技进步指数排名相同。

从影响程度分析，城市绿色竞争力指数排名与经济基础与科技进步指数排名差异较大（超过 50 位）的城市有 73 个，占所有城市的 25.17%；其中为正差的城市有 36 个，如儋州、牡丹江、赤峰、攀枝花、辽阳、鞍山等，这些城市的经济基础与科技进步对城市绿色竞争力的贡献较大；为负差的城市有 37 个，如亳州、黄山、广安、贺州、黑河、汕尾等，这些城市的经济基础与科技进步对城市绿色竞争力的贡献较小。其中，汕尾的排名差异变化最大，其城市绿色竞争力指数位居所有测评城市第 59 位，但经济基础与科技进步指数仅为第 260 位，变化幅度达到了 201 位。同时，名次变动差异较小（50 名以内，含 50 名，不含 0）的城市共有 214 个，占所有城市的 73.79%，如深圳、上海、长沙、鹤岗、忻州、吕梁等，说明经济基础与科技进步对城市绿色竞争力的影响效果不明显。而北京、金华、新余这 3 座城市的经济基础与科技进步指数与城市绿色竞争力指数排位相同，保持了一致性。2015 中国城市绿色竞争力指数排名与经济基础与科技进步排名差异超过 50 位的城市如表 2–6 所示。

表 2–6　中国城市绿色竞争力指数排名与经济基础与科技进步指数排名差异超过 50 位的城市

城市	绿色竞争力排名	经济基础与科技进步排名	位次变化	城市	绿色竞争力排名	经济基础与科技进步排名	位次变化
儋州	172	121	51	亳州	187	238	–51
牡丹江	183	132	51	黄山	105	159	–54
赤峰	189	138	51	广安	174	228	–54
新乡	168	114	54	遂宁	182	236	–54
揭阳	220	166	54	黄冈	125	180	–55
贵阳	69	14	55	韶关	139	194	–55
西宁	107	50	57	吉安	141	200	–59
南阳	161	103	58	酒泉	64	124	–60
安阳	211	150	61	商丘	210	270	–60
济宁	169	107	62	克拉玛依	15	79	–64
肇庆	190	128	62	池州	97	161	–64
兰州	76	13	63	通化	143	207	–64
岳阳	121	58	63	漳州	71	142	–71
秦皇岛	149	85	64	榆林	117	191	–74
咸宁	232	168	64	白城	123	197	–74

续表

城市	绿色竞争力排名	经济基础与科技进步排名	位次变化	城市	绿色竞争力排名	经济基础与科技进步排名	位次变化
乌海	166	100	66	松原	70	148	–78
荆州	290	224	66	丽江	104	184	–80
邯郸	184	117	67	张掖	95	176	–81
本溪	257	189	68	辽源	106	190	–84
运城	271	202	69	延安	130	214	–84
吉林	164	94	70	绥化	154	244	–90
贵港	188	118	70	梅州	152	243	–91
锦州	192	120	72	普洱	153	247	–94
焦作	159	80	79	河源	157	253	–96
邢台	242	162	80	鹰潭	113	210	–97
晋中	191	110	81	庆阳	144	241	–97
阳泉	270	186	84	曲靖	138	245	–107
廊坊	170	83	87	南充	112	226	–114
宜昌	248	158	90	宁德	87	208	–121
怀化	246	155	91	巴彦淖尔	147	275	–128
保定	193	101	92	乌兰察布	94	239	–145
承德	245	152	93	雅安	128	274	–146
崇左	253	145	108	巴中	132	281	–149
攀枝花	251	140	111	资阳	96	252	–156
辽阳	269	154	115	贺州	7	179	–172
鞍山	282	127	155	黑河	93	288	–195
				汕尾	59	260	–201

注：1. 本表根据 1–3 和表 2–1 整理。2. 表中排名差异为城市绿色竞争力指数排名与经济基础与科技进步指数排名之差，正值表示经济基础与科技进步指数较之于城市绿色竞争力指数进步的名次，负值表示经济基础与科技进步指数较之于城市绿色竞争力指数退后的名次。

二、城市经济基础与科技进步比较分析

2015 年的经济基础与科技进步指数占该年城市绿色竞争力指数总权重的 30%，由经济基础、科技教育 2 个二级指标及 11 个三级指标构成。11 个三级指标全部为正向指标，且每个三级指标占城市绿色竞争力指数总权重的 2.73%。本部

分将以 2 个二级指标为例进行详细的分析与比较。

（一）城市经济基础指标比较

在经济基础与科技进步测度体系中，经济基础指标占经济基础与科技进步指数总权重的 54.55%，占城市绿色竞争力指数总权重的 16.36%，是经济基础与科技进步中权重最大的二级指标，因此对经济基础与科技进步指数的贡献较大。表 2–7 列出了经济基础指标下的 6 个三级指标。

表 2–7　经济基础三级指标、权重及指标属性

指标序号	指标	权重	指标属性
1	人均地区生产总值	2.73%	正
2	地区财政收入	2.73%	正
3	第一产业劳动生产率	2.73%	正
4	第二产业劳动生产率	2.73%	正
5	第三产业劳动生产率	2.73%	正
6	第三产业增加值比重	2.73%	正

注：本表内容是由本报告课题组召开的多次研讨会确定的。

根据表 2–7 所列的指标和权重，经过标准化处理综合测算，得出 2015 年中国城市经济基础指标指数及其排名情况，具体如表 2–8 所示。

表 2–8　中国城市经济基础指数及排名

经济基础指标			经济基础指标			经济基础指标		
城市	指数值	排名	城市	指数值	排名	城市	指数值	排名
北京	0.1160	1	随州	0.0379	98	大同	0.0272	195
上海	0.1130	2	太原	0.0376	99	遂宁	0.0270	196
深圳	0.0893	3	长春	0.0375	100	宜昌	0.0270	197
鄂尔多斯	0.0840	4	秦皇岛	0.0375	101	鹰潭	0.0269	198
东营	0.0828	5	许昌	0.0374	102	安庆	0.0268	199
广州	0.0716	6	沧州	0.0371	103	宁德	0.0268	200
天津	0.0714	7	枣庄	0.0370	104	白山	0.0266	201
无锡	0.0693	8	怀化	0.0368	105	丽江	0.0265	202
苏州	0.0682	9	黄山	0.0367	106	晋中	0.0265	203
呼和浩特	0.0678	10	南阳	0.0367	107	延安	0.0264	204
长沙	0.0676	11	克拉玛依	0.0365	108	通化	0.0264	205

续表

经济基础指标			经济基础指标			经济基础指标		
城市	指数值	排名	城市	指数值	排名	城市	指数值	排名
杭州	0.0675	12	邯郸	0.0364	109	宝鸡	0.0263	206
常州	0.0652	13	毕节	0.0362	110	临汾	0.0263	207
青岛	0.0643	14	郴州	0.0360	111	阳泉	0.0262	208
嘉兴	0.0634	15	鞍山	0.0359	112	宜宾	0.0261	209
镇江	0.0608	16	济宁	0.0356	113	黄石	0.0260	210
烟台	0.0607	17	淮安	0.0356	114	绵阳	0.0259	211
大连	0.0587	18	抚顺	0.0354	115	雅安	0.0259	212
芜湖	0.0582	19	酒泉	0.0353	116	眉山	0.0258	213
南京	0.0571	20	赤峰	0.0353	117	亳州	0.0256	214
济南	0.0565	21	桂林	0.0353	118	绥化	0.0252	215
武汉	0.0562	22	株洲	0.0350	119	广安	0.0251	216
佛山	0.0559	23	阳江	0.0349	120	濮阳	0.0251	217
宁波	0.0558	24	遵义	0.0346	121	玉林	0.0248	218
东莞	0.0558	25	安顺	0.0345	122	忻州	0.0246	219
泰州	0.0555	26	北海	0.0344	123	长治	0.0243	220
包头	0.0548	27	南昌	0.0342	124	齐齐哈尔	0.0243	221
淄博	0.0548	28	泸州	0.0340	125	运城	0.0240	222
威海	0.0544	29	辽源	0.0340	126	晋城	0.0237	223
中山	0.0543	30	本溪	0.0340	127	鄂州	0.0237	224
岳阳	0.0539	31	漳州	0.0340	128	南充	0.0234	225
绍兴	0.0535	32	德阳	0.0338	129	河池	0.0232	226
洛阳	0.0523	33	池州	0.0336	130	攀枝花	0.0232	227
唐山	0.0503	34	固原	0.0334	131	张掖	0.0232	228
湖州	0.0502	35	连云港	0.0333	132	吴忠	0.0231	229
汕头	0.0500	36	通辽	0.0332	133	赣州	0.0231	230
盐城	0.0500	37	锦州	0.0332	134	汕尾	0.0230	231
潍坊	0.0496	38	上饶	0.0331	135	汉中	0.0228	232
乌鲁木齐	0.0496	39	防城港	0.0331	136	邵阳	0.0228	233
新余	0.0493	40	莱芜	0.0328	137	河源	0.0227	234
厦门	0.0492	41	盘锦	0.0328	138	朝阳	0.0226	235
张家界	0.0490	42	重庆	0.0327	139	巴彦淖尔	0.0226	236

续表

经济基础指标			经济基础指标			经济基础指标		
城市	指数值	排名	城市	指数值	排名	城市	指数值	排名
徐州	0.0488	43	南宁	0.0327	140	葫芦岛	0.0224	237
沈阳	0.0479	44	南平	0.0324	141	昭通	0.0224	238
乌海	0.0475	45	安阳	0.0323	142	荆门	0.0224	239
焦作	0.0474	46	四平	0.0321	143	衡水	0.0222	240
温州	0.0473	47	邢台	0.0321	144	梅州	0.0222	241
金华	0.0473	48	石嘴山	0.0320	145	来宾	0.0221	242
三亚	0.0473	49	铜陵	0.0318	146	资阳	0.0221	243
德州	0.0469	50	新乡	0.0318	147	淮南	0.0220	244
湘潭	0.0467	51	肇庆	0.0316	148	阜阳	0.0219	245
扬州	0.0466	52	江门	0.0316	149	铁岭	0.0218	246
郑州	0.0466	53	清远	0.0312	150	保定	0.0216	247
襄阳	0.0465	54	西宁	0.0310	151	天水	0.0216	248
珠海	0.0464	55	衡阳	0.0310	152	宜春	0.0215	249
贵阳	0.0462	56	拉萨	0.0309	153	陇南	0.0214	250
广元	0.0459	57	铜仁	0.0308	154	七台河	0.0211	251
合肥	0.0459	58	咸宁	0.0308	155	巴中	0.0210	252
榆林	0.0456	59	滁州	0.0308	156	武威	0.0209	253
舟山	0.0453	60	九江	0.0307	157	淮北	0.0209	254
南通	0.0451	61	潮州	0.0307	158	庆阳	0.0209	255
泰安	0.0451	62	益阳	0.0304	159	海东	0.0206	256
营口	0.0434	63	乐山	0.0303	160	吉安	0.0203	257
西安	0.0425	64	湛江	0.0302	161	商丘	0.0200	258
茂名	0.0422	65	菏泽	0.0301	162	十堰	0.0199	259
六盘水	0.0422	66	揭阳	0.0301	163	信阳	0.0199	260
台州	0.0419	67	承德	0.0300	164	达州	0.0199	261
三明	0.0419	68	蚌埠	0.0299	165	渭南	0.0198	262
衢州	0.0418	69	乌兰察布	0.0298	166	咸阳	0.0198	263
成都	0.0418	70	嘉峪关	0.0298	167	荆州	0.0195	264
惠州	0.0416	71	梧州	0.0298	168	商洛	0.0195	265
哈尔滨	0.0415	72	鹤壁	0.0298	169	铜川	0.0191	266
大庆	0.0414	73	开封	0.0296	170	保山	0.0189	267

续表

经济基础指标			经济基础指标			经济基础指标		
城市	指数值	排名	城市	指数值	排名	城市	指数值	排名
牡丹江	0.0413	74	佳木斯	0.0295	171	吕梁	0.0188	268
滨州	0.0413	75	银川	0.0294	172	云浮	0.0188	269
海口	0.0409	76	安康	0.0293	173	定西	0.0187	270
临沂	0.0408	77	平顶山	0.0293	174	驻马店	0.0185	271
龙岩	0.0408	78	永州	0.0291	175	白银	0.0184	272
吉林	0.0408	79	三门峡	0.0289	176	双鸭山	0.0183	273
常德	0.0404	80	景德镇	0.0288	177	临沧	0.0182	274
聊城	0.0404	81	娄底	0.0288	178	阜新	0.0182	275
廊坊	0.0402	82	玉溪	0.0286	179	漯河	0.0179	276
宣城	0.0401	83	韶关	0.0285	180	伊春	0.0176	277
马鞍山	0.0396	84	萍乡	0.0285	181	金昌	0.0175	278
丽水	0.0395	85	柳州	0.0285	182	曲靖	0.0172	279
日照	0.0394	86	钦州	0.0283	183	抚州	0.0172	280
昆明	0.0394	87	莆田	0.0281	184	内江	0.0167	281
呼伦贝尔	0.0392	88	贵港	0.0281	185	周口	0.0165	282
宿迁	0.0391	89	张家口	0.0280	186	宿州	0.0161	283
泉州	0.0390	90	中卫	0.0280	187	普洱	0.0159	284
松原	0.0390	91	黄冈	0.0279	188	平凉	0.0155	285
石家庄	0.0387	92	百色	0.0278	189	鸡西	0.0142	286
辽阳	0.0386	93	自贡	0.0278	190	黑河	0.0140	287
六安	0.0386	94	白城	0.0278	191	孝感	0.0127	288
朔州	0.0382	95	崇左	0.0275	192	儋州	0.0127	289
福州	0.0381	96	贺州	0.0275	193	鹤岗	0.0110	290
兰州	0.037899	97	丹东	0.0273	194			

注：本表数据及排名根据《中国城市统计年鉴 2016》《国泰安数据库－经济研究系列区域经济库》等测算。

从表 2-8 可以看出，2015 年 290 个测评城市经济基础指标测算结果介于 0.0110~0.1160 之间，极差为 0.1050。其中，有 119 个城市经济基础水平高于全国平均水平 0.0350，占全部参评城市的 41.03%，如北京、上海、深圳、赤峰、桂林、株洲等，其中，北京、上海、深圳位居所有参评城市前三位，指数值分别为 0.1160、0.1130 和 0.0893；但有 171 个城市经济基础指数低于全国平均水平，占全部参评城市百分比的 58.97%，这些城市有阳江、遵义、安顺、孝感、儋州、鹤岗，其中，孝感、儋州和鹤岗位居所有参评城市的最后三位，指数值分别为 0.0127、0.0127 和 0.0110。

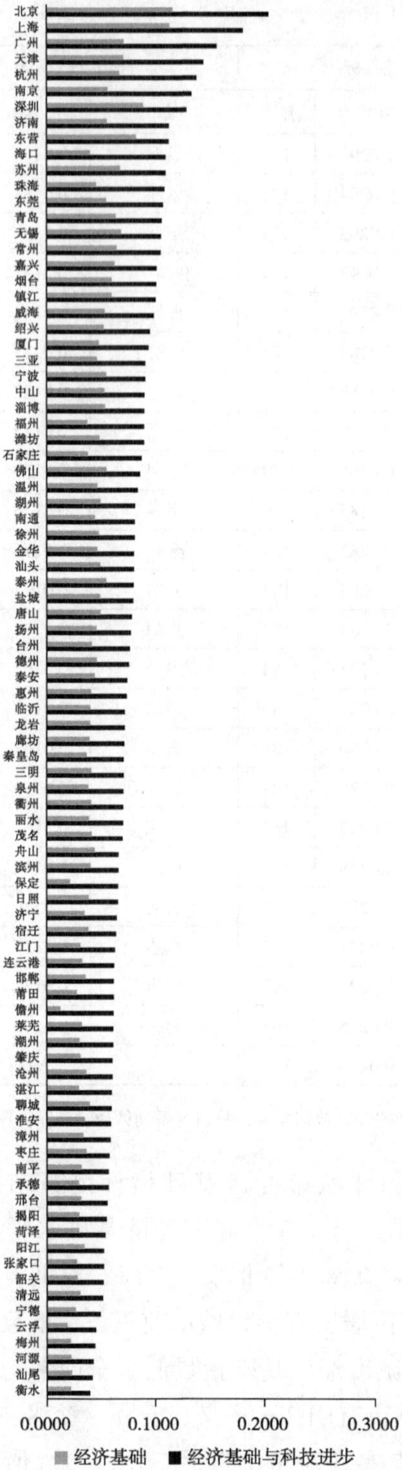
北京
上海
广州
天津
杭州
南京
深圳
济南
东营
海口
苏州
珠海
东莞
青岛
无锡
常州
嘉兴
烟台
镇江
威海
绍兴
厦门
三亚
宁波
中山
淄博
福州
潍坊
石家庄
佛山
温州
湖州
南通
徐州
金华
汕头
泰州
盐城
唐山
扬州
台州
德州
泰安
惠州
临沂
龙岩
廊坊
秦皇岛
三明
泉州
衢州
丽水
茂名
舟山
滨州
保定
日照
济宁
宿迁
江门
连云港
邯郸
莆田
儋州
莱芜
潮州
肇庆
沧州
湛江
聊城
淮安
漳州
枣庄
南平
承德
邢台
揭阳
菏泽
阳江
张家口
韶关
清远
宁德
云浮
梅州
河源
汕尾
衡水
0.0000
0.1000
0.2000
0.3000
经济基础
经济基础与科技进步

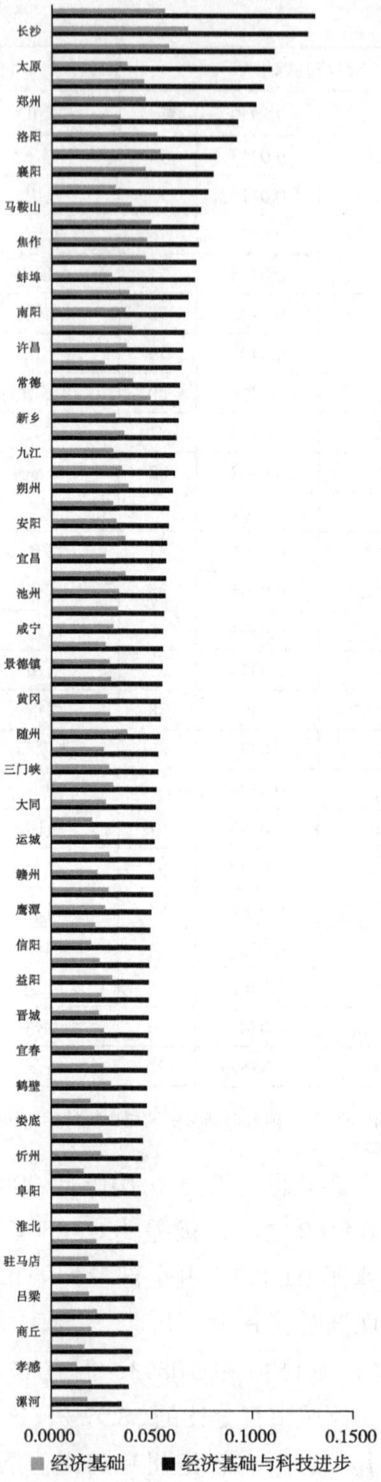
长沙
太原
郑州
洛阳
襄阳
马鞍山
焦作
蚌埠
南阳
许昌
常德
新乡
九江
朔州
安阳
宜昌
池州
咸宁
景德镇
黄冈
随州
三门峡
大同
运城
赣州
鹰潭
信阳
益阳
晋城
宜春
鹤壁
娄底
忻州
阜阳
淮北
驻马店
吕梁
商丘
孝感
漯河
0.0000
0.0500
0.1000
0.1500
经济基础
经济基础与科技进步

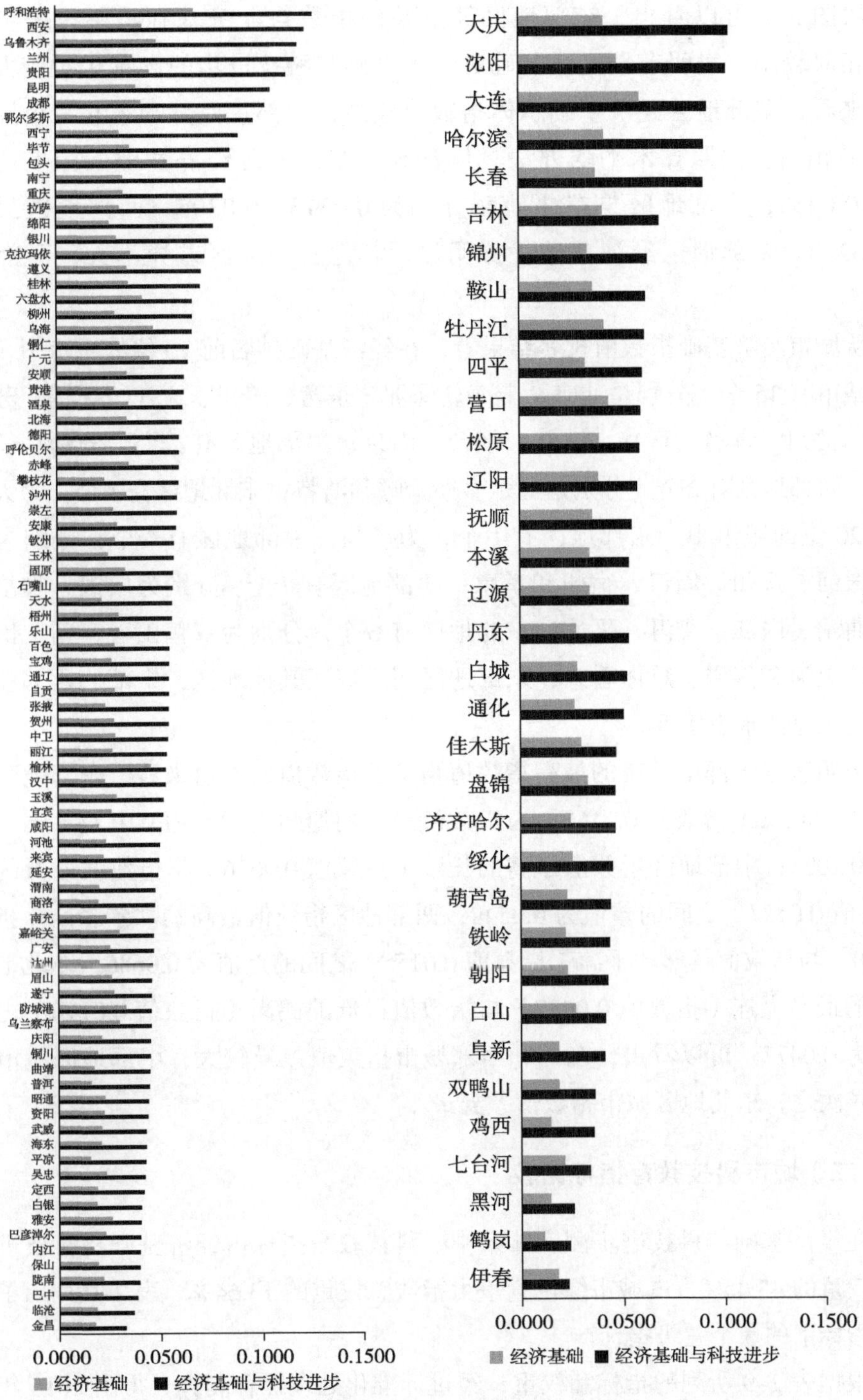

图 2–3　经济基础与科技进步和经济基础指标对比

注：图 2–3 按东部、中部、西部和东北地区划分，根据经济基础与科技进步指数大小由上至下排列。

从图 2–3 可以看出，东部地区经济基础指数与经济基础与科技进步指数差距相对较小，表明东部经济基础对经济基础与科技进步的影响相对较大。分区域来看，东部地区经济基础总体指数值较高，中部、西部和东北三个地区总体水平相当。按照算术平均方法具体计算，东部地区经济基础指标平均指数值为 0.0453，中部地区与东北地区分别为 0.0313、0.0305，西部地区最小，为 0.0298。东部地区经济基础优势明显，其他三个地区差异不大，西部地区稍弱。

从城市经济基础指数值排名结果看，在经济基础排名前 20 位的城市中，东部地区城市有 15 个，分别是北京、上海、深圳、东营、广州、天津、无锡、苏州、杭州、常州、青岛、嘉兴、镇江、烟台、南京；中部地区有 2 个，分别是长沙和芜湖；西部地区有 2 个，分别是鄂尔多斯、呼和浩特；东北地区有 1 个，为大连。而后 20 位的城市中，东部地区有 1 个，为儋州；中部地区有 6 个，分别为驻马店、漯河、抚州、周口、宿州和孝感；西部地区有 7 个，分别为白银、临沧、金昌、曲靖、内江、普洱、平凉；东北地区有 6 个，分别为双鸭山、阜新、伊春、鸡西、黑河和鹤岗。总体看来，东部地区明显好于其他地区，中部、西部和东北三个地区总体水平接近。

按照区域内部中城市的最高指数值与最低指数值的差值来看，东部地区指数值最高的北京（指数值 0.1160）与指数值最低的儋州（指数值 0.0127）之间的差值为 0.1033；中部地区指数值最高的长沙（指数值 0.0676）与指数值最低的孝感（指数值 0.0127）之间的差值为 0.0549；西部地区指数值最高的鄂尔多斯（指数值 0.0840）与指数值最低的平凉（指数值 0.0155）之间的差值为 0.0685；东北地区指数值的最高大连（指数值 0.0587）与指数值最低的鹤岗（指数值 0.0110）之间的差值为 0.0477。可以看出，东部和西部城市指数值差异较大，中部地区城市指数值差异次之，东北地区城市指数值差异最小。

（二）城市科技教育指标比较

在经济基础与科技进步测度体系中，科技教育指标占经济基础与科技进步指数总权重的 45.45%，占城市绿色竞争力指数总权重的 13.64%。表 2–9 列出了科技教育指标下的 5 个三级指标。

根据表 2–9 所列的指标和权重，经过标准化处理综合测算，得出 2015 年中国城市科技教育指标指数及其排名情况，具体如表 2–10 所示。

表 2-9　科技教育三级指标、权重及指标属性

指标序号	指标	权重	指标属性
7	科技投入占公共财政支出比例	2.73%	正
8	万名从业人口中科学技术人员数	2.73%	正
9	全市科技从业人员数占全省的比重	2.73%	正
10	教育投入占公共财政支出比例	2.73%	正
11	每万人在校大学生人数	2.73%	正

注：本表内容是由本报告课题组召开的多次研讨会确定的。

表 2-10　中国城市科技教育指数及排名

科技教育指标			科技教育指标			科技教育指标		
城市	指数值	排名	城市	指数值	排名	城市	指数值	排名
北京	0.0871	1	佛山	0.0302	98	沧州	0.0241	195
广州	0.0845	2	盐城	0.0300	99	通化	0.0240	196
西安	0.0796	3	汉中	0.0300	100	周口	0.0238	197
兰州	0.0792	4	宜昌	0.0298	101	新余	0.0236	198
南京	0.0763	5	泰安	0.0296	102	南充	0.0236	199
武汉	0.0744	6	连云港	0.0295	103	固原	0.0235	200
天津	0.0729	7	三明	0.0295	104	濮阳	0.0233	201
太原	0.0713	8	南阳	0.0295	105	宁德	0.0232	202
杭州	0.0704	9	肇庆	0.0295	106	常德	0.0232	203
乌鲁木齐	0.0690	10	济宁	0.0294	107	玉溪	0.0231	204
海口	0.0682	11	东营	0.0292	108	定西	0.0231	205
上海	0.0670	12	信阳	0.0292	109	内江	0.0229	206
贵阳	0.0670	13	莱芜	0.0292	110	鹰潭	0.0229	207
昆明	0.0660	14	德州	0.0291	111	池州	0.0228	208
珠海	0.0617	15	六安	0.0291	112	梅州	0.0227	209
大庆	0.0609	16	钦州	0.0291	113	上饶	0.0227	210
成都	0.0608	17	衢州	0.0291	114	阜新	0.0227	211
合肥	0.0593	18	安康	0.0290	115	延安	0.0226	212
长沙	0.0591	19	锦州	0.0290	116	阜阳	0.0226	213
西宁	0.0585	20	普洱	0.0286	117	吕梁	0.0226	214
呼和浩特	0.0585	21	宿州	0.0285	118	淮北	0.0224	215
南昌	0.0580	22	宝鸡	0.0284	119	海东	0.0222	216

续表

科技教育指标			科技教育指标			科技教育指标		
城市	指数值	排名	城市	指数值	排名	城市	指数值	排名
济南	0.0559	23	安庆	0.0284	120	萍乡	0.0221	217
郑州	0.0546	24	唐山	0.0283	121	永州	0.0220	218
沈阳	0.0532	25	茂名	0.0283	122	临汾	0.0219	219
长春	0.0523	26	安顺	0.0281	123	朔州	0.0219	220
芜湖	0.0521	27	荆州	0.0280	124	齐齐哈尔	0.0219	221
福州	0.0517	28	赣州	0.0280	125	武威	0.0219	222
绵阳	0.0513	29	商洛	0.0279	126	白银	0.0218	223
东莞	0.0511	30	岳阳	0.0278	127	资阳	0.0217	224
南宁	0.0506	31	渭南	0.0278	128	昭通	0.0217	225
儋州	0.0495	32	许昌	0.0277	129	舟山	0.0216	226
毕节	0.0492	33	滁州	0.0276	130	广安	0.0216	227
重庆	0.0491	34	承德	0.0276	131	黄石	0.0216	228
石家庄	0.0488	35	四平	0.0276	132	铁岭	0.0215	229
哈尔滨	0.0486	36	曲靖	0.0275	133	枣庄	0.0214	230
拉萨	0.0467	37	来宾	0.0274	134	通辽	0.0214	231
铜陵	0.0456	38	淮南	0.0273	135	葫芦岛	0.0214	232
银川	0.0455	39	运城	0.0272	136	鸡西	0.0214	233
保定	0.0448	40	吉林	0.0272	137	衡阳	0.0211	234
厦门	0.0446	41	平凉	0.0271	138	清远	0.0210	235
威海	0.0442	42	北海	0.0270	139	河源	0.0209	236
三亚	0.0437	43	阳泉	0.0270	140	鄂州	0.0208	237
绍兴	0.0416	44	百色	0.0270	141	呼伦贝尔	0.0207	238
青岛	0.0413	45	日照	0.0269	142	荆门	0.0207	239
蚌埠	0.0410	46	丽江	0.0269	143	忻州	0.0206	240
苏州	0.0409	47	贺州	0.0269	144	保山	0.0205	241
烟台	0.0402	48	云浮	0.0268	145	怀化	0.0204	242
潍坊	0.0400	49	自贡	0.0268	146	商丘	0.0204	243
常州	0.0395	50	河池	0.0267	147	黄山	0.0200	244
深圳	0.0395	51	酒泉	0.0265	148	聊城	0.0200	245
镇江	0.0394	52	宜春	0.0265	149	眉山	0.0199	246
洛阳	0.0393	53	梧州	0.0264	150	亳州	0.0199	247

续表

科技教育指标			科技教育指标			科技教育指标		
城市	指数值	排名	城市	指数值	排名	城市	指数值	排名
柳州	0.0381	54	孝感	0.0264	151	朝阳	0.0198	248
晋中	0.0379	55	黄冈	0.0263	152	绥化	0.0197	249
嘉兴	0.0378	56	达州	0.0263	153	汕尾	0.0196	250
温州	0.0368	57	景德镇	0.0263	154	松原	0.0194	251
遵义	0.0365	58	德阳	0.0261	155	牡丹江	0.0194	252
攀枝花	0.0364	59	株洲	0.0261	156	吴忠	0.0192	253
克拉玛依	0.0364	60	中卫	0.0261	157	本溪	0.0191	254
南通	0.0363	61	邯郸	0.0261	158	抚顺	0.0191	255
中山	0.0357	62	铜川	0.0259	159	乌海	0.0190	256
无锡	0.0356	63	郴州	0.0258	160	辽源	0.0189	257
桂林	0.0352	64	安阳	0.0258	161	十堰	0.0187	258
淄博	0.0352	65	丹东	0.0256	162	辽阳	0.0187	259
宁波	0.0351	66	宜宾	0.0256	163	广元	0.0186	260
台州	0.0349	67	宣城	0.0256	164	遂宁	0.0186	261
天水	0.0347	68	揭阳	0.0255	165	阳江	0.0184	262
贵港	0.0344	69	滨州	0.0255	166	邵阳	0.0184	263
莆田	0.0343	70	鞍山	0.0255	167	临沧	0.0183	264
马鞍山	0.0343	71	宿迁	0.0255	168	益阳	0.0181	265
铜仁	0.0342	72	焦作	0.0254	169	衡水	0.0179	266
秦皇岛	0.0339	73	开封	0.0254	170	鹤壁	0.0178	267
襄阳	0.0337	74	漳州	0.0254	171	陇南	0.0178	268
金华	0.0335	75	南平	0.0252	172	双鸭山	0.0177	269
大连	0.0329	76	张家口	0.0251	173	巴中	0.0173	270
惠州	0.0326	77	乐山	0.0250	174	巴彦淖尔	0.0172	271
徐州	0.0325	78	泰州	0.0250	175	漯河	0.0171	272
玉林	0.0324	79	湘潭	0.0250	176	佳木斯	0.0171	273
泉州	0.0323	80	平顶山	0.0249	177	嘉峪关	0.0170	274
江门	0.0321	81	泸州	0.0248	178	娄底	0.0169	275
廊坊	0.0318	82	抚州	0.0248	179	随州	0.0161	276
临沂	0.0317	83	晋城	0.0247	180	乌兰察布	0.0156	277
龙岩	0.0315	84	大同	0.0246	181	营口	0.0155	278

续表

科技教育指标			科技教育指标			科技教育指标		
城市	指数值	排名	城市	指数值	排名	城市	指数值	排名
吉安	0.0314	85	石嘴山	0.0245	182	金昌	0.0149	279
湖州	0.0314	86	赤峰	0.0245	183	白山	0.0147	280
丽水	0.0314	87	驻马店	0.0245	184	雅安	0.0143	281
崇左	0.0313	88	六盘水	0.0245	185	张家界	0.0140	282
张掖	0.0313	89	咸宁	0.0245	186	盘锦	0.0135	283
潮州	0.0313	90	长治	0.0244	187	鄂尔多斯	0.0129	284
扬州	0.0312	91	菏泽	0.0243	188	鹤岗	0.0127	285
新乡	0.0310	92	邢台	0.0243	189	七台河	0.0126	286
咸阳	0.0307	93	三门峡	0.0243	190	防城港	0.0124	287
汕头	0.0306	94	庆阳	0.0242	191	黑河	0.0116	288
九江	0.0304	95	白城	0.0242	192	榆林	0.0074	289
包头	0.0302	96	淮安	0.0242	193	伊春	0.0051	290
湛江	0.0302	97	韶关	0.0241	194			

注：本表数据及排名根据《中国城市统计年鉴 2016》《国泰安数据库－经济研究系列区域经济库》等测算。

从表 2–10 可以看出，2015 年 290 个测评城市科技教育指标测算结果介于 0.0051~0.0871 之间，极差为 0.0820。其中，有 93 个城市经济基础水平高于全国平均水平 0.0307，占全部参评城市的 32.07%，如北京、广州、西安、扬州、新乡、咸阳等；其中，北京、广州、西安位居所有参评城市前三位，指数值分别为 0.0871、0.0845 和 0.0796；但有 197 个城市经济基础指数低于全国平均水平，占全部参评城市百分比的 67.93%，这些城市有汕头、九江、包头、黑河、榆林、伊春等；其中，黑河、榆林、伊春位居所有参评城市的最后三位，指数值分别为 0.0116、0.0074 和 0.0051。

从图 2–4 可以看出，西部地区科技教育指数与经济基础与科技进步指数差距相对较小，表明西部科技教育对经济基础与科技进步的影响相对较大。分区域来看，东部地区科技教育总体指数值较高，中部、西部地区总体水平相当，东北地区稍弱。按照算术平均方法具体计算，东部地区科技教育指标平均指数值为 0.0357，中部地区与西部地区分别为 0.0284、0.0303，东北地区最小，为 0.0239。东部地区科技教育优势明显，中部和西部地区差异不大，东北地区稍弱。

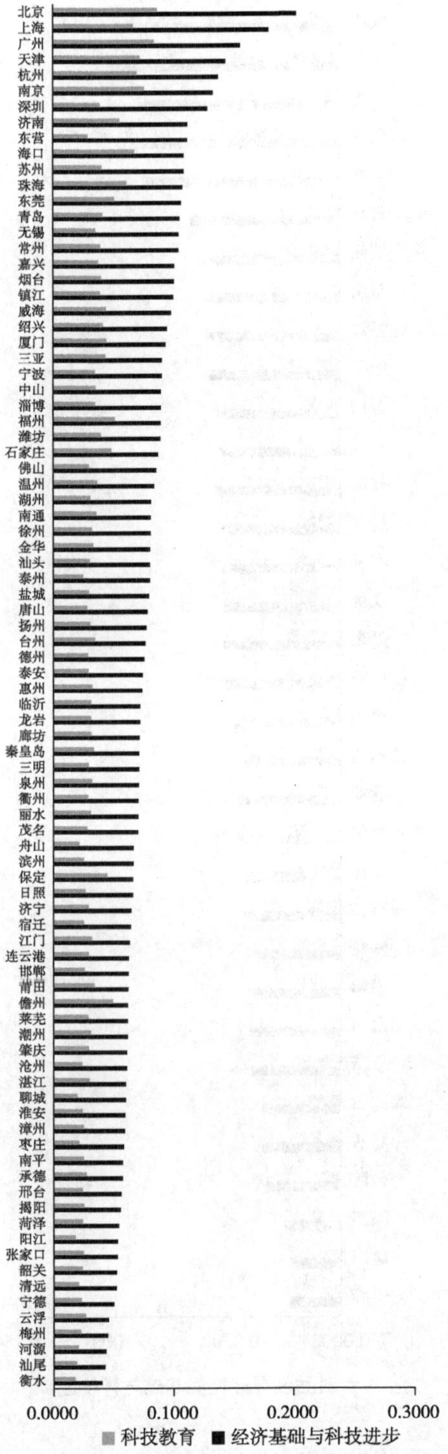
北京
上海
广州
天津
杭州
南京
深圳
济南
东营
海口
苏州
珠海
东莞
青岛
无锡
常州
嘉兴
烟台
镇江
威海
绍兴
厦门
三亚
宁波
中山
淄博
福州
潍坊
石家庄
佛山
温州
湖州
南通
徐州
金华
汕头
泰州
盐城
唐山
扬州
台州
德州
泰安
惠州
临沂
龙岩
廊坊
秦皇岛
三明
泉州
衢州
丽水
茂名
舟山
滨州
保定
日照
济宁
宿迁
江门
连云港
邯郸
莆田
儋州
莱芜
潮州
肇庆
沧州
湛江
聊城
淮安
漳州
枣庄
南平
承德
邢台
揭阳
菏泽
阳江
张家口
韶关
清远
宁德
云浮
梅州
河源
汕尾
衡水
0.0000
0.1000
0.2000
0.3000
科技教育
经济基础与科技进步

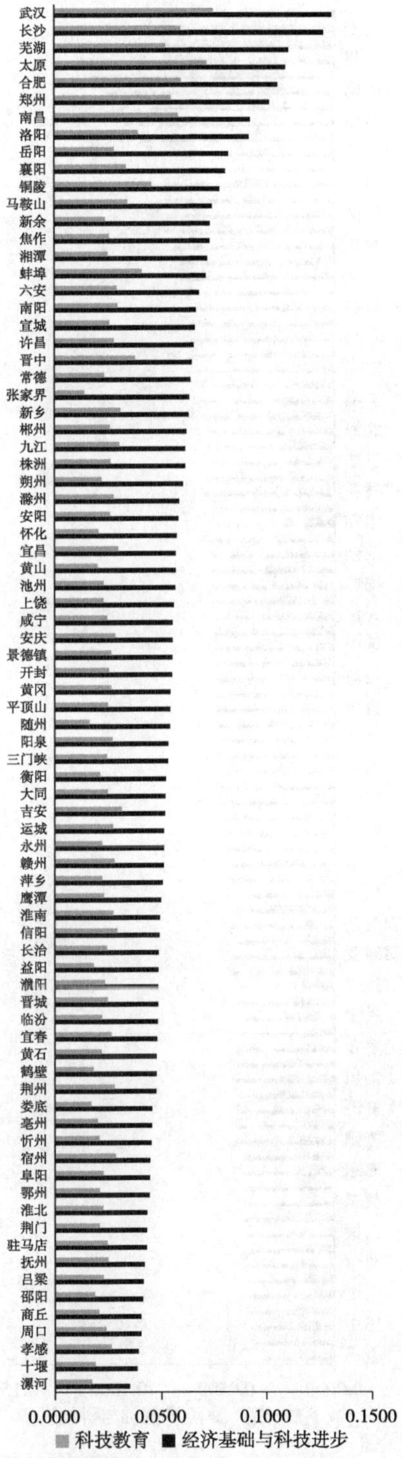
武汉
长沙
芜湖
太原
合肥
郑州
南昌
洛阳
岳阳
襄阳
铜陵
马鞍山
新余
焦作
湘潭
蚌埠
六安
南阳
宣城
许昌
晋中
常德
张家界
新乡
郴州
九江
株洲
朔州
滁州
安阳
怀化
宜昌
黄山
池州
上饶
咸宁
安庆
景德镇
开封
黄冈
平顶山
随州
阳泉
三门峡
衡阳
大同
吉安
运城
永州
赣州
萍乡
鹰潭
淮南
信阳
长治
益阳
濮阳
晋城
临汾
宜春
黄石
鹤壁
荆州
娄底
亳州
忻州
宿州
阜阳
鄂州
淮北
荆门
驻马店
抚州
吕梁
邵阳
商丘
周口
孝感
十堰
漯河
0.0000
0.0500
0.1000
0.1500
科技教育
经济基础与科技进步

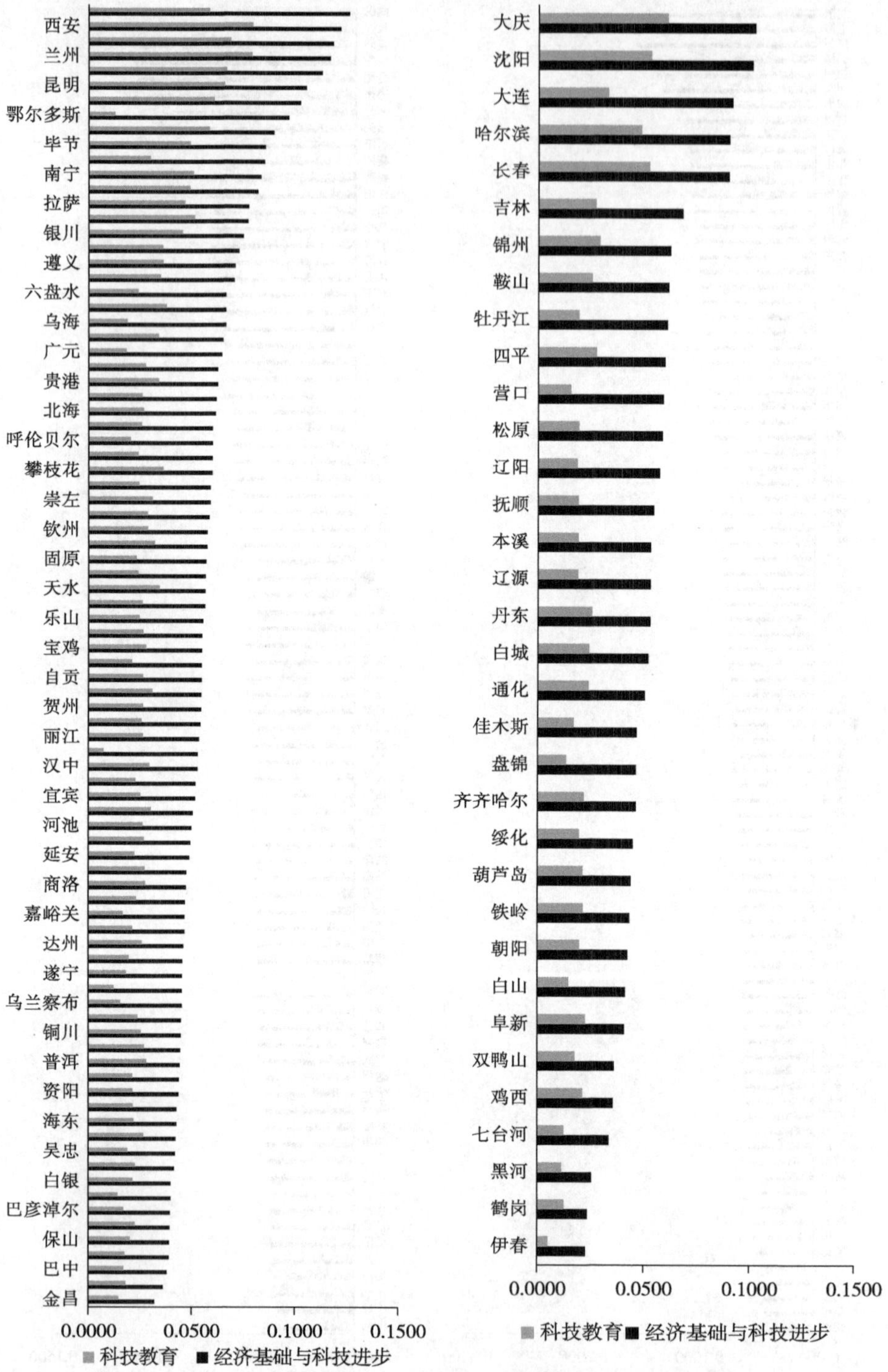

图 2-4　经济基础与科技进步和科技教育指标对比

注：图 2-4 按东部、中部、西部和东北地区划分，根据经济基础与科技进步指数大小由上至下排列。

从城市科技教育指数值排名结果看，在科技教育排名前20位的城市中，东部地区城市有8个，分别是北京、广州、南京、天津、杭州、海口、上海、珠海；中部地区有4个，分别是武汉、太原、合肥、长沙；西部地区有7个，分别是西安、兰州、乌鲁木齐、贵阳、昆明、成都、西宁；东北地区有1个，为大庆。而后20位的城市中，无东部地区城市；中部地区有4个，分别为漯河、娄底、随州、张家界；西部地区有8个，分别为巴彦淖尔、嘉峪关、乌兰察布、金昌、雅安、鄂尔多斯、防城港和榆林；东北地区有8个，分别为佳木斯、营口、白山、盘锦、鹤岗、七台河、黑河和伊春。总体看来，东部地区明显好于其他地区，中部和西部地区总体水平接近，东北地区稍弱。

按照区域内部的城市中最高指数值与最低指数值的差值来看，东部地区指数值最高的北京（指数值0.0871）与指数值最低的衡水（指数值0.0179）之间的差值为0.0692；中部地区指数值最高的武汉（指数值0.0744）与指数值最低的张家界（指数值0.0140）之间的差值为0.0604；西部地区指数值最高的西安（指数值0.0796）与指数值最低的榆林（指数值0.0074）之间的差值为0.0722；东北地区指数值的最高大庆（指数值0.0609）与指数值最低的伊春（指数值0.0051）之间的差值为0.0558。从中可以看出，西部城市指数值差异较大；东部和中部地区城市指数值差异次之，总体上较为接近；东北地区城市指数值差异最小。

第三章　城市自然资产与环境压力测算及分析

城市自然资产与环境压力衡量的是城市资源储量丰裕程度以及人们生产生活排放对环境带来的压力大小。城市自然资产是一个城市自然资源禀赋的体现，也是绿色竞争力形成的基础条件，环境压力则直接反映了城市发展对环境系统造成的影响。本章根据"中国城市绿色竞争力体系"中对自然资产与环境压力的测度标准，利用2015年的年度数据，从资源储量和环境压力两个方面对中国290个城市的自然资产与环境压力进行了测度与打分。

一、城市自然资产与环境压力的测算结果

根据"中国城市绿色竞争力体系"中自然资产与环境压力的测度体系和权重标准，中国290个城市的自然资产与环境压力测算结果如表3-1所示。

表3-1 中国290个城市自然资产与环境压力及分指标测算结果

城 市	一级指标		二级指标			
	自然资产与环境压力		资源储量		环境压力	
	指数值	排 名	指数值	排 名	指数值	排 名
贺州市	0.0924	1	0.0158	26	0.0766	1
酒泉市	0.0578	2	0.0041	289	0.0537	2
张掖市	0.0542	3	0.0085	191	0.0456	3
三亚市	0.0539	4	0.0145	47	0.0394	5
黑河市	0.0489	5	0.0259	2	0.0230	12
黄冈市	0.0484	6	0.0089	178	0.0395	4
巴中市	0.0471	7	0.0117	108	0.0354	6
丽江市	0.0452	8	0.0151	35	0.0301	7
普洱市	0.0450	9	0.0160	19	0.0290	8
拉萨市	0.0424	10	0.0208	7	0.0216	15

续表

城市	一级指标		二级指标			
	自然资产与环境压力		资源储量		环境压力	
	指数值	排名	指数值	排名	指数值	排名
南充市	0.0371	11	0.0082	200	0.0289	9
河池市	0.0358	12	0.0158	23	0.0200	19
庆阳市	0.0355	13	0.0086	190	0.0269	10
黄山市	0.0355	14	0.0209	6	0.0146	33
雅安市	0.0339	15	0.0130	74	0.0209	16
乌兰察布市	0.0324	16	0.0119	101	0.0205	17
伊春市	0.0321	17	0.0223	4	0.0098	88
定西市	0.0320	18	0.0076	221	0.0244	11
天水市	0.0310	19	0.0088	181	0.0222	13
佳木斯市	0.0304	20	0.0199	8	0.0105	76
呼伦贝尔市	0.0303	21	0.0264	1	0.0040	260
丽水市	0.0303	22	0.0183	10	0.0120	55
毕节市	0.0301	23	0.0106	132	0.0195	20
玉林市	0.0299	24	0.0123	88	0.0176	21
河源市	0.0297	25	0.0148	40	0.0149	31
白城市	0.0297	26	0.0124	85	0.0173	22
梧州市	0.0295	27	0.0160	18	0.0135	42
固原市	0.0294	28	0.0093	169	0.0201	18
十堰市	0.0293	29	0.0138	59	0.0155	28
六盘水市	0.0290	30	0.0126	83	0.0164	26
昭通市	0.0290	31	0.0071	234	0.0219	14
百色市	0.0286	32	0.0158	24	0.0129	46
松原市	0.0283	33	0.0138	60	0.0144	34
南平市	0.0282	34	0.0170	15	0.0112	64
牡丹江市	0.0280	35	0.0182	11	0.0098	87
临沧市	0.0279	36	0.0148	39	0.0131	44
延安市	0.0278	37	0.0110	124	0.0168	25
克拉玛依市	0.0276	38	0.0116	111	0.0160	27
长春市	0.0274	39	0.0126	84	0.0148	32
遵义市	0.0274	40	0.0134	66	0.0140	38

续表

城市	一级指标		二级指标			
	自然资产与环境压力		资源储量		环境压力	
	指数值	排名	指数值	排名	指数值	排名
鹤岗市	0.0272	41	0.0193	9	0.0079	137
巴彦淖尔市	0.0272	42	0.0146	46	0.0126	49
上饶市	0.0269	43	0.0132	69	0.0137	41
陇南市	0.0267	44	0.0095	164	0.0172	23
邵阳市	0.0265	45	0.0140	56	0.0125	50
梅州市	0.0262	46	0.0153	31	0.0109	69
怀化市	0.0261	47	0.0146	45	0.0115	60
昆明市	0.0261	48	0.0110	123	0.0151	30
本溪市	0.0258	49	0.0218	5	0.0040	258
桂林市	0.0256	50	0.0160	20	0.0097	93
宁德市	0.0256	51	0.0158	25	0.0098	89
白山市	0.0256	52	0.0176	13	0.0080	131
赤峰市	0.0254	53	0.0136	63	0.0118	58
铜仁市	0.0254	54	0.0121	97	0.0133	43
郴州市	0.0252	55	0.0143	51	0.0109	70
资阳市	0.0251	56	0.0081	203	0.0170	24
抚州市	0.0251	57	0.0149	37	0.0102	82
张家界市	0.0251	58	0.0140	55	0.0110	65
三明市	0.0250	59	0.0172	14	0.0078	139
保山市	0.0247	60	0.0094	166	0.0154	29
安顺市	0.0247	61	0.0107	128	0.0140	37
韶关市	0.0246	62	0.0162	17	0.0085	116
通化市	0.0246	63	0.0155	30	0.0092	105
随州市	0.0242	64	0.0114	115	0.0127	48
广元市	0.0241	65	0.0119	100	0.0122	52
钦州市	0.0241	66	0.0118	105	0.0123	51
东莞市	0.0241	67	0.0237	3	0.0003	290
辽源市	0.0237	68	0.0128	79	0.0109	68
龙岩市	0.0237	69	0.0169	16	0.0068	162
信阳市	0.0235	70	0.0092	173	0.0144	35

续表

城市	一级指标		二级指标			
	自然资产与环境压力		资源储量		环境压力	
	指数值	排名	指数值	排名	指数值	排名
柳州市	0.0234	71	0.0157	27	0.0076	142
长沙市	0.0233	72	0.0117	110	0.0117	59
肇庆市	0.0231	73	0.0152	32	0.0079	134
池州市	0.0231	74	0.0130	73	0.0100	85
永州市	0.0231	75	0.0130	72	0.0100	86
杭州市	0.0230	76	0.0148	41	0.0082	125
遂宁市	0.0227	77	0.0085	192	0.0142	36
海口市	0.0226	78	0.0088	179	0.0138	40
吉林市	0.0226	79	0.0121	94	0.0105	77
潮州市	0.0225	80	0.0129	76	0.0097	92
南阳市	0.0225	81	0.0087	185	0.0139	39
赣州市	0.0222	82	0.0159	22	0.0064	177
汕尾市	0.0222	83	0.0109	125	0.0113	61
无锡市	0.0221	84	0.0091	175	0.0130	45
绵阳市	0.0221	85	0.0113	119	0.0108	71
来宾市	0.0220	86	0.0137	62	0.0083	121
宣城市	0.0220	87	0.0129	75	0.0091	106
衢州市	0.0218	88	0.0159	21	0.0059	202
莆田市	0.0218	89	0.0117	109	0.0101	84
南宁市	0.0217	90	0.0122	92	0.0095	96
深圳市	0.0216	91	0.0181	12	0.0035	275
双鸭山市	0.0215	92	0.0145	48	0.0070	151
吉安市	0.0215	93	0.0152	33	0.0064	177
七台河市	0.0213	94	0.0157	28	0.0057	221
鸡西市	0.0213	95	0.0117	107	0.0096	95
洛阳市	0.0212	96	0.0102	143	0.0110	67
承德市	0.0212	97	0.0124	86	0.0088	111
景德镇市	0.0210	98	0.0146	44	0.0064	177
舟山市	0.0210	99	0.0151	34	0.0059	202
玉溪市	0.0208	100	0.0115	114	0.0093	99

续表

城 市	一级指标		二级指标			
	自然资产与环境压力		资源储量		环境压力	
	指数值	排 名	指数值	排 名	指数值	排 名
抚顺市	0.0208	101	0.0148	38	0.0059	199
温州市	0.0206	102	0.0123	90	0.0083	120
防城港市	0.0205	103	0.0143	49	0.0062	184
贵港市	0.0205	104	0.0100	149	0.0105	75
三门峡市	0.0205	105	0.0113	118	0.0092	103
揭阳市	0.0204	106	0.0091	174	0.0113	63
崇左市	0.0203	107	0.0155	29	0.0048	243
四平市	0.0202	108	0.0083	196	0.0119	56
通辽市	0.0202	109	0.0141	54	0.0061	188
九江市	0.0200	110	0.0121	95	0.0079	135
宜昌市	0.0200	111	0.0147	43	0.0053	226
北京市	0.0200	112	0.0090	177	0.0110	66
贵阳市	0.0199	113	0.0107	130	0.0092	102
阳江市	0.0198	114	0.0120	99	0.0079	138
惠州市	0.0198	115	0.0135	64	0.0063	182
乐山市	0.0198	116	0.0118	104	0.0080	130
哈尔滨市	0.0197	117	0.0137	61	0.0060	194
攀枝花市	0.0197	118	0.0133	67	0.0064	176
鹰潭市	0.0195	119	0.0132	70	0.0064	177
张家口市	0.0195	120	0.0102	145	0.0094	98
泸州市	0.0195	121	0.0105	133	0.0089	108
安康市	0.0193	122	0.0141	52	0.0052	229
绥化市	0.0193	123	0.0097	156	0.0096	94
北海市	0.0193	124	0.0087	183	0.0106	74
株洲市	0.0193	125	0.0133	68	0.0060	196
宝鸡市	0.0192	126	0.0126	81	0.0065	170
商洛市	0.0191	127	0.0139	57	0.0052	229
新余市	0.0190	128	0.0121	93	0.0069	157
咸宁市	0.0190	129	0.0111	122	0.0079	133
商丘市	0.0190	130	0.0069	237	0.0120	54

续表

城市	一级指标		二级指标			
	自然资产与环境压力		资源储量		环境压力	
	指数值	排名	指数值	排名	指数值	排名
漳州市	0.0189	131	0.0131	71	0.0058	209
云浮市	0.0188	132	0.0141	53	0.0047	246
清远市	0.0188	133	0.0148	42	0.0040	255
丹东市	0.0188	134	0.0151	36	0.0037	269
重庆市	0.0188	135	0.0104	135	0.0083	119
达州市	0.0188	136	0.0087	184	0.0101	83
台州市	0.0187	137	0.0128	77	0.0059	205
曲靖市	0.0187	138	0.0094	167	0.0093	100
金华市	0.0186	139	0.0128	78	0.0059	202
萍乡市	0.0186	140	0.0138	58	0.0048	244
石嘴山市	0.0185	141	0.0126	82	0.0059	206
宜春市	0.0184	142	0.0120	98	0.0064	177
武威市	0.0183	143	0.0062	259	0.0121	53
襄阳市	0.0183	144	0.0100	148	0.0082	123
绍兴市	0.0180	145	0.0121	96	0.0059	198
宿迁市	0.0179	146	0.0097	158	0.0082	124
德阳市	0.0179	147	0.0086	188	0.0092	101
广州市	0.0178	148	0.0143	50	0.0035	276
齐齐哈尔市	0.0178	149	0.0118	106	0.0061	192
常德市	0.0177	150	0.0107	129	0.0070	154
威海市	0.0177	151	0.0104	136	0.0072	148
泉州市	0.0176	152	0.0124	87	0.0053	227
常州市	0.0176	153	0.0088	182	0.0089	110
广安市	0.0176	154	0.0081	204	0.0094	97
益阳市	0.0174	155	0.0116	113	0.0059	200
福州市	0.0174	156	0.0114	116	0.0061	190
鄂尔多斯市	0.0174	157	0.0135	65	0.0040	260
保定市	0.0173	158	0.0060	262	0.0113	62
驻马店市	0.0172	159	0.0075	224	0.0097	91
南京市	0.0172	160	0.0123	91	0.0049	240

续表

城市	一级指标		二级指标			
	自然资产与环境压力		资源储量		环境压力	
	指数值	排 名	指数值	排 名	指数值	排 名
阜阳市	0.0172	161	0.0044	284	0.0127	47
自贡市	0.0170	162	0.0073	229	0.0098	90
宜宾市	0.0170	163	0.0093	171	0.0077	141
阳泉市	0.0170	164	0.0066	246	0.0104	79
成都市	0.0169	165	0.0080	205	0.0089	109
湛江市	0.0168	166	0.0065	251	0.0103	80
许昌市	0.0167	167	0.0075	222	0.0092	104
大庆市	0.0167	168	0.0116	112	0.0051	235
滁州市	0.0166	169	0.0079	213	0.0087	112
湖州市	0.0165	170	0.0113	117	0.0052	234
太原市	0.0165	171	0.0057	267	0.0108	72
六安市	0.0164	172	0.0097	157	0.0067	166
平顶山市	0.0164	173	0.0095	165	0.0069	155
日照市	0.0164	174	0.0099	151	0.0065	173
儋州市	0.0164	175	0.0127	80	0.0037	267
濮阳市	0.0163	176	0.0057	266	0.0106	73
汉中市	0.0163	177	0.0111	120	0.0052	229
临汾市	0.0163	178	0.0080	208	0.0083	118
菏泽市	0.0162	179	0.0079	215	0.0084	117
厦门市	0.0161	180	0.0118	102	0.0043	249
周口市	0.0161	181	0.0042	287	0.0119	57
大同市	0.0160	182	0.0075	223	0.0085	115
淄博市	0.0160	183	0.0092	172	0.0068	161
平凉市	0.0160	184	0.0093	170	0.0067	165
晋城市	0.0160	185	0.0103	140	0.0057	216
长治市	0.0159	186	0.0080	206	0.0080	132
枣庄市	0.0159	187	0.0083	197	0.0076	143
临沂市	0.0159	188	0.0079	214	0.0080	129
青岛市	0.0159	189	0.0099	150	0.0060	197
蚌埠市	0.0159	190	0.0056	268	0.0103	81

续表

城市	一级指标		二级指标			
	自然资产与环境压力		资源储量		环境压力	
	指数值	排名	指数值	排名	指数值	排名
娄底市	0.0158	191	0.0102	144	0.0056	223
秦皇岛市	0.0158	192	0.0102	142	0.0056	224
大连市	0.0158	193	0.0123	89	0.0035	279
沧州市	0.0157	194	0.0067	244	0.0090	107
徐州市	0.0157	195	0.0075	225	0.0082	127
铜川市	0.0156	196	0.0111	121	0.0045	248
衡阳市	0.0154	197	0.0097	155	0.0057	220
合肥市	0.0154	198	0.0068	243	0.0086	114
莱芜市	0.0153	199	0.0096	162	0.0058	213
宿州市	0.0152	200	0.0069	236	0.0083	122
锦州市	0.0152	201	0.0105	134	0.0047	245
吴忠市	0.0152	202	0.0079	210	0.0072	147
安庆市	0.0151	203	0.0084	194	0.0067	166
眉山市	0.0151	204	0.0101	146	0.0049	239
邯郸市	0.0149	205	0.0063	256	0.0086	113
呼和浩特市	0.0148	206	0.0118	103	0.0030	283
宁波市	0.0148	207	0.0079	212	0.0069	160
榆林市	0.0148	208	0.0096	161	0.0052	229
烟台市	0.0147	209	0.0094	168	0.0054	225
荆门市	0.0147	210	0.0096	159	0.0051	236
孝感市	0.0147	211	0.0043	286	0.0104	78
焦作市	0.0147	212	0.0068	240	0.0079	136
营口市	0.0147	213	0.0096	160	0.0051	237
南昌市	0.0147	214	0.0082	199	0.0064	175
泰安市	0.0146	215	0.0088	180	0.0058	210
郑州市	0.0146	216	0.0078	218	0.0069	159
阜新市	0.0146	217	0.0107	131	0.0039	262
盘锦市	0.0145	218	0.0109	126	0.0037	269
淮安市	0.0145	219	0.0063	255	0.0082	128
石家庄市	0.0145	220	0.0079	211	0.0065	171

续表

城市	一级指标		二级指标			
	自然资产与环境压力		资源储量		环境压力	
	指数值	排名	指数值	排名	指数值	排名
济南市	0.0144	221	0.0083	198	0.0061	187
潍坊市	0.0144	222	0.0087	186	0.0058	214
内江市	0.0144	223	0.0069	238	0.0075	144
朔州市	0.0144	224	0.0095	163	0.0049	242
江门市	0.0143	225	0.0103	141	0.0040	255
朝阳市	0.0141	226	0.0104	137	0.0037	269
衡水市	0.0140	227	0.0079	209	0.0061	189
唐山市	0.0140	228	0.0084	195	0.0056	222
葫芦岛市	0.0140	229	0.0081	202	0.0058	207
西安市	0.0139	230	0.0103	139	0.0036	273
茂名市	0.0138	231	0.0098	153	0.0040	255
鞍山市	0.0138	232	0.0108	127	0.0030	284
咸阳市	0.0138	233	0.0080	207	0.0058	211
辽阳市	0.0137	234	0.0101	147	0.0037	269
金昌市	0.0136	235	0.0085	193	0.0052	233
新乡市	0.0136	236	0.0054	270	0.0082	126
济宁市	0.0136	237	0.0071	233	0.0064	174
扬州市	0.0135	238	0.0058	265	0.0078	140
黄石市	0.0135	239	0.0065	250	0.0070	153
忻州市	0.0135	240	0.0078	217	0.0057	217
开封市	0.0134	241	0.0060	263	0.0075	145
邢台市	0.0134	242	0.0064	253	0.0070	152
漯河市	0.0134	243	0.0063	257	0.0071	150
银川市	0.0132	244	0.0072	231	0.0060	193
连云港市	0.0132	245	0.0072	230	0.0060	195
盐城市	0.0132	246	0.0059	264	0.0073	146
湘潭市	0.0131	247	0.0098	154	0.0033	281
运城市	0.0131	248	0.0074	227	0.0057	217
白银市	0.0130	249	0.0062	260	0.0068	164
渭南市	0.0130	250	0.0064	254	0.0066	169

续表

城市	一级指标		二级指标			
	自然资产与环境压力		资源储量		环境压力	
	指数值	排名	指数值	排名	指数值	排名
岳阳市	0.0129	251	0.0098	152	0.0031	282
汕头市	0.0129	252	0.0067	245	0.0062	185
吕梁市	0.0128	253	0.0072	232	0.0057	217
苏州市	0.0127	254	0.0070	235	0.0057	215
廊坊市	0.0127	255	0.0066	247	0.0062	186
海东市	0.0127	256	0.0086	187	0.0041	253
聊城市	0.0127	257	0.0068	241	0.0059	201
沈阳市	0.0126	258	0.0090	176	0.0035	277
乌鲁木齐市	0.0125	259	0.0065	252	0.0061	191
安阳市	0.0123	260	0.0054	272	0.0069	156
铁岭市	0.0123	261	0.0086	189	0.0037	266
珠海市	0.0122	262	0.0103	138	0.0019	289
马鞍山市	0.0122	263	0.0054	271	0.0068	163
南通市	0.0121	264	0.0056	269	0.0065	172
亳州市	0.0119	265	0.0053	275	0.0067	166
西宁市	0.0119	266	0.0079	216	0.0041	253
荆州市	0.0119	267	0.0050	278	0.0069	158
镇江市	0.0118	268	0.0060	261	0.0058	212
淮北市	0.0116	269	0.0054	273	0.0062	183
铜陵市	0.0116	270	0.0074	226	0.0041	252
芜湖市	0.0116	271	0.0044	285	0.0072	149
中卫市	0.0114	272	0.0063	258	0.0051	238
鹤壁市	0.0113	273	0.0077	219	0.0035	278
东营市	0.0112	274	0.0074	228	0.0039	263
嘉峪关市	0.0111	275	0.0069	239	0.0042	251
德州市	0.0108	276	0.0066	248	0.0043	250
包头市	0.0107	277	0.0082	201	0.0025	286
滨州市	0.0103	278	0.0068	242	0.0035	274
兰州市	0.0103	279	0.0045	283	0.0058	208
武汉市	0.0101	280	0.0052	276	0.0049	241
泰州市	0.0100	281	0.0047	282	0.0053	228
佛山市	0.0096	282	0.0077	220	0.0019	288

续表

城市	一级指标		二级指标			
	自然资产与环境压力		资源储量		环境压力	
	指数值	排名	指数值	排名	指数值	排名
上海市	0.0096	283	0.0049	280	0.0046	247
乌海市	0.0089	284	0.0051	277	0.0037	265
淮南市	0.0086	285	0.0048	281	0.0039	264
晋中市	0.0084	286	0.0065	249	0.0019	287
嘉兴市	0.0084	287	0.0050	279	0.0034	280
中山市	0.0082	288	0.0053	274	0.0029	285
鄂州市	0.0078	289	0.0041	288	0.0037	268
天津市	0.0069	290	0.0030	290	0.0040	259

注：1. 本表根据“中国城市绿色竞争力评价指标体系”中自然资产与环境压力的指数指标体系，各指标依据2015年数据测算而得。2. 本表各参评城市按照城市统计年鉴城市名称排序；3. 本表一级指标“自然资产与环境压力”指数值为测算结果标准化处理后进行打分，得分越高，城市综合自然资产与环境压力越小；两个二级指标“资源储量”和“环境压力”得分值为标准化后进行逆处理，并且每个城市进行打分，分数越高，资源储量越大，环境压力越小。4. 本表测度结果保留4位小数，如果指数相同排名相同说明两市测算的指数完全一样，如果指数相同但排名不同则是小数点四舍五入的结果，说明指数值在小数点后4位之后有差异。5. 以上数据及排名根据《中国统计年鉴2015》《2015中国环境统计年报》《中国环境统计年鉴2016》《中国城市统计年鉴2016》《中国区域经济统计年鉴2016》等测算。

从表3–1中可以看出，2015年中国290个城市自然资产与环境压力测算中，得分值最高的是贺州市，达到0.0924，资源储量得分数为0.0158，在所有城市中排名第26，但环境压力值为0.0766，在所有城市中排名第一，说明环境压力最小，生产生活中对环境破坏程度小；指数值最低的是天津市，仅为0.0069，在资源储备以及环境治理保护上压力较大。全国城市自然资产与环境压力指数的平均值为0.020。在290个城市中，有112个城市自然资产与环境压力得分值高出或等于全国平均水平。排在前20位的城市依次是贺州、酒泉、张掖、三亚、黑河、黄冈、巴中、丽江、普洱、拉萨、南充、河池、庆阳、黄山、雅安、乌兰察布、伊春、定西、天水、佳木斯。其中，资源储量指标得分排名前20位的城市依次是呼伦贝尔、黑河、东莞、伊春、本溪、黄山、拉萨、佳木斯、鹤岗、丽水、牡丹江、深圳、白山、三明、南平、龙岩、韶关、梧州、普洱、桂林；环境压力指标得分排名前20位的城市依次是：贺州、酒泉、张掖、黄冈、三亚、巴中、丽江、普洱、南充、庆阳、定西、黑河、天水、昭通、拉萨、雅安、乌兰察布、固原、河池、毕节。2015年中国290个城市自然资产与环境压力排名前20位和后20位的具体情况如图3–1所示。

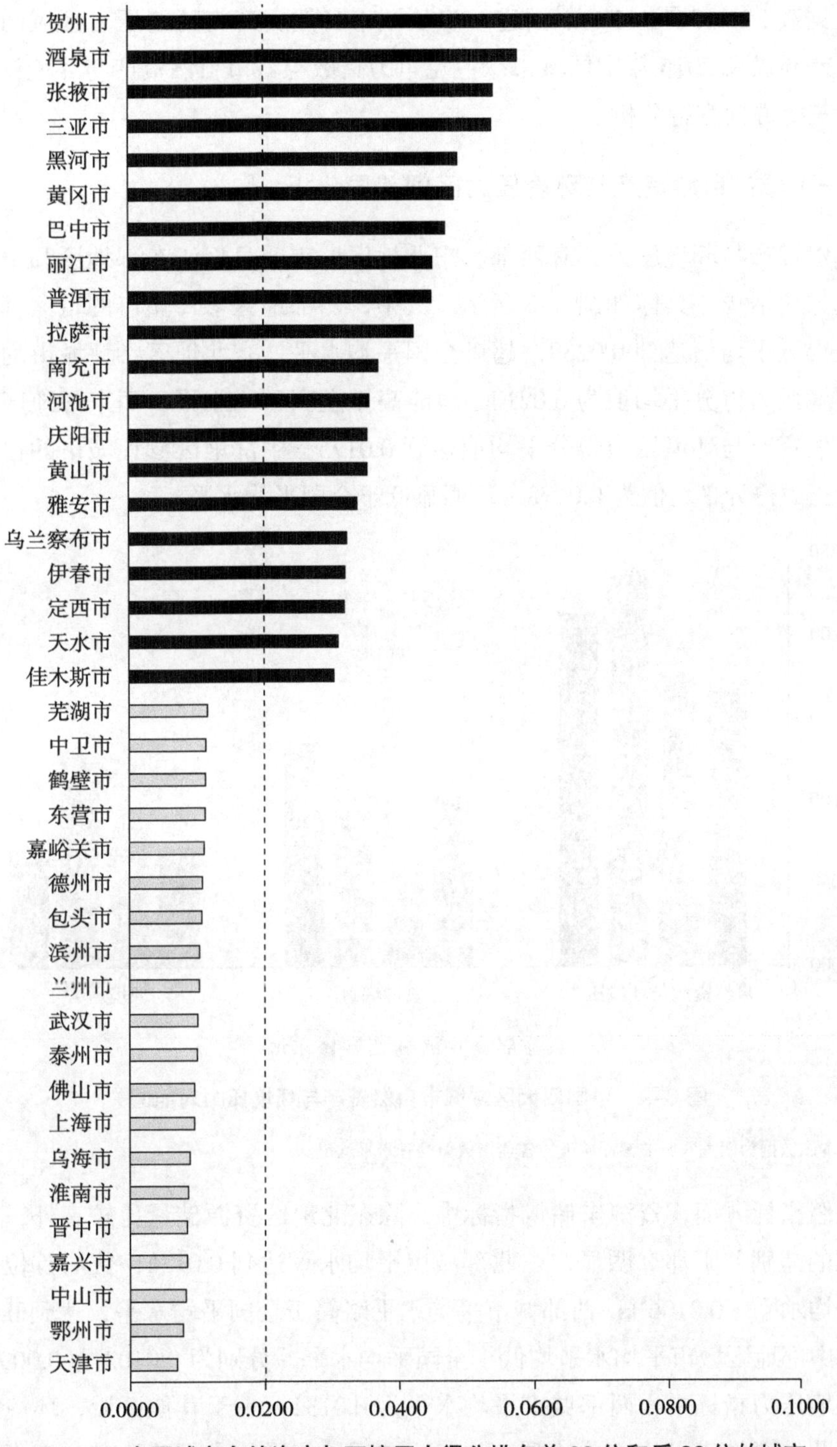

图 3-1　中国城市自然资产与环境压力得分排名前 20 位和后 20 位的城市

注：本图根据表3-1制作。指数值由高到低排列，虚线表示所有参评城市自然资产与环境压力的平均值0.0200。

根据表 3–1 和图 3–1，下面进一步从城市自然资产与环境压力区域间差异、区域内差异以及 2015 年中国城市绿色竞争力指数与城市自然资产与环境压力的相关关系三个方面进行分析。

（一）城市自然资产与环境压力区间差异分析

自然资产与环境压力具有西部、东北地区城市明显好于东部地区和中部城市的地域分化格局。具体如图 3–2 所示。其中，西部地区参评城市的自然资产与环境压力得分平均值达到 0.0239，超过全国平均水平；东北地区参评城市的自然资产与环境压力得分平均值为 0.0214，也略高于全国平均水平；而东部地区参评城市的自然资产与环境压力得分平均值达到 0.0175，中部地区参评城市的自然资产与环境压力得分平均值为 0.0178，均明显低于全国平均水平。

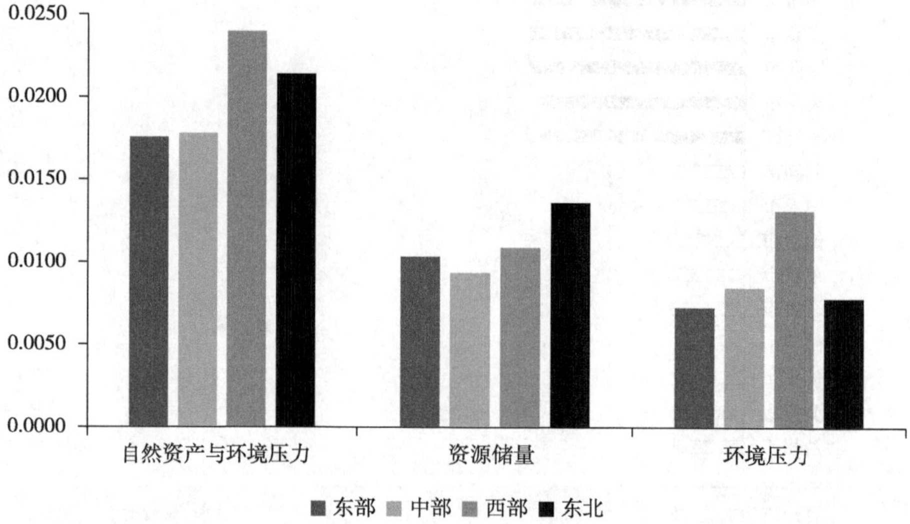

图 3–2　中国四大区域城市自然资产与环境压力对照图

注：本图数据为四大区域中参评城市的各项指数值的算术平均值。

二级指标方面，资源丰储量指标中，除东北地区资源储量比较高外，其他三个区域的差别并不那么明显，东北部城市平均水平达到 0.0136，位居首位，高于全国平均水平（0.0106）；西部城市平均水平略高于全国平均水平，达到 0.0109；东部和中部地区城市平均水平均低于全国平均水平，分别为 0.0103 和 0.0093。

环境压力指标中，西部城市平均水平为 0.0131，高于其他区域，环境压力最小。东北地区城市平均水平达到 0.0078，东部城市平均水平为 0.0072，而中部城市平均水平为 0.0084，环境压力最大，且低于全国平均水平。

（二）城市资源环境承载潜力区域内差异分析

城市自然资产与环境压力在区域间呈现西部城市较好，东北地区城市次之，东部、中部城市较弱的局面，区域内部各城市之间的差异较为明显，存在地区间的不平衡。2015年中国东部地区城市资源环境承载潜力指数及排名如表3–2所示。

表3–2　中国东部地区城市资源环境承载潜力得分及排名

城市	得分	所有参评城市排名	区域内部排名	城市	得分	所有参评城市排名	区域内部排名
三亚	0.0539	4	1	儋州	0.0164	175	45
丽水	0.0303	22	2	菏泽	0.0162	179	46
河源	0.0297	25	3	厦门	0.0161	180	47
南平	0.0282	34	4	淄博	0.0160	183	48
梅州	0.0262	46	5	枣庄	0.0159	187	49
宁德	0.0256	51	6	临沂	0.0159	188	50
三明	0.0250	59	7	青岛	0.0159	189	51
韶关	0.0246	62	8	秦皇岛	0.0158	192	52
东莞	0.0241	67	9	沧州	0.0157	194	53
龙岩	0.0237	69	10	徐州	0.0157	195	54
肇庆	0.0231	73	11	莱芜	0.0153	199	55
杭州	0.0230	76	12	邯郸	0.0149	205	56
海口	0.0226	78	13	宁波	0.0148	207	57
潮州	0.0225	80	14	烟台	0.0147	209	58
汕尾	0.0222	83	15	泰安	0.0146	215	59
无锡	0.0221	84	16	淮安	0.0145	219	60
衢州	0.0218	88	17	石家庄	0.0145	220	61
莆田	0.0218	89	18	济南	0.0144	221	62
深圳	0.0216	91	19	潍坊	0.0144	222	63
承德	0.0212	97	20	江门	0.0143	225	64
舟山	0.0210	99	21	衡水	0.0140	227	65
温州	0.0206	102	22	唐山	0.0140	228	66
揭阳	0.0204	106	23	茂名	0.0138	231	67
北京	0.0200	112	24	济宁	0.0136	237	68
阳江	0.0198	114	25	扬州	0.0135	238	69
惠州	0.0198	115	26	邢台	0.0134	242	70

续表

城市	得分	所有参评城市排名	区域内部排名	城市	得分	所有参评城市排名	区域内部排名
张家口	0.0195	120	27	连云港	0.0132	245	71
漳州	0.0189	131	28	盐城	0.0132	246	72
云浮	0.0188	132	29	汕头	0.0129	252	73
清远	0.0188	133	30	苏州	0.0127	254	74
台州	0.0187	137	31	廊坊	0.0127	255	75
金华	0.0186	139	32	聊城	0.0127	257	76
绍兴	0.0180	145	33	珠海	0.0122	262	77
宿迁	0.0179	146	34	南通	0.0121	264	78
广州	0.0178	148	35	镇江	0.0118	268	79
威海	0.0177	151	36	东营	0.0112	274	80
泉州	0.0176	152	37	德州	0.0108	276	81
常州	0.0176	153	38	滨州	0.0103	278	82
福州	0.0174	156	39	泰州	0.0100	281	83
保定	0.0173	158	40	佛山	0.0096	282	84
南京	0.0172	160	41	上海	0.0096	283	85
湛江	0.0168	166	42	嘉兴	0.0084	287	86
湖州	0.0165	170	43	中山	0.0082	288	87
日照	0.0164	174	44	天津	0.0069	290	88

注：本表根据表 3-1 整理。

东部地区参评的 88 个城市中，只有 1 个城市位居所有参评城市的前 10 位，是三亚，仅占东部参评城市的 1.14%。其中三亚以 0.0539 的得分值位居所有参评城市第一位，远高于其他东部参评城市。东部有 27 个城市高于全国平均水平，占东部参评城市的 30.7%。而东部的其余 61 个城市的自然资产与环境压力得分值低于全国平均水平，其中天津以 0.0069 的得分值位居所有参评城市的最后一位。东部大部分城市自然资产与环境压力水平位居全国中游和下游，需要着力改善。

2015 年中国中部地区城市自然资产与环境压力指数及排名如表 3-3 所示。

表 3-3　中国中部地区城市自然资产与环境压力得分及排名

城市	得分	所有参评城市排名	区域内部排名	城市	得分	所有参评城市排名	区域内部排名
黄冈	0.0484	6	1	平顶山	0.0164	173	41

续表

城市	得分	所有参评城市排名	区域内部排名	城市	得分	所有参评城市排名	区域内部排名
黄山	0.0355	14	2	濮阳	0.0163	176	42
十堰	0.0293	29	3	临汾	0.0163	178	43
上饶	0.0269	43	4	周口	0.0161	181	44
邵阳	0.0265	45	5	大同	0.0160	182	45
怀化	0.0261	47	6	晋城	0.0160	185	46
郴州	0.0252	55	7	长治	0.0159	186	47
抚州	0.0251	57	8	蚌埠	0.0159	190	48
张家界	0.0251	58	9	娄底	0.0158	191	49
随州	0.0242	64	10	衡阳	0.0154	197	50
信阳	0.0235	70	11	合肥	0.0154	198	51
长沙	0.0233	72	12	宿州	0.0152	200	52
池州	0.0231	74	13	安庆	0.0151	203	53
永州	0.0231	75	14	荆门	0.0147	210	54
南阳	0.0225	81	15	孝感	0.0147	211	55
赣州	0.0222	82	16	焦作	0.0147	212	56
宣城	0.0220	87	17	南昌	0.0147	214	57
吉安	0.0215	93	18	郑州	0.0146	216	58
洛阳	0.0212	96	19	朔州	0.0144	224	59
景德镇	0.0210	98	20	新乡	0.0136	236	60
三门峡	0.0205	105	21	黄石	0.0135	239	61
九江	0.0200	110	22	忻州	0.0135	240	62
宜昌	0.0200	111	23	开封	0.0134	241	63
鹰潭	0.0195	119	24	漯河	0.0134	243	64
株洲	0.0193	125	25	湘潭	0.0131	247	65
新余	0.0190	128	26	运城	0.0131	248	66
咸宁	0.0190	129	27	岳阳	0.0129	251	67
商丘	0.0190	130	28	吕梁	0.0128	253	68
萍乡	0.0186	140	29	安阳	0.0123	260	69
宜春	0.0184	142	30	马鞍山	0.0122	263	70
襄阳	0.0183	144	31	亳州	0.0119	265	71
常德	0.0177	150	32	荆州	0.0119	267	72
益阳	0.0174	155	33	淮北	0.0116	269	73

续表

城市	得分	所有参评城市排名	区域内部排名	城市	得分	所有参评城市排名	区域内部排名
驻马店	0.0172	159	34	铜陵	0.0116	270	74
阜阳	0.0172	161	35	芜湖	0.0116	271	75
阳泉	0.0170	164	36	鹤壁	0.0113	273	76
许昌	0.0167	167	37	武汉	0.0101	280	77
滁州	0.0166	169	38	淮南	0.0086	285	78
太原	0.0165	171	39	晋中	0.0084	286	79
六安	0.0164	172	40	鄂州	0.0078	289	80

注：本表根据表 3-1 整理。

中部地区参评的80个城市中，只有黄冈一个市位居所有参评城市的前10位。整个中部地区有 24 个城市自然资产与环境压力高于全国平均水平，剩下的 60 个城市自然资产与环境压力均低于全国平均水平，其中鄂州以 0.008 的指数值位居所有中部地区参评城市的最后一位，最高值与最低值均出自湖北省，中部大部分城市自然资产与环境压力在全国排名靠后。

2015 年中国西部地区城市自然资产与环境压力指数及排名如表 3-4 所示。

表 3-4　中国西部地区城市自然资产与环境压力得分及排名

城市	得分	所有参评城市排名	区域内部排名	城市	得分	所有参评城市排名	区域内部排名
贺州	0.0924	1	1	贵港	0.0205	104	45
酒泉	0.0578	2	2	崇左	0.0203	107	46
张掖	0.0542	3	3	通辽	0.0202	109	47
巴中	0.0471	7	4	贵阳	0.0199	113	48
丽江	0.0452	8	5	乐山	0.0198	116	49
普洱	0.0450	9	6	攀枝花	0.0197	118	50
拉萨	0.0424	10	7	泸州	0.0195	121	51
南充	0.0371	11	8	安康	0.0193	122	52
河池	0.0358	12	9	北海	0.0193	124	53
庆阳	0.0355	13	10	宝鸡	0.0192	126	54
雅安	0.0339	15	11	商洛	0.0191	127	55
乌兰察布	0.0324	16	12	重庆	0.0188	135	56
定西	0.0320	18	13	达州	0.0188	136	57

续表

城市	得分	所有参评城市排名	区域内部排名	城市	得分	所有参评城市排名	区域内部排名
天水	0.0310	19	14	曲靖	0.0187	138	58
呼伦贝尔	0.0303	21	15	石嘴山	0.0185	141	59
毕节	0.0301	23	16	武威	0.0183	143	60
玉林	0.0299	24	17	德阳	0.0179	147	61
梧州	0.0295	27	18	广安	0.0176	154	62
固原	0.0294	28	19	鄂尔多斯	0.0174	157	63
六盘水	0.0290	30	20	自贡	0.0170	162	64
昭通	0.0290	31	21	宜宾	0.0170	163	65
百色	0.0286	32	22	成都	0.0169	165	66
临沧	0.0279	36	23	汉中	0.0163	177	67
延安	0.0278	37	24	平凉	0.0160	184	68
克拉玛依	0.0276	38	25	铜川	0.0156	196	69
遵义	0.0274	40	26	吴忠	0.0152	202	70
巴彦淖尔	0.0272	42	27	眉山	0.0151	204	71
陇南	0.0267	44	28	呼和浩特	0.0148	206	72
昆明	0.0261	48	29	榆林	0.0148	208	73
桂林	0.0256	50	30	内江	0.0144	223	74
赤峰	0.0254	53	31	西安	0.0139	230	75
铜仁	0.0254	54	32	咸阳	0.0138	233	76
资阳	0.0251	56	33	金昌	0.0136	235	77
保山	0.0247	60	34	银川	0.0132	244	78
安顺	0.0247	61	35	白银	0.0130	249	79
广元	0.0241	65	36	渭南	0.0130	250	80
钦州	0.0241	66	37	海东	0.0127	256	81
柳州	0.0234	71	38	乌鲁木齐	0.0125	259	82
遂宁	0.0227	77	39	西宁	0.0119	266	83
绵阳	0.0221	85	40	中卫	0.0114	272	84
来宾	0.0220	86	41	嘉峪关	0.0111	275	85
南宁	0.0217	90	42	包头	0.0107	277	86
玉溪	0.0208	100	43	兰州	0.0103	279	87
防城港	0.0205	103	44	乌海	0.0089	284	88

注：本表根据表 3–1 整理。

西部地区参评的 88 个城市中，有 7 个城市位居所有参评城市的前 10 位，分别是贺州、酒泉、张掖、巴中、丽江、普洱、拉萨，占西部参评城市的 7.95%，西部地区共有 50 个城市的自然资产与环境压力得分均高于全国得分平均。而西部的泸州、安康和北海等 38 个城市的自然资产与环境压力得分均低于全国平均得分，其中乌海以 0.0089 的得分值位居所有西部地区参评城市的最后一位。西部地区有超过一半的城市自然资产与环境压力得分值位居全国上游。

2015 年中国东北地区城市自然资产与环境压力指数及排名如表 3–5 所示。

表 3–5　中国东北地区城市自然资产与环境压力指数及排名

城市	自然资产与环境压力得分	所有参评城市排名	区域内部排名	城市	自然资产与环境压力得分	所有参评城市排名	区域内部排名
黑河	0.0489	5	1	四平	0.0202	108	18
伊春	0.0321	17	2	哈尔滨	0.0197	117	19
佳木斯	0.0304	20	3	绥化	0.0193	123	20
白城	0.0297	26	4	丹东	0.0188	134	21
松原	0.0283	33	5	齐齐哈尔	0.0178	149	22
牡丹江	0.0280	35	6	大庆	0.0167	168	23
长春	0.0274	39	7	大连	0.0158	193	24
鹤岗	0.0272	41	8	锦州	0.0152	201	25
本溪	0.0258	49	9	营口	0.0147	213	26
白山	0.0256	52	10	阜新	0.0146	217	27
通化	0.0246	63	11	盘锦	0.0145	218	28
辽源	0.0237	68	12	朝阳	0.0141	226	29
吉林	0.0226	79	13	葫芦岛	0.0140	229	30
双鸭山	0.0215	92	14	鞍山	0.0138	232	31
七台河	0.0213	94	15	辽阳	0.0137	234	32
鸡西	0.0213	95	16	沈阳	0.0126	258	33
抚顺	0.0208	101	17	铁岭	0.0123	261	34

注：本表根据表 3–1 整理。

东北地区参评的 34 个城市中，黑河市自然资产与环境压力得分值排名所有参评城市中的第 10 位，是区域内唯一位居全国所有参评城市排名前 10 位的参评城市。伊春、佳木斯、白城等 19 个城市的自然资产与环境压力得分也高于全国平均水平，占整个东北地区的 55.90%。而绥化、丹东、齐齐哈尔等 15 个城市的自然资产与环境压力得分值低于全国平均水平，其中铁岭以 0.00123 的得分值位居东北地区参评城市的最后一位。东北地区自然资产与环境压力得分值位居全国中上游的偏多。

（三）城市自然资产与环境压力对2015中国城市绿色竞争力发展指数影响分析

对比2015中国城市绿色竞争力发展指数与城市自然资产与环境压力指数后发现，290个参评城市中，有153个自然资产与环境压力得分排名高于中国城市绿色竞争力发展指数得分，这表明这些城市自然资产禀赋的丰裕以及相对较小的环境压力推高了城市整体绿色发展水平，如贺州、三亚、毕节等；有135个城市自然资产与环境压力得分排名低于中国城市绿色竞争力发展指数排名，这表明这些城市自然资产的匮乏、环境压力较大，不足以支撑城市整体绿色发展，如北京、天津、上海、长沙等；而曲靖市、邢台市的自然资产与环境压力得分排名与中国城市绿色竞争力排名相同，城市自然资源禀赋条件以及适中的环境压力与城市绿色发展水平一致。

从影响的程度看，城市自然资产与环境压力与中国城市绿色竞争力发展指数排名差异较大（超过50名）的城市有195个。如北京、上海、苏州和广州等，这表明这些城市的自然资产禀赋与环境保护能力对绿色发展指数总排名影响明显，竞争力受到明显制约与影响；其中，上海市的排名差异最大，其自然资产与环境压力得分位居所有参评城市第283位，但其绿色竞争力发展指数排在第3位，名次变化达到280位。有23个城市排名差异较小或者排名没有变化（50名以内），如贺州、长春、三亚、锦州等，这表明这些城市的资源禀赋及环境保护潜力对绿色竞争力发展指数总排名影响不明显。2016有195个城市绿色竞争力发展指数与城市自然资产与环境压力潜力排名差异超过50位，如表3-6所示。

表3-6　中国城市绿色竞争力发展指数与城市自然资产与环境压力排名差异超过50位的城市

城市	城市绿色竞争力指数排名	自然资产与环境压力排名	位次变化	城市	城市绿色竞争力指数排名	自然资产与环境压力排名	位次变化
四平	162	108	54	常德	98	150	–52
阜新	272	217	55	焦作	159	212	–53
张家口	177	120	57	淮南	230	285	–55
衡水	284	227	57	哈尔滨	61	117	–56
宿州	258	200	58	漳州	71	131	–60
泸州	179	121	58	临沂	127	188	–61

续表

城 市	城市绿色竞争力指数排名	自然资产与环境压力排名	位次变化	城 市	城市绿色竞争力指数排名	自然资产与环境压力排名	位次变化
桂林	110	50	60	襄阳	83	144	–61
乐山	176	116	60	温州	36	102	–66
六盘水	91	30	61	沧州	126	194	–68
通辽	171	109	62	杭州	8	76	–68
自贡	224	162	62	济宁	169	237	–68
酒泉	64	2	62	新乡	168	236	–68
驻马店	222	159	63	长沙	4	72	–68
孝感	276	211	65	惠州	47	115	–68
柳州	137	71	66	海口	10	78	–68
平凉	250	184	66	蚌埠	119	190	–71
阜阳	233	161	72	日照	101	174	–73
益阳	227	155	72	营口	136	213	–77
丹东	207	134	73	金华	62	139	–77
眉山	277	204	73	聊城	180	257	–77
吴忠	275	202	73	无锡	6	84	–78
长治	260	186	74	亳州	187	265	–78
宜春	216	142	74	廊坊	170	255	–85
宝鸡	201	126	75	深圳	2	91	–89
张家界	134	58	76	连云港	155	245	–90
韶关	139	62	77	榆林	117	208	–91
商洛	204	127	77	台州	44	137	–93
乌兰察布	94	16	78	江门	131	225	–94
通化	143	63	80	晋中	191	286	–95
南阳	161	81	80	湖州	73	170	–97
商丘	210	130	80	北京	1	112	–111
临汾	259	178	81	泰安	102	215	–113
萍乡	223	140	83	唐山	114	228	–114
贵港	188	104	84	泉州	38	152	–114
吉林	164	79	85	绍兴	30	145	–115
黑河	93	5	88	鄂尔多斯	41	157	–116
黄山	105	14	91	乌海	166	284	–118

续表

城市	城市绿色竞争力指数排名	自然资产与环境压力排名	位次变化	城市	城市绿色竞争力指数排名	自然资产与环境压力排名	位次变化
钦州	158	66	92	淄博	65	183	–118
张掖	95	3	92	茂名	109	231	–122
延安	130	37	93	福州	33	156	–123
玉溪	195	100	95	湘潭	124	247	–123
云浮	228	132	96	岳阳	121	251	–130
丽江	104	8	96	大庆	37	168	–131
白城	123	26	97	滨州	145	278	–133
信阳	167	70	97	威海	17	151	–134
周口	278	181	97	徐州	60	195	–135
玉林	122	24	98	太原	35	171	–136
南充	112	11	101	石家庄	82	220	–138
固原	129	28	101	成都	27	165	–138
咸宁	232	129	103	常州	12	153	–141
巴彦淖尔	147	42	105	烟台	66	209	–143
遂宁	182	77	105	广州	5	148	–143
阳泉	270	164	106	大连	48	193	–145
梅州	152	46	106	南京	13	160	–147
清远	239	133	106	马鞍山	111	263	–152
抚顺	208	101	107	潍坊	67	222	–155
防城港	214	103	111	西宁	107	266	–159
雅安	128	15	113	厦门	18	180	–162
南平	148	34	114	郑州	51	216	–165
揭阳	220	106	114	银川	79	244	–165
齐齐哈尔	265	149	116	呼和浩特	40	206	–166
肇庆	190	73	117	青岛	20	189	–169
黄冈	125	6	119	南昌	43	214	–171
永州	196	75	121	盐城	74	246	–172
呼伦贝尔	146	21	125	合肥	26	198	–172
巴中	132	7	125	德州	103	276	–173
武威	268	143	125	宁波	29	207	–178
达州	262	136	126	扬州	56	238	–182

续表

城 市	城市绿色竞争力指数排名	自然资产与环境压力排名	位次变化	城 市	城市绿色竞争力指数排名	自然资产与环境压力排名	位次变化
三门峡	234	105	129	济南	34	221	–187
庆阳	144	13	131	包头	86	277	–191
河源	157	25	132	汕头	58	252	–194
天水	151	19	132	西安	31	230	–199
攀枝花	251	118	133	兰州	76	279	–203
赤峰	189	53	136	泰州	75	281	–206
宜昌	248	111	137	沈阳	49	258	–209
双鸭山	236	92	144	南通	52	264	–212
普洱	153	9	144	铜陵	55	270	–215
崇左	253	107	146	乌鲁木齐	32	259	–227
承德	245	97	148	芜湖	42	271	–229
牡丹江	183	35	148	中山	53	288	–235
梧州	175	27	148	珠海	24	262	–238
鸡西	247	95	152	嘉兴	46	287	–241
来宾	240	86	154	苏州	11	254	–243
随州	219	64	155	镇江	25	268	–243
赣州	249	82	167	佛山	39	282	–243
上饶	213	43	170	东营	21	274	–253
河池	185	12	173	武汉	16	280	–264
佳木斯	197	20	177	天津	14	290	–276
抚州	238	57	181	上海	3	283	–280
昭通	215	31	184				
七台河	279	94	185				
百色	221	32	189				
怀化	246	47	199				
十堰	235	29	206				
保山	266	60	206				
本溪	257	49	208				
邵阳	254	45	209				
定西	229	18	211				
临沧	261	36	225				

续表

城 市	城市绿色竞争力指数排名	自然资产与环境压力排名	位次变化	城 市	城市绿色竞争力指数排名	自然资产与环境压力排名	位次变化
陇南	274	44	230				
白山	283	52	231				
伊春	252	17	235				
鹤岗	287	41	246				

注：1. 本表根据表 1–4 和表 3–1 整理。2. 表中排名差异为自然资产与环境压力排名与绿色竞争力发展指数排名之差，正值表示自然资产与环境压力得分较之于绿色竞争力发展指数进步的名次，负值表示自然资产与环境压力得分较之于绿色竞争力发展指数退后的名次。

二、城市自然资产与环境压力比较分析

城市自然资产与环境压力占 2015 中国城市绿色竞争力发展指数总权重的 20%，共由 12 个三级指标构成，包含 4 个正指标和 8 个逆指标。

（一）城市自然资产与环境压力指标测算结果及分析

城市资源储量指标占自然资产与环境压力指标总体权重的 6.67%，相对于环境压力指标，该指标对自然资产与环境压力的贡献很小。从指标结构上看，资源储量指标只包括 4 个三级指标，但是均为正指标。在对三级指标的原始数据进行标准化处理的基础上，我们得到 2015 年中国 290 个城市资源储量指标得分及其排名情况，如表 3–7 所示。

表 3–7　中国 290 个城市资源储量指标得分及排名

指标	资源储量		指标	资源储量		指标	资源储量	
城 市	得 分	排 名	城 市	得 分	排 名	城 市	得 分	排 名
呼伦贝尔	0.0264	1	阳江	0.0120	99	枣庄	0.0083	197
黑河	0.0259	2	广元	0.0119	100	济南	0.0083	198
东莞	0.0237	3	乌兰察布	0.0119	101	南昌	0.0082	199
伊春	0.0223	4	厦门	0.0118	102	南充	0.0082	200
本溪	0.0218	5	呼和浩特	0.0118	103	包头	0.0082	201
黄山	0.0209	6	乐山	0.0118	104	葫芦岛	0.0081	202
拉萨	0.0208	7	钦州	0.0118	105	资阳	0.0081	203

续表

指标	资源储量		指标	资源储量		指标	资源储量	
城市	得分	排名	城市	得分	排名	城市	得分	排名
佳木斯	0.0199	8	齐齐哈尔	0.0118	106	广安	0.0081	204
鹤岗	0.0193	9	鸡西	0.0117	107	成都	0.0080	205
丽水	0.0183	10	巴中	0.0117	108	长治	0.0080	206
牡丹江	0.0182	11	莆田	0.0117	109	咸阳	0.0080	207
深圳	0.0181	12	长沙	0.0117	110	临汾	0.0080	208
白山	0.0176	13	克拉玛依	0.0116	111	衡水	0.0079	209
三明	0.0172	14	大庆	0.0116	112	吴忠	0.0079	210
南平	0.0170	15	益阳	0.0116	113	石家庄	0.0079	211
龙岩	0.0169	16	玉溪	0.0115	114	宁波	0.0079	212
韶关	0.0162	17	随州	0.0114	115	滁州	0.0079	213
梧州	0.0160	18	福州	0.0114	116	临沂	0.0079	214
普洱	0.0160	19	湖州	0.0113	117	菏泽	0.0079	215
桂林	0.0160	20	三门峡	0.0113	118	西宁	0.0079	216
衢州	0.0159	21	绵阳	0.0113	119	忻州	0.0078	217
赣州	0.0159	22	汉中	0.0111	120	郑州	0.0078	218
河池	0.0158	23	铜川	0.0111	121	鹤壁	0.0077	219
百色	0.0158	24	咸宁	0.0111	122	佛山	0.0077	220
宁德	0.0158	25	昆明	0.0110	123	定西	0.0076	221
贺州	0.0158	26	延安	0.0110	124	许昌	0.0075	222
柳州	0.0157	27	汕尾	0.0109	125	大同	0.0075	223
七台河	0.0157	28	盘锦	0.0109	126	驻马店	0.0075	224
崇左	0.0155	29	鞍山	0.0108	127	徐州	0.0075	225
通化	0.0155	30	安顺	0.0107	128	铜陵	0.0074	226
梅州	0.0153	31	常德	0.0107	129	运城	0.0074	227
肇庆	0.0152	32	贵阳	0.0107	130	东营	0.0074	228
吉安	0.0152	33	阜新	0.0107	131	自贡	0.0073	229
舟山	0.0151	34	毕节	0.0106	132	连云港	0.0072	230
丽江	0.0151	35	泸州	0.0105	133	银川	0.0072	231
丹东	0.0151	36	锦州	0.0105	134	吕梁	0.0072	232
抚州	0.0149	37	重庆	0.0104	135	济宁	0.0071	233
抚顺	0.0148	38	威海	0.0104	136	昭通	0.0071	234

续表

指标	资源储量		指标	资源储量		指标	资源储量	
城市	得分	排名	城市	得分	排名	城市	得分	排名
临沧	0.0148	39	朝阳	0.0104	137	苏州	0.0070	235
河源	0.0148	40	珠海	0.0103	138	宿州	0.0069	236
杭州	0.0148	41	西安	0.0103	139	商丘	0.0069	237
清远	0.0148	42	晋城	0.0103	140	内江	0.0069	238
宜昌	0.0147	43	江门	0.0103	141	嘉峪关	0.0069	239
景德镇	0.0146	44	秦皇岛	0.0102	142	焦作	0.0068	240
怀化	0.0146	45	洛阳	0.0102	143	聊城	0.0068	241
巴彦淖尔	0.0146	46	娄底	0.0102	144	滨州	0.0068	242
三亚	0.0145	47	张家口	0.0102	145	合肥	0.0068	243
双鸭山	0.0145	48	眉山	0.0101	146	沧州	0.0067	244
防城港	0.0143	49	辽阳	0.0101	147	汕头	0.0067	245
广州	0.0143	50	襄阳	0.0100	148	阳泉	0.0066	246
郴州	0.0143	51	贵港	0.0100	149	廊坊	0.0066	247
安康	0.0141	52	青岛	0.0099	150	德州	0.0066	248
云浮	0.0141	53	日照	0.0099	151	晋中	0.0065	249
通辽	0.0141	54	岳阳	0.0098	152	黄石	0.0065	250
张家界	0.0140	55	茂名	0.0098	153	湛江	0.0065	251
邵阳	0.0140	56	湘潭	0.0098	154	乌鲁木齐	0.0065	252
商洛	0.0139	57	衡阳	0.0097	155	邢台	0.0064	253
萍乡	0.0138	58	绥化	0.0097	156	渭南	0.0064	254
十堰	0.0138	59	六安	0.0097	157	淮安	0.0063	255
松原	0.0138	60	宿迁	0.0097	158	邯郸	0.0063	256
哈尔滨	0.0137	61	荆门	0.0096	159	漯河	0.0063	257
来宾	0.0137	62	营口	0.0096	160	中卫	0.0063	258
赤峰	0.0136	63	榆林	0.0096	161	武威	0.0062	259
惠州	0.0135	64	莱芜	0.0096	162	白银	0.0062	260
鄂尔多斯	0.0135	65	朔州	0.0095	163	镇江	0.0060	261
遵义	0.0134	66	陇南	0.0095	164	保定	0.0060	262
攀枝花	0.0133	67	平顶山	0.0095	165	开封	0.0060	263
株洲	0.0133	68	保山	0.0094	166	盐城	0.0059	264
上饶	0.0132	69	曲靖	0.0094	167	扬州	0.0058	265
鹰潭	0.0132	70	烟台	0.0094	168	濮阳	0.0057	266

续表

指标	资源储量		指标	资源储量		指标	资源储量	
城市	得分	排名	城市	得分	排名	城市	得分	排名
漳州	0.0131	71	固原	0.0093	169	太原	0.0057	267
永州	0.0130	72	平凉	0.0093	170	蚌埠	0.0056	268
池州	0.0130	73	宜宾	0.0093	171	南通	0.0056	269
雅安	0.0130	74	淄博	0.0092	172	新乡	0.0054	270
宣城	0.0129	75	信阳	0.0092	173	马鞍山	0.0054	271
潮州	0.0129	76	揭阳	0.0091	174	安阳	0.0054	272
台州	0.0128	77	无锡	0.0091	175	淮北	0.0054	273
金华	0.0128	78	沈阳	0.0090	176	中山	0.0053	274
辽源	0.0128	79	北京	0.0090	177	亳州	0.0053	275
儋州	0.0127	80	黄冈	0.0089	178	武汉	0.0052	276
宝鸡	0.0126	81	海口	0.0088	179	乌海	0.0051	277
石嘴山	0.0126	82	泰安	0.0088	180	荆州	0.0050	278
六盘水	0.0126	83	天水	0.0088	181	嘉兴	0.0050	279
白城	0.0124	85	北海	0.0087	183	淮南	0.0048	281
承德	0.0124	86	达州	0.0087	184	泰州	0.0047	282
泉州	0.0124	87	南阳	0.0087	185	兰州	0.0045	283
玉林	0.0123	88	潍坊	0.0087	186	阜阳	0.0044	284
大连	0.0123	89	海东	0.0086	187	芜湖	0.0044	285
温州	0.0123	90	德阳	0.0086	188	孝感	0.0043	286
南京	0.0123	91	铁岭	0.0086	189	周口	0.0042	287
南宁	0.0122	92	庆阳	0.0086	190	鄂州	0.0041	288
新余	0.0121	93	张掖	0.0085	191	酒泉	0.0041	289
吉林	0.0121	94	遂宁	0.0085	192	天津	0.0030	290
九江	0.0121	95	金昌	0.0085	193			
绍兴	0.0121	96	安庆	0.0084	194			
铜仁	0.0121	97	唐山	0.0084	195			
宜春	0.0120	98	四平	0.0083	196			

注：本表数据及排名根据《中国统计年鉴 2015》《2015 中国环境统计年报》《中国环境统计年鉴 2016》《中国城市统计年鉴 2016》等测算。

从表 3-7 可以看出，全国 290 个城市的资源储量指标测算结果介于 0.0030 ~ 0.0264 之间，总体差距并不大。其中得分高于或等于全国平均水平 0.0106 的城市有 132 个，占全部参评城市的 45.52%。其中前 20 位的城市分别为呼伦贝尔、黑河、东莞、伊春、本溪、黄山、拉萨、佳木斯、鹤岗、丽水、牡丹江、深圳、白山、三明、南平、龙岩、韶关、梧州、普洱和桂林，并有158个城市的资源储量指标得分低于全部参评城市资源储量平均得分。

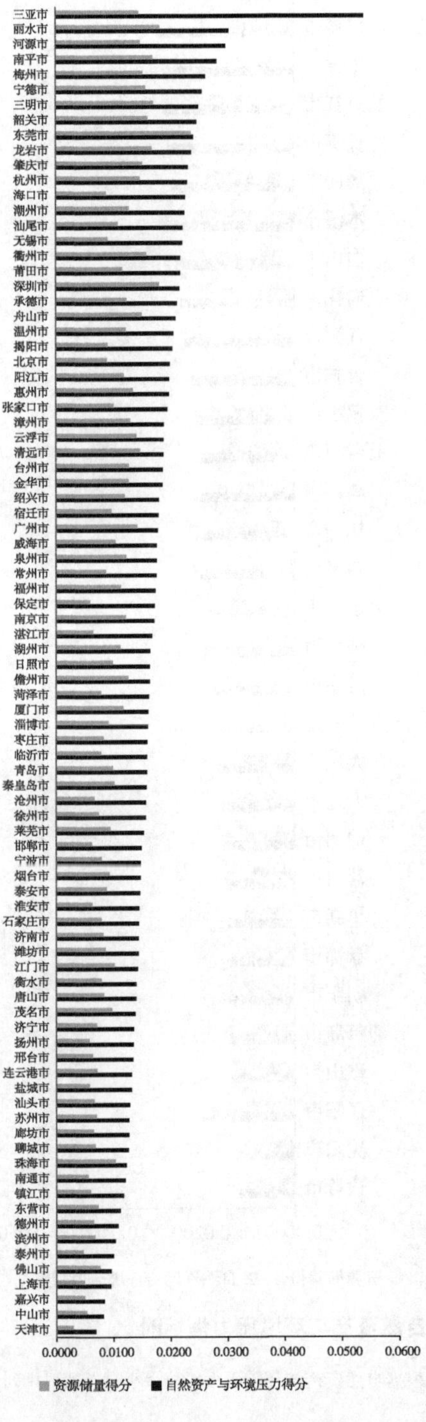

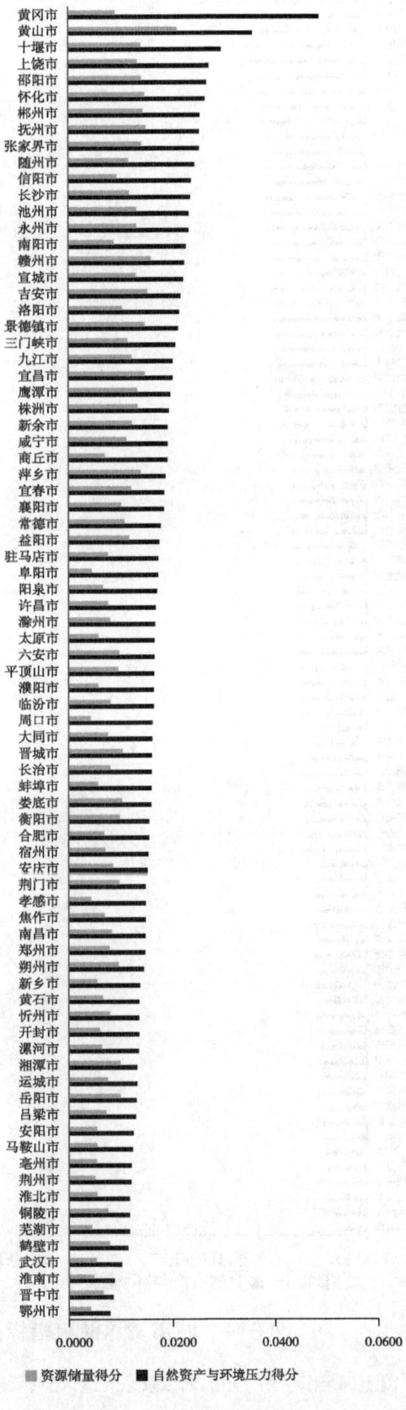

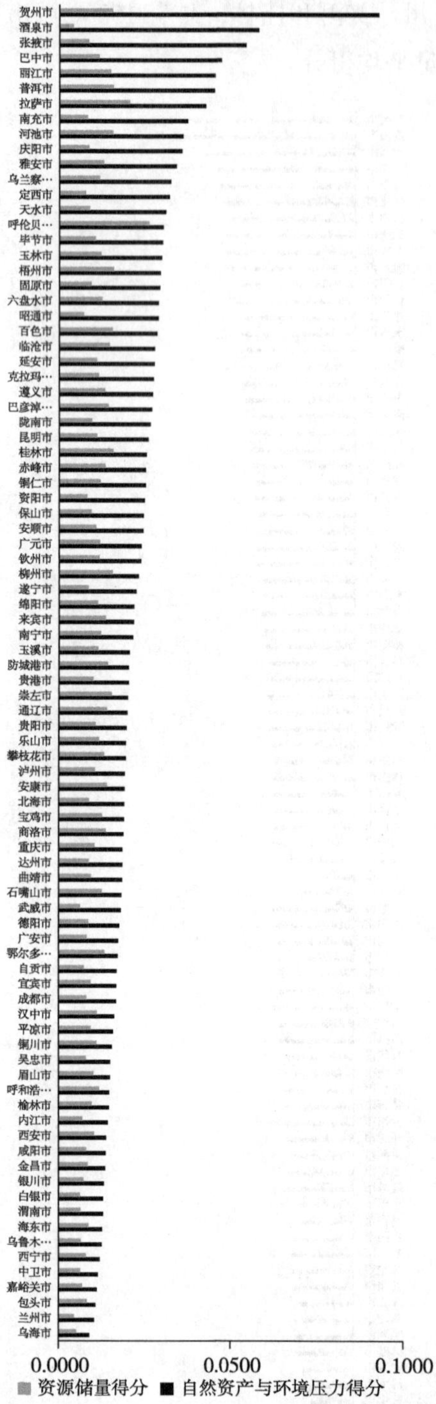

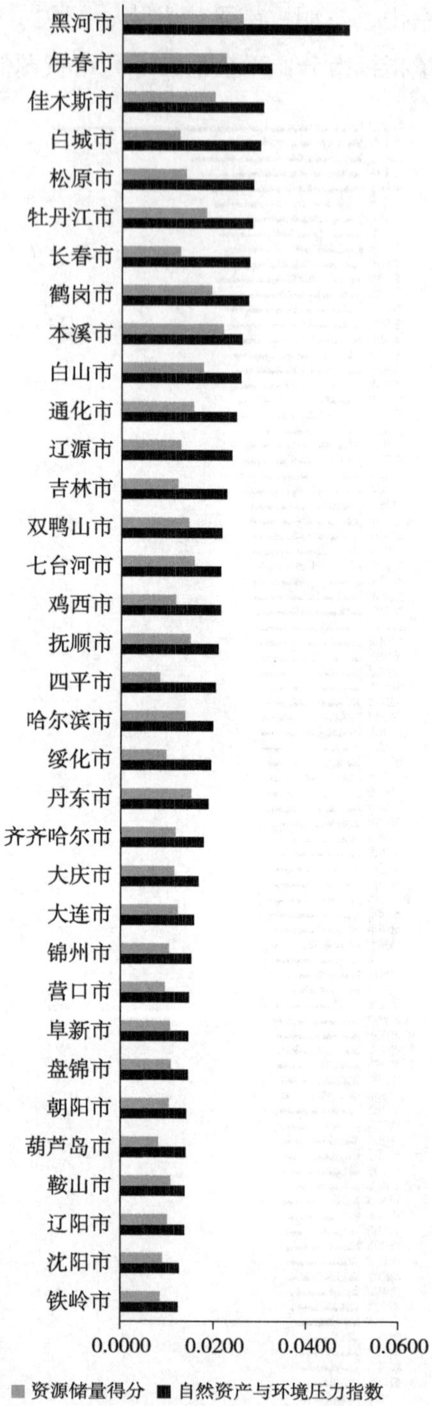

图 3–4　城市资源储量指标同自然资产与环境压力指标对比

注：以上四个图从东、中、西以及东北地区所属城市根据自然资产与环境压力得分大小自上到下排列。

为了进行地区间的比较，从东部、中部、西部和东北地区划分的角度，根据自然资产与环境压力指数大小顺序给出了自然资产与环境压力指数与城市资源储量指标的对比。从图 3–4 可以看出所有的参评城市的城市资源储量得分都要远低于城市自然资产环境压力潜力水平，表明城市资源储量指标对城市自然资产的增加以及环境压力的减小的贡献度较低，影响较小。从地区间差异的角度来看，东部、中部、西部和东北地区资源储量的平均得分分别为 0.0103、0.0093、0.0109、0.0136，可以看出平均而言东北城市的资源储量水平较高，而中部城市则相对落后。

就排名结果而言，资源储量保护指标得分排名前 20 位的城市中，西部城市占有 5 个，分别是呼伦贝尔、桂林、梧州、普洱和拉萨；东部城市占 7 个，分别是丽水、三明、南平、龙岩、韶关、深圳和东莞；中部城市只有黄山一个市；东北地区城市有 7 个城市资源储量得分排名进入前 20 位，分别是本溪、白山、鹤岗、伊春、佳木斯、牡丹江和黑河。而资源储量指标得分排名后 10 位的城市里西部城市有 2 个，分别是兰州和酒泉；中部城市有 6 个，分别是芜湖、淮南、阜阳、周口、鄂州和孝感；东部城市有 2 个，分别是天津市和泰州市。

（二）城市环境压力指标测算结果及分析

城市环境压力指标是测度城市自然资产和环境压力中最重要的二级指标，也是所占权重最大的一个指标。它包含单位土地面积二氧化硫排放量、人均二氧化硫排放量、单位土地面积化学需氧量排放量、人均化学需氧量排放量、单位土地面积氮氧化物排放量、人均氮氧化物排放量、单位土地面积氨氮排放量、人均氨氮排放量等 8 个三级指标。这 8 个指标共占城市资源环境承载潜力权重的 66.67%，每个指标占总权重均为 1.67%，具体情况如表 3–8 所示。

表 3–8 城市环境压力三级指标、权重及指标属性

指标序号	指 标	权重（%）	指标属性
16	单位土地面积二氧化硫排放量	1.67%	逆
17	人均二氧化硫排放量	1.67%	逆
18	单位土地面积化学需氧量排放量	1.67%	逆
19	人均化学需氧量排放量	1.67%	逆
20	单位土地面积氮氧化物排放量	1.67%	逆
21	人均氮氧化物排放量	1.67%	逆
22	单位土地面积氨氮排放量	1.67%	逆
23	人均氨氮排放量	1.67%	逆

注：1. 本表内容是由本报告课题组召开的多次研讨会确定的。

在对三级指标原始数据加以标准化处理后，根据表 3-8 中所示的权重，计算得出了本次参评的 290 个城市的环境压力指标的指数值。测算结果和排名如表 3-9 所示。

表 3-9　中国城市环境压力指标指数及排名

指标	环境压力		指标	环境压力		指标	环境压力	
城 市	指数值	排 名	城 市	指数值	排 名	城 市	指数值	排 名
贺州	0.0766	1	玉溪	0.0093	99	青岛	0.0060	197
酒泉	0.0537	2	曲靖	0.0093	100	绍兴	0.0059	198
张掖	0.0456	3	德阳	0.0092	101	抚顺	0.0059	199
黄冈	0.0395	4	贵阳	0.0092	102	益阳	0.0059	200
三亚	0.0394	5	三门峡	0.0092	103	聊城	0.0059	201
巴中	0.0354	6	许昌	0.0092	104	金华	0.0059	202
丽江	0.0301	7	通化	0.0092	105	衢州	0.0059	202
普洱	0.0290	8	宣城	0.0091	106	舟山	0.0059	202
南充	0.0289	9	沧州	0.0090	107	台州	0.0059	205
庆阳	0.0269	10	泸州	0.0089	108	石嘴山	0.0059	206
定西	0.0244	11	成都	0.0089	109	葫芦岛	0.0058	207
黑河	0.0230	12	常州	0.0089	110	兰州	0.0058	208
天水	0.0222	13	承德	0.0088	111	漳州	0.0058	209
昭通	0.0219	14	滁州	0.0087	112	泰安	0.0058	210
拉萨	0.0216	15	邯郸	0.0086	113	咸阳	0.0058	211
雅安	0.0209	16	合肥	0.0086	114	镇江	0.0058	212
乌兰察布	0.0205	17	大同	0.0085	115	莱芜	0.0058	213
固原	0.0201	18	韶关	0.0085	116	潍坊	0.0058	214
河池	0.0200	19	菏泽	0.0084	117	苏州	0.0057	215
毕节	0.0195	20	临汾	0.0083	118	晋城	0.0057	216
玉林	0.0176	21	重庆	0.0083	119	运城	0.0057	217
白城	0.0173	22	温州	0.0083	120	忻州	0.0057	217
陇南	0.0172	23	来宾	0.0083	121	吕梁	0.0057	217
资阳	0.0170	24	宿州	0.0083	122	衡阳	0.0057	220
延安	0.0168	25	襄阳	0.0082	123	七台河	0.0057	221
六盘水	0.0164	26	宿迁	0.0082	124	唐山	0.0056	222
克拉玛依	0.0160	27	杭州	0.0082	125	娄底	0.0056	223

续表

指标	环境压力		指标	环境压力		指标	环境压力	
城市	指数值	排名	城市	指数值	排名	城市	指数值	排名
十堰	0.0155	28	新乡	0.0082	126	秦皇岛	0.0056	224
保山	0.0154	29	徐州	0.0082	127	烟台	0.0054	225
昆明	0.0151	30	淮安	0.0082	128	宜昌	0.0053	226
河源	0.0149	31	临沂	0.0080	129	泉州	0.0053	227
长春	0.0148	32	乐山	0.0080	130	泰州	0.0053	228
黄山	0.0146	33	白山	0.0080	131	汉中	0.0052	229
松原	0.0144	34	长治	0.0080	132	榆林	0.0052	229
信阳	0.0144	35	咸宁	0.0079	133	安康	0.0052	229
遂宁	0.0142	36	肇庆	0.0079	134	商洛	0.0052	229
安顺	0.0140	37	九江	0.0079	135	金昌	0.0052	233
遵义	0.0140	38	焦作	0.0079	136	湖州	0.0052	234
南阳	0.0139	39	鹤岗	0.0079	137	大庆	0.0051	235
海口	0.0138	40	阳江	0.0079	138	荆门	0.0051	236
上饶	0.0137	41	三明	0.0078	139	营口	0.0051	237
梧州	0.0135	42	扬州	0.0078	140	中卫	0.0051	238
铜仁	0.0133	43	宜宾	0.0077	141	眉山	0.0049	239
临沧	0.0131	44	柳州	0.0076	142	南京	0.0049	240
无锡	0.0130	45	枣庄	0.0076	143	武汉	0.0049	241
百色	0.0129	46	内江	0.0075	144	朔州	0.0049	242
阜阳	0.0127	47	开封	0.0075	145	崇左	0.0048	243
随州	0.0127	48	盐城	0.0073	146	萍乡	0.0048	244
巴彦淖尔	0.0126	49	吴忠	0.0072	147	锦州	0.0047	245
邵阳	0.0125	50	威海	0.0072	148	云浮	0.0047	246
钦州	0.0123	51	芜湖	0.0072	149	上海	0.0046	247
广元	0.0122	52	漯河	0.0071	150	铜川	0.0045	248
武威	0.0121	53	双鸭山	0.0070	151	厦门	0.0043	249
商丘	0.0120	54	邢台	0.0070	152	德州	0.0043	250
丽水	0.0120	55	黄石	0.0070	153	嘉峪关	0.0042	251
四平	0.0119	56	常德	0.0070	154	铜陵	0.0041	252
周口	0.0119	57	平顶山	0.0069	155	西宁	0.0041	253
赤峰	0.0118	58	安阳	0.0069	156	海东	0.0041	253

续表

指标	环境压力		指标	环境压力		指标	环境压力	
城市	指数值	排名	城市	指数值	排名	城市	指数值	排名
长沙	0.0117	59	新余	0.0069	157	江门	0.0040	255
怀化	0.0115	60	荆州	0.0069	158	茂名	0.0040	255
汕尾	0.0113	61	郑州	0.0069	159	清远	0.0040	255
保定	0.0113	62	宁波	0.0069	160	本溪	0.0040	258
揭阳	0.0113	63	淄博	0.0068	161	天津	0.0040	259
南平	0.0112	64	龙岩	0.0068	162	鄂尔多斯	0.0040	260
张家界	0.0110	65	马鞍山	0.0068	163	呼伦贝尔	0.0040	260
北京	0.0110	66	白银	0.0068	164	阜新	0.0039	262
洛阳	0.0110	67	平凉	0.0067	165	东营	0.0039	263
辽源	0.0109	68	安庆	0.0067	166	淮南	0.0039	264
梅州	0.0109	69	六安	0.0067	166	乌海	0.0037	265
郴州	0.0109	70	亳州	0.0067	166	铁岭	0.0037	266
绵阳	0.0108	71	渭南	0.0066	169	儋州	0.0037	267
太原	0.0108	72	宝鸡	0.0065	170	鄂州	0.0037	268
濮阳	0.0106	73	石家庄	0.0065	171	丹东	0.0037	269
北海	0.0106	74	南通	0.0065	172	辽阳	0.0037	269
贵港	0.0105	75	日照	0.0065	173	盘锦	0.0037	269
佳木斯	0.0105	76	济宁	0.0064	174	朝阳	0.0037	269
吉林	0.0105	77	南昌	0.0064	175	西安	0.0036	273
孝感	0.0104	78	攀枝花	0.0064	176	滨州	0.0035	274
阳泉	0.0104	79	景德镇	0.0064	177	深圳	0.0035	275
湛江	0.0103	80	鹰潭	0.0064	177	广州	0.0035	276
蚌埠	0.0103	81	赣州	0.0064	177	沈阳	0.0035	277
抚州	0.0102	82	吉安	0.0064	177	鹤壁	0.0035	278
达州	0.0101	83	宜春	0.0064	177	大连	0.0035	279
莆田	0.0101	84	惠州	0.0063	182	嘉兴	0.0034	280
池州	0.0100	85	淮北	0.0062	183	湘潭	0.0033	281
永州	0.0100	86	防城港	0.0062	184	岳阳	0.0031	282
牡丹江	0.0098	87	汕头	0.0062	185	呼和浩特	0.0030	283
伊春	0.0098	88	廊坊	0.0062	186	鞍山	0.0030	284
宁德	0.0098	89	济南	0.0061	187	中山	0.0029	285

续表

指标	环境压力		指标	环境压力		指标	环境压力	
城市	指数值	排名	城市	指数值	排名	城市	指数值	排名
自贡	0.0098	90	通辽	0.0061	188	包头	0.0025	286
驻马店	0.0097	91	衡水	0.0061	189	晋中	0.0019	287
潮州	0.0097	92	福州	0.0061	190	佛山	0.0019	288
桂林	0.0097	93	乌鲁木齐	0.0061	191	珠海	0.0019	289
绥化	0.0096	94	齐齐哈尔	0.0061	192	东莞	0.0003	290
鸡西	0.0096	95	银川	0.0060	193			
南宁	0.0095	96	哈尔滨	0.0060	194			
广安	0.0094	97	连云港	0.0060	195			
张家口	0.0094	98	株洲	0.0060	196			

注：本表数据及排名根据《中国统计年鉴 2015》《2015 中国环境统计年报》《中国环境统计年鉴 2016》《中国城市统计年鉴 2016》测算。

从表 3-9 中可以看到，排名最高的贺州市城市环境压力指标指指数值为 0.0766，排名第 290 位的东莞市城市环境压力指标指数值为 0.0003，相差较大。这说明在不同城市由于自然环境天然性和后天人为对环境破坏程度不同导致环境压力有很大幅度的波动。由于经济发展结构不同以及对环境破坏程度不同，西部地区城市的环境压力明显与小于东部城市，就排名情况来看，290 个参评城市中，有 98 个城市的城市环境压力指标得分高于全国平均水平 0.0094，其中前 20 位的城市分别是贺州、酒泉、张掖、黄冈、三亚、巴中、丽江、普洱、南充、庆阳、定西、黑河、天水、昭通、拉萨、雅安、乌兰察布、固原、河池和毕节。有 192 个城市环境压力指标得分低于全国平均得分。

图 3-5 按照不同地区显示了城市自然资产与环境压力与城市环境压力指标的对比，城市自然资产与环境压力和城市环境压力指标之间有着较强的一致性，表明城市环境压力指标对城市自然资产与环境压力做出了很大的贡献，影响较大。但东部地区的深圳、广州、衢州，中部地区的宜昌、萍乡，西部地区的鄂尔多斯、呼伦贝尔、崇左，东北地区的本溪、丹东等城市都存在环境压力得分远低于自然资产与环境压力得分的现象，表明其环境压力指标对自然资产与环境压力的影响要弱于其他城市。

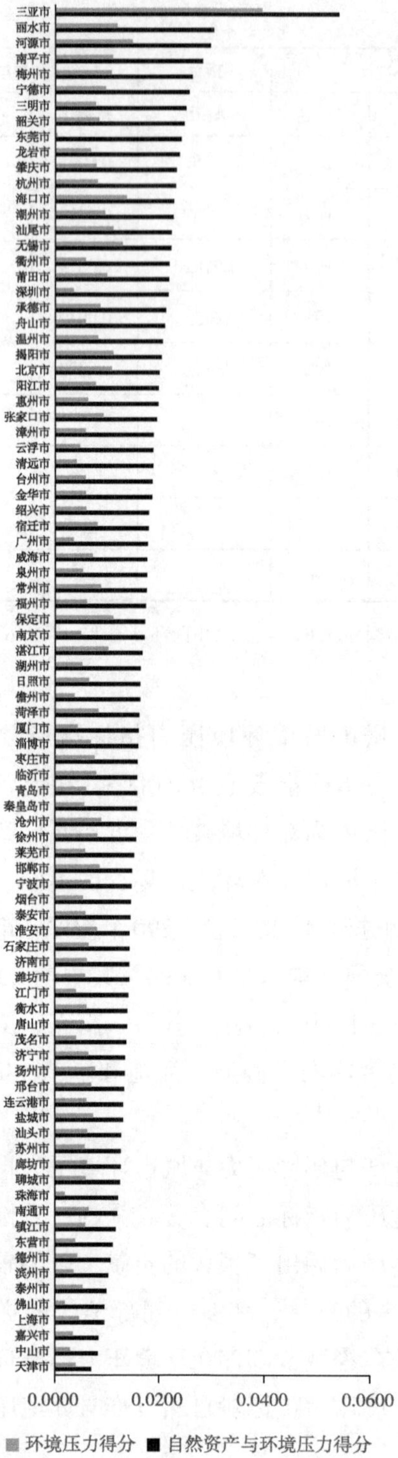
三亚市
丽水市
河源市
南平市
梅州市
宁德市
三明市
韶关市
东莞市
龙岩市
肇庆市
杭州市
海口市
潮州市
汕尾市
无锡市
衢州市
莆田市
深圳市
承德市
舟山市
温州市
揭阳市
北京市
阳江市
惠州市
张家口市
漳州市
云浮市
清远市
台州市
金华市
绍兴市
宿迁市
广州市
威海市
泉州市
常州市
福州市
保定市
南京市
湛江市
湖州市
日照市
儋州市
菏泽市
厦门市
淄博市
枣庄市
临沂市
青岛市
秦皇岛市
沧州市
徐州市
莱芜市
邯郸市
宁波市
烟台市
泰安市
淮安市
石家庄市
济南市
潍坊市
江门市
衡水市
唐山市
茂名市
济宁市
扬州市
邢台市
连云港市
盐城市
汕头市
苏州市
廊坊市
聊城市
珠海市
南通市
镇江市
东营市
德州市
滨州市
泰州市
佛山市
上海市
嘉兴市
中山市
天津市
0.0000
0.0200
0.0400
0.0600
环境压力得分
自然资产与环境压力得分

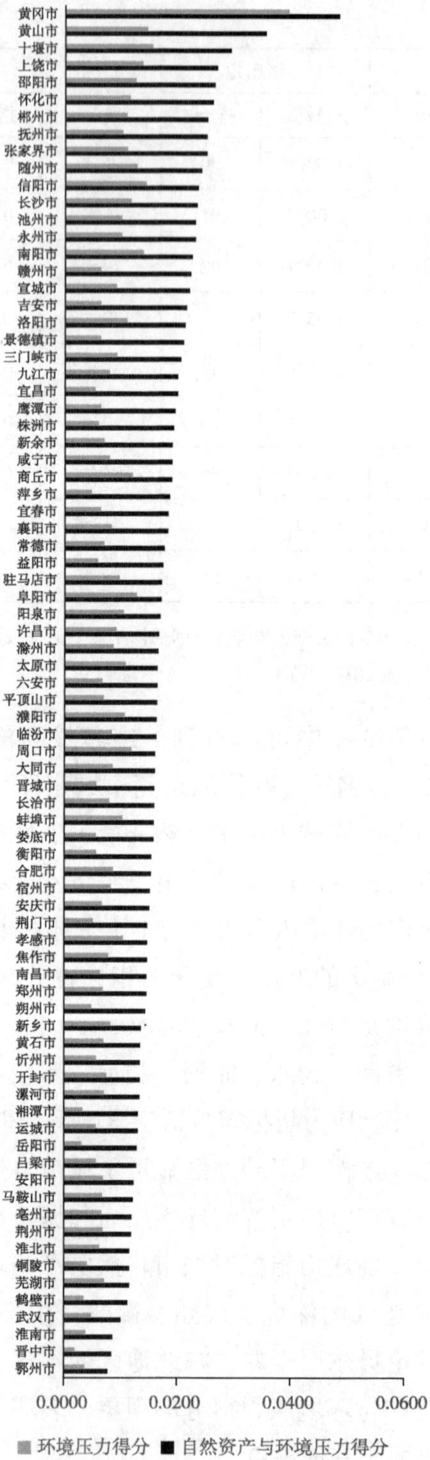
黄冈市
黄山市
十堰市
上饶市
邵阳市
怀化市
郴州市
抚州市
张家界市
随州市
信阳市
长沙市
池州市
永州市
南阳市
赣州市
宣城市
吉安市
洛阳市
景德镇市
三门峡市
九江市
宜昌市
鹰潭市
株洲市
新余市
咸宁市
商丘市
萍乡市
宜春市
襄阳市
常德市
益阳市
驻马店市
阜阳市
阳泉市
许昌市
滁州市
太原市
六安市
平顶山市
濮阳市
临汾市
周口市
大同市
晋城市
长治市
蚌埠市
娄底市
衡阳市
合肥市
宿州市
安庆市
荆门市
孝感市
焦作市
南昌市
郑州市
朔州市
新乡市
黄石市
忻州市
开封市
漯河市
湘潭市
运城市
岳阳市
吕梁市
安阳市
马鞍山市
亳州市
荆州市
淮北市
铜陵市
芜湖市
鹤壁市
武汉市
淮南市
晋中市
鄂州市
0.0000
0.0200
0.0400
0.0600
环境压力得分
自然资产与环境压力得分

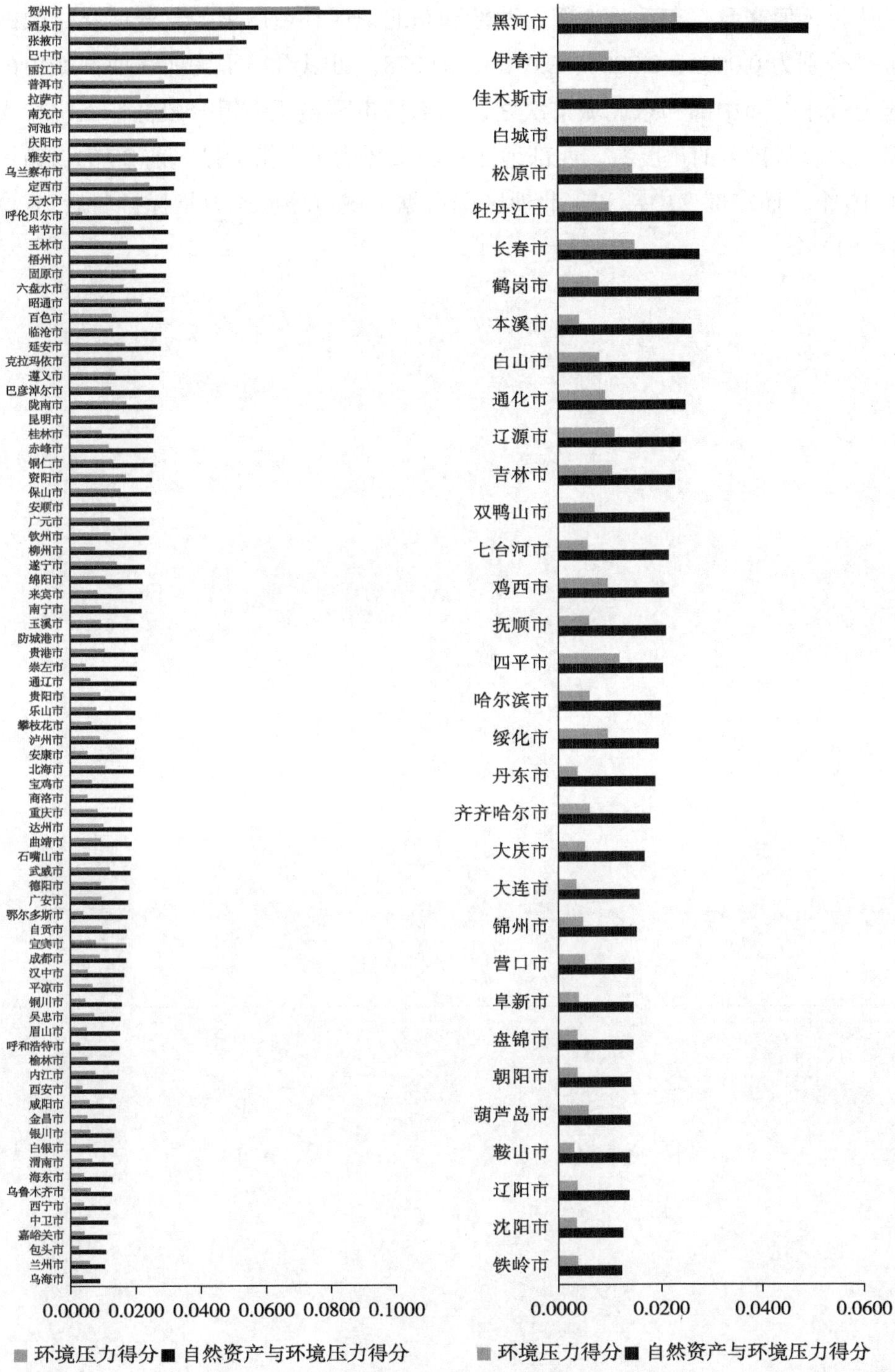

图 3-5　城市自然资产与环境压力指标对比图

注：以上四个图从东部、中部、西部和东北地区划分的角度，根据自然资产与环境压力指数得分大小由上到下排列。

从指标值来看，东部、中部、西部和东北地区环境压力与气候变化指数的平均水平分别为 0.0072、0.0084、0.0130、0.0078，可以看出平均而言西部城市的环境压力较小，而中部和东北城市次之，东部城市环境压力得分较低，面临较大的环境压力。从排名的角度看，西部地区在城市环境压力指标排名前 20 的城市中占到了 16 个，而东部、中部和东北地区则占据了城市环境压力指标排名后 20 位城市中的 17 个。

第四章　资源与环境效率测算及分析

资源与环境效率衡量的是城市经济、生活等活动和对资源的利用效率，以及对环境带来的负外部性。本章根据“中国城市绿色竞争力指数指标体系”（以下简称“城市指标体系”）中资源与环境效率的测度标准，利用 2015 年的年度数据，从资源效率、环境效率两个方面对中国 290 个城市的资源与环境效率进行了测度。

一、资源与环境效率的测算结果

根据“中国城市绿色竞争力指数指标体系”中资源与环境效率的测度体系和权重标准，中国 290 个城市的资源与环境效率测算结果如表 4-1 所示。

表 4-1 中国 290 个城市资源与环境效率指数及排名

城市	一级指标		二级指标			
	资源与环境效率指标		资源效率指标		环境效率指标	
	指数值	排名	指数值	排名	指数值	排名
深圳	0.1414	1	0.0358	87	0.1056	1
无锡	0.1122	2	0.0372	72	0.0750	4
长沙	0.1120	3	0.0326	161	0.0794	2
北京	0.1057	4	0.0289	219	0.0768	3
苏州	0.0904	5	0.0384	49	0.0521	7
克拉玛依	0.0884	6	0.0281	225	0.0603	5
常州	0.0863	7	0.0380	58	0.0483	9
海口	0.0862	8	0.0349	99	0.0513	8
贺州	0.0820	9	0.0241	249	0.0579	6
长春	0.0763	10	0.0432	23	0.0331	17
杭州	0.0753	11	0.0296	212	0.0457	10
上海	0.0743	12	0.0349	98	0.0394	11

续表

城市	一级指标		二级指标			
	资源与环境效率指标		资源效率指标		环境效率指标	
	指数值	排名	指数值	排名	指数值	排名
南充	0.0723	13	0.0360	84	0.0363	13
成都	0.0718	14	0.0355	91	0.0362	14
资阳	0.0704	15	0.0483	4	0.0221	43
庆阳	0.0696	16	0.0563	3	0.0134	111
广州	0.0693	17	0.0330	145	0.0363	12
松原	0.0687	18	0.0460	10	0.0227	40
榆林	0.0681	19	0.0608	1	0.0072	223
武汉	0.0680	20	0.0358	89	0.0322	18
宁波	0.0677	21	0.0324	164	0.0353	15
厦门	0.0667	22	0.0333	131	0.0335	16
镇江	0.0667	23	0.0376	65	0.0292	24
辽源	0.0661	24	0.0430	24	0.0232	37
泉州	0.0661	25	0.0472	6	0.0189	60
扬州	0.0649	26	0.0387	47	0.0263	31
南通	0.0645	27	0.0394	40	0.0251	32
天津	0.0635	28	0.0347	102	0.0288	25
青岛	0.0634	29	0.0341	106	0.0292	23
威海	0.0629	30	0.0336	124	0.0293	22
黑河	0.0629	31	0.0574	2	0.0055	266
延安	0.0623	32	0.0455	15	0.0168	73
合肥	0.0622	33	0.0341	108	0.0282	26
泰州	0.0622	34	0.0446	16	0.0175	65
南京	0.0618	35	0.0321	171	0.0297	20
漳州	0.0614	36	0.0479	5	0.0135	110
宁德	0.0611	37	0.0460	11	0.0152	89
三亚	0.0610	38	0.0344	103	0.0266	28
东营	0.0605	39	0.0331	143	0.0274	27
许昌	0.0600	40	0.0459	12	0.0141	96
三明	0.0584	41	0.0456	14	0.0128	123
绥化	0.0578	42	0.0466	7	0.0112	146

续表

城市	一级指标		二级指标			
	资源与环境效率指标		资源效率指标		环境效率指标	
	指数值	排名	指数值	排名	指数值	排名
四平	0.0575	43	0.0438	21	0.0138	103
济南	0.0573	44	0.0342	105	0.0231	38
信阳	0.0571	45	0.0462	9	0.0109	148
盐城	0.0570	46	0.0432	22	0.0138	102
绍兴	0.0569	47	0.0328	152	0.0241	33
黄冈	0.0566	48	0.0302	201	0.0263	30
福州	0.0564	49	0.0357	90	0.0206	49
温州	0.0561	50	0.0332	137	0.0230	39
莆田	0.0561	51	0.0336	122	0.0225	41
周口	0.0559	52	0.0465	8	0.0094	176
德阳	0.0555	53	0.0394	39	0.0160	80
遂宁	0.0553	54	0.0380	59	0.0173	69
哈尔滨	0.0552	55	0.0446	17	0.0106	151
南昌	0.0552	56	0.0348	100	0.0203	51
常德	0.0549	57	0.0426	25	0.0123	130
乌兰察布	0.0549	58	0.0382	55	0.0167	74
徐州	0.0549	59	0.0396	37	0.0153	86
大连	0.0549	60	0.0340	110	0.0209	47
通化	0.0547	61	0.0440	19	0.0107	150
佛山	0.0546	62	0.0283	222	0.0264	29
郑州	0.0545	63	0.0311	187	0.0234	34
舟山	0.0544	64	0.0353	93	0.0191	54
淄博	0.0543	65	0.0329	149	0.0215	45
中山	0.0542	66	0.0309	192	0.0233	36
商丘	0.0540	67	0.0457	13	0.0083	203
宿迁	0.0539	68	0.0402	32	0.0136	107
乌鲁木齐	0.0536	69	0.0324	166	0.0212	46
鄂尔多斯	0.0535	70	0.0441	18	0.0094	173
拉萨	0.0529	71	0.0295	213	0.0234	35
铜陵	0.0529	72	0.0340	111	0.0189	59

续表

城市	一级指标		二级指标			
	资源与环境效率指标		资源效率指标		环境效率指标	
	指数值	排名	指数值	排名	指数值	排名
白城	0.0528	73	0.0403	31	0.0126	125
沈阳	0.0528	74	0.0353	94	0.0174	66
北海	0.0527	75	0.0331	141	0.0196	52
惠州	0.0526	76	0.0319	175	0.0206	48
淮安	0.0524	77	0.0374	67	0.0150	91
巴中	0.0523	78	0.0333	128	0.0190	58
大庆	0.0523	79	0.0359	86	0.0164	76
台州	0.0521	80	0.0329	146	0.0191	54
自贡	0.0517	81	0.0372	73	0.0145	95
濮阳	0.0512	82	0.0396	36	0.0116	137
金华	0.0511	83	0.0320	172	0.0191	54
营口	0.0508	84	0.0392	42	0.0116	136
龙岩	0.0508	85	0.0391	46	0.0117	135
东莞	0.0505	86	0.0300	204	0.0204	50
南宁	0.0501	87	0.0335	127	0.0166	75
亳州	0.0501	88	0.0406	26	0.0095	171
珠海	0.0500	89	0.0320	173	0.0180	63
衢州	0.0500	90	0.0309	193	0.0191	54
定西	0.0492	91	0.0439	20	0.0053	267
芜湖	0.0492	92	0.0323	167	0.0169	71
雅安	0.0491	93	0.0318	178	0.0173	68
绵阳	0.0490	94	0.0381	56	0.0109	147
烟台	0.0489	95	0.0274	228	0.0215	44
宣城	0.0487	96	0.0394	41	0.0093	180
嘉兴	0.0486	97	0.0317	180	0.0169	72
株洲	0.0486	98	0.0338	115	0.0148	92
潮州	0.0485	99	0.0336	123	0.0150	90
毕节	0.0484	100	0.0403	30	0.0081	208
张掖	0.0483	101	0.0291	218	0.0193	53
襄阳	0.0481	102	0.0309	191	0.0172	70

续表

城市	一级指标		二级指标			
	资源与环境效率指标		资源效率指标		环境效率指标	
	指数值	排名	指数值	排名	指数值	排名
南阳	0.0481	103	0.0373	70	0.0108	149
乐山	0.0480	104	0.0392	43	0.0088	188
揭阳	0.0479	105	0.0333	132	0.0146	93
武威	0.0479	106	0.0364	81	0.0115	139
沧州	0.0478	107	0.0337	117	0.0141	97
驻马店	0.0477	108	0.0405	27	0.0072	228
安康	0.0476	109	0.0404	28	0.0072	223
太原	0.0476	110	0.0181	268	0.0295	21
湖州	0.0475	111	0.0329	148	0.0146	94
唐山	0.0473	112	0.0294	215	0.0178	64
枣庄	0.0472	113	0.0343	104	0.0129	117
滁州	0.0472	114	0.0383	51	0.0089	186
蚌埠	0.0471	115	0.0341	107	0.0130	116
银川	0.0470	116	0.0311	188	0.0159	81
漯河	0.0466	117	0.0362	82	0.0104	158
酒泉	0.0466	118	0.0379	62	0.0087	191
柳州	0.0465	119	0.0326	156	0.0139	99
新余	0.0465	120	0.0304	200	0.0161	78
日照	0.0463	121	0.0339	113	0.0124	126
泰安	0.0463	122	0.0336	120	0.0126	124
双鸭山	0.0461	123	0.0367	77	0.0093	178
石家庄	0.0460	124	0.0327	154	0.0133	112
池州	0.0460	125	0.0368	76	0.0093	181
玉林	0.0460	126	0.0297	208	0.0163	77
连云港	0.0459	127	0.0358	88	0.0101	159
新乡	0.0459	128	0.0377	63	0.0082	206
泸州	0.0459	129	0.0373	68	0.0086	193
固原	0.0459	130	0.0401	34	0.0058	258
河源	0.0459	131	0.0321	169	0.0138	104
张家界	0.0457	132	0.0379	61	0.0078	213

续表

城市	一级指标		二级指标			
	资源与环境效率指标		资源效率指标		环境效率指标	
	指数值	排名	指数值	排名	指数值	排名
茂名	0.0457	133	0.0328	153	0.0129	118
广安	0.0457	134	0.0395	38	0.0062	246
兰州	0.0456	135	0.0350	96	0.0106	153
渭南	0.0454	136	0.0403	29	0.0051	270
开封	0.0453	137	0.0376	66	0.0078	215
安顺	0.0452	138	0.0373	69	0.0079	209
眉山	0.0452	139	0.0402	33	0.0051	272
廊坊	0.0451	140	0.0329	147	0.0122	131
平凉	0.0450	141	0.0392	44	0.0059	257
咸阳	0.0450	142	0.0367	78	0.0083	204
内江	0.0449	143	0.0382	54	0.0067	234
平顶山	0.0449	144	0.0383	52	0.0066	237
防城港	0.0449	145	0.0335	125	0.0113	141
盘锦	0.0447	146	0.0387	48	0.0061	247
安庆	0.0447	147	0.0364	80	0.0083	205
潍坊	0.0447	148	0.0326	159	0.0120	133
牡丹江	0.0446	149	0.0352	95	0.0094	175
汉中	0.0445	150	0.0372	71	0.0072	223
湘潭	0.0444	151	0.0360	85	0.0084	194
六盘水	0.0443	152	0.0288	220	0.0155	84
丽水	0.0443	153	0.0319	176	0.0124	128
西安	0.0443	154	0.0331	139	0.0112	144
娄底	0.0442	155	0.0391	45	0.0051	271
汕尾	0.0441	156	0.0336	121	0.0105	155
达州	0.0440	157	0.0380	60	0.0060	254
广元	0.0440	158	0.0376	64	0.0064	241
钦州	0.0439	159	0.0326	155	0.0113	142
阜阳	0.0438	160	0.0382	53	0.0056	264
宜宾	0.0435	161	0.0370	75	0.0065	240
通辽	0.0434	162	0.0370	74	0.0064	242

续表

城市	一级指标		二级指标			
	资源与环境效率指标		资源效率指标		环境效率指标	
	指数值	排名	指数值	排名	指数值	排名
阳江	0.0433	163	0.0315	183	0.0119	134
马鞍山	0.0432	164	0.0311	189	0.0122	132
汕头	0.0432	165	0.0337	118	0.0096	166
临沂	0.0431	166	0.0336	119	0.0095	169
呼伦贝尔	0.0431	167	0.0337	116	0.0094	173
铜川	0.0431	168	0.0383	50	0.0048	275
清远	0.0430	169	0.0301	203	0.0129	118
中卫	0.0430	170	0.0381	57	0.0050	273
湛江	0.0429	171	0.0331	144	0.0098	162
鄂州	0.0427	172	0.0331	140	0.0096	165
齐齐哈尔	0.0425	173	0.0398	35	0.0028	284
包头	0.0423	174	0.0292	216	0.0131	114
天水	0.0422	175	0.0326	160	0.0096	167
丹东	0.0421	176	0.0360	83	0.0061	247
德州	0.0420	177	0.0332	135	0.0087	190
鹤壁	0.0419	178	0.0367	79	0.0052	268
莱芜	0.0418	179	0.0326	158	0.0092	182
聊城	0.0418	180	0.0328	150	0.0089	185
淮北	0.0417	181	0.0347	101	0.0070	231
锦州	0.0417	182	0.0332	134	0.0084	195
临沧	0.0416	183	0.0262	237	0.0154	85
景德镇	0.0416	184	0.0332	136	0.0084	197
洛阳	0.0415	185	0.0256	241	0.0159	82
朝阳	0.0415	186	0.0354	92	0.0061	247
荆门	0.0414	187	0.0316	182	0.0098	163
黄山	0.0413	188	0.0277	227	0.0137	105
安阳	0.0413	189	0.0350	97	0.0063	245
铜仁	0.0411	190	0.0306	198	0.0105	156
黄石	0.0410	191	0.0306	199	0.0104	157
邯郸	0.0410	192	0.0324	165	0.0086	192

续表

城市	一级指标		二级指标			
	资源与环境效率指标		资源效率指标		环境效率指标	
	指数值	排名	指数值	排名	指数值	排名
江门	0.0410	193	0.0281	224	0.0129	118
吉安	0.0409	194	0.0325	163	0.0084	197
重庆	0.0409	195	0.0281	223	0.0128	122
遵义	0.0408	196	0.0301	202	0.0106	152
济宁	0.0407	197	0.0306	197	0.0100	160
岳阳	0.0406	198	0.0340	112	0.0067	236
衡阳	0.0405	199	0.0331	142	0.0074	219
昆明	0.0405	200	0.0103	279	0.0302	19
萍乡	0.0404	201	0.0333	129	0.0071	229
菏泽	0.0403	202	0.0333	130	0.0070	232
宜春	0.0403	203	0.0319	177	0.0084	197
昭通	0.0401	204	0.0335	126	0.0066	238
郴州	0.0399	205	0.0264	236	0.0135	108
保定	0.0396	206	0.0312	186	0.0084	202
益阳	0.0395	207	0.0332	138	0.0064	244
永州	0.0395	208	0.0316	181	0.0079	211
贵阳	0.0393	209	0.0169	271	0.0225	42
六安	0.0393	210	0.0298	207	0.0095	171
焦作	0.0390	211	0.0251	245	0.0139	98
鸡西	0.0389	212	0.0340	109	0.0049	274
丽江	0.0389	213	0.0265	234	0.0124	129
西宁	0.0387	214	0.0314	184	0.0073	221
海东	0.0387	214	0.0314	184	0.0073	221
衡水	0.0385	216	0.0333	133	0.0052	269
张家口	0.0384	217	0.0326	162	0.0059	256
韶关	0.0383	218	0.0298	206	0.0084	196
贵港	0.0383	219	0.0326	157	0.0056	262
梧州	0.0381	220	0.0242	248	0.0139	100
鹰潭	0.0381	221	0.0297	209	0.0084	197
邢台	0.0380	222	0.0320	174	0.0060	255

续表

城市	一级指标		二级指标			
	资源与环境效率指标		资源效率指标		环境效率指标	
	指数值	排名	指数值	排名	指数值	排名
吉林	0.0378	223	0.0223	256	0.0156	83
大同	0.0377	224	0.0307	195	0.0071	230
桂林	0.0377	225	0.0271	232	0.0106	154
梅州	0.0376	226	0.0318	179	0.0058	259
石嘴山	0.0375	227	0.0251	244	0.0124	127
肇庆	0.0371	228	0.0243	247	0.0128	121
南平	0.0370	229	0.0256	240	0.0114	140
随州	0.0370	230	0.0233	253	0.0136	106
朔州	0.0370	231	0.0296	211	0.0073	220
淮南	0.0367	232	0.0309	190	0.0058	260
儋州	0.0364	233	0.0339	114	0.0025	286
曲靖	0.0363	234	0.0307	196	0.0057	261
白山	0.0363	235	0.0272	231	0.0091	183
邵阳	0.0362	236	0.0285	221	0.0077	216
赣州	0.0362	237	0.0278	226	0.0084	197
云浮	0.0361	238	0.0209	261	0.0152	88
巴彦淖尔	0.0361	239	0.0268	233	0.0093	179
鹤岗	0.0359	240	0.0328	151	0.0031	280
乌海	0.0359	241	0.0198	265	0.0161	79
宿州	0.0353	242	0.0297	210	0.0056	263
滨州	0.0350	243	0.0273	229	0.0077	217
阜新	0.0348	244	0.0321	170	0.0027	285
抚州	0.0344	245	0.0255	242	0.0088	187
晋中	0.0342	246	0.0322	168	0.0020	289
九江	0.0342	247	0.0254	243	0.0088	189
保山	0.0340	248	0.0264	235	0.0076	218
晋城	0.0338	249	0.0259	238	0.0079	210
佳木斯	0.0337	250	0.0272	230	0.0065	239
七台河	0.0337	251	0.0308	194	0.0029	282
十堰	0.0337	252	0.0163	272	0.0174	67

续表

城市	一级指标		二级指标			
	资源与环境效率指标		资源效率指标		环境效率指标	
	指数值	排名	指数值	排名	指数值	排名
三门峡	0.0336	253	0.0198	264	0.0138	101
葫芦岛	0.0335	254	0.0291	217	0.0044	276
孝感	0.0329	255	0.0213	259	0.0116	138
普洱	0.0324	256	0.0234	252	0.0090	184
抚顺	0.0323	257	0.0212	260	0.0112	145
铁岭	0.0322	258	0.0299	205	0.0023	287
秦皇岛	0.0321	259	0.0222	257	0.0099	161
伊春	0.0311	260	0.0295	214	0.0016	290
吕梁	0.0300	261	0.0239	251	0.0061	251
商洛	0.0298	262	0.0225	255	0.0072	223
玉溪	0.0296	263	0.0113	278	0.0183	61
临汾	0.0295	264	0.0240	250	0.0056	265
忻州	0.0289	265	0.0228	254	0.0061	251
呼和浩特	0.0287	266	0.0155	274	0.0132	113
白银	0.0286	267	0.0258	239	0.0028	283
陇南	0.0286	268	0.0249	246	0.0037	279
长治	0.0286	269	0.0219	258	0.0067	235
怀化	0.0280	270	0.0202	262	0.0078	214
宝鸡	0.0271	271	0.0176	269	0.0095	170
荆州	0.0266	272	0.0085	280	0.0181	62
嘉峪关	0.0255	273	0.0157	273	0.0098	164
河池	0.0247	274	0.0174	270	0.0072	227
来宾	0.0243	275	0.0202	263	0.0041	277
咸宁	0.0243	276	0.0149	275	0.0094	177
吴忠	0.0230	277	0.0192	267	0.0038	278
崇左	0.0227	278	0.0197	266	0.0030	281
攀枝花	0.0218	279	0.0065	284	0.0153	87
赤峰	0.0212	280	0.0134	276	0.0078	212
宜昌	0.0199	281	0.0064	285	0.0135	109
运城	0.0178	282	0.0117	277	0.0061	251

续表

城市	一级指标		二级指标			
	资源与环境效率指标		资源效率指标		环境效率指标	
	指数值	排名	指数值	排名	指数值	排名
阳泉	0.0170	283	0.0039	287	0.0130	115
鞍山	0.0157	284	0.0076	281	0.0081	207
本溪	0.0149	285	0.0036	288	0.0112	143
百色	0.0139	286	0.0075	282	0.0064	243
辽阳	0.0130	287	0.0069	283	0.0061	247
上饶	0.0129	288	0.0034	290	0.0095	168
承德	0.0125	289	0.0055	286	0.0069	233
金昌	0.0056	290	0.0035	289	0.0021	288

注：1. 本表根据“中国城市绿色竞争力指数指标体系”中资源与环境效率的指数指标体系，各指标依据 2015 年数据测算而得。2. 本表各参评城市按照资源与环境效率的指数值从大到小排序；3. 本表一级指标“资源与环境效率”指数值等于两个二级指标“资源效率指标”和“环境效率指标”指数值之和。4. 本表测度结果保留 4 位小数，如果指数相同排名相同说明两市测算的指数完全一样，如果指数相同但排名不同则是小数点四舍五入的结果，说明指数值在小数点后 4 位之后有差异，本章节此后所有测度结果均采用该方法保留 4 位小数。5. 以上数据及排名根据《中国统计年鉴 2016》《2015 中国环境统计年报》《中国环境统计年鉴 2016》《中国城市统计年鉴 2016》《中国城市建设统计年鉴 2016》《中国区域经济统计年鉴 2016》及人工整理测算。6. 为便于后文进行比较分析，基于算术平均方法，我们测算得到 290 个参评城市资源与环境效率的平均水平为 0.0464，资源效率指标的平均水平为 0.0319，环境效率指标的平均水平为 0.0145。

从表 4–1 中可以看出，2015 年中国 290 个城市资源与环境效率中，指数值最高的城市是深圳，达到 0.1414；最低的城市是金昌，仅为 0.0056。290 个参评城市中，有 120 个城市资源与环境效率高出或等于全国平均水平。排在前 20 位的城市依次是深圳、无锡、长沙、北京、苏州、克拉玛依、常州、海口、贺州、长春、杭州、上海、南充、成都、资阳、庆阳、广州、松原、榆林、武汉。其中，资源效率指标排名前 20 位的城市依次是榆林、黑河、庆阳、资阳、漳州、泉州、绥化、周口、信阳、松原、宁德、许昌、商丘、三明、延安、泰州、哈尔滨、鄂尔多斯、通化、定西；环境效率指标排名前 20 位的城市依次是深圳、长沙、北京、无锡、克拉玛依、贺州、苏州、海口、常州、杭州、上海、广州、南充、成都、宁波、厦门、长春、武汉、昆明、南京。2015 年中国 290 个城市资源与环境效率排名前 20 位和后 20 位的具体情况如图 4–1 所示。

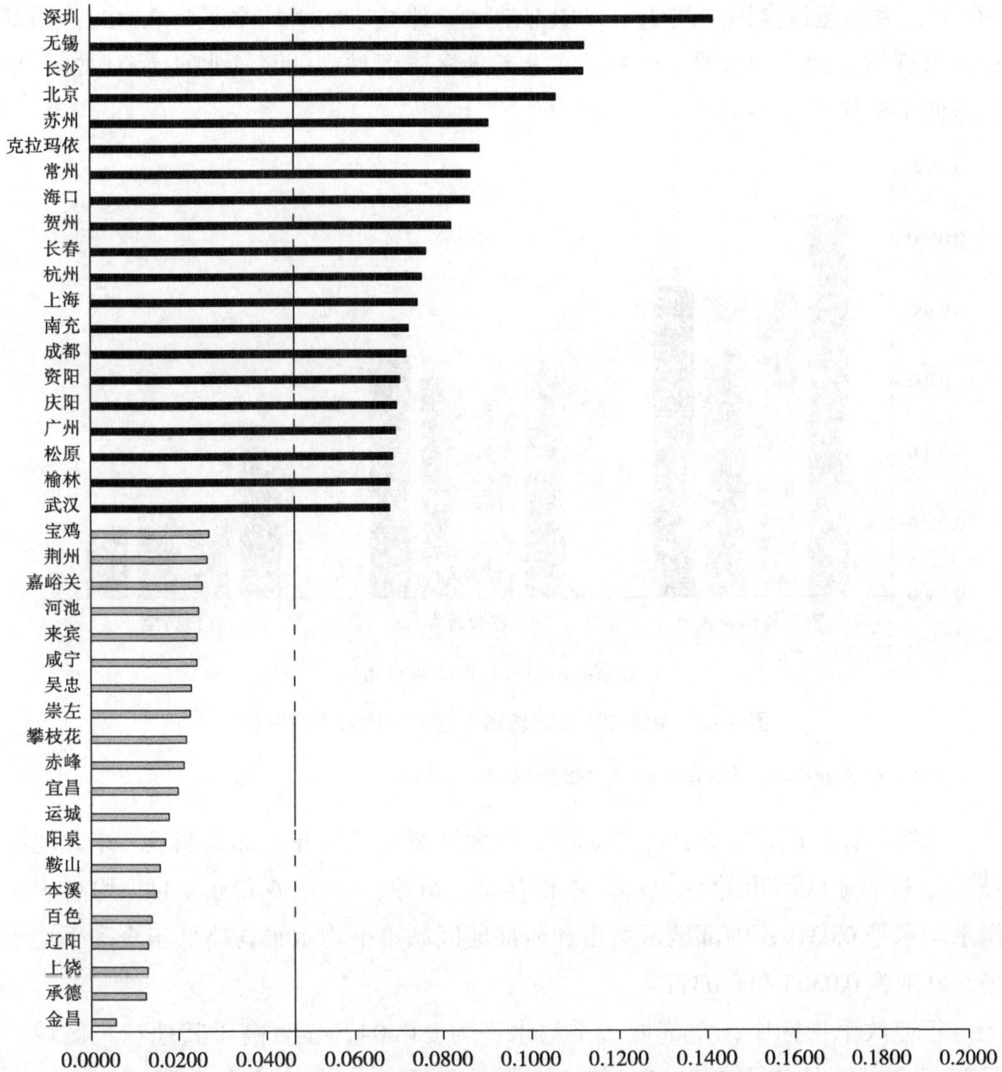

图 4-1　中国城市资源与环境效率排名前 20 位和后 20 位的城市

注：本图根据表 4-1 制作。指数值由高到低排列，虚线表示所有参评城市资源与环境效率的平均值。

根据表 4-1 和图 4-1，下面进一步从城市资源与环境效率区域间差异、城市资源与环境效率区域内差异以及 2015 中国城市绿色竞争力指数与城市资源与环境效率的相关关系三个方面进行分析。

（一）城市资源与环境效率区间差异分析

资源与环境效率具有东部地区城市明显好于中部、西部和东北地区城市的地域分化格局。具体如图 4-2 所示。其中，东部地区参评城市的平均水平达到

0.0537，大幅超过全国平均水平；中部地区参评城市的平均水平为 0.0423，西部地区参评城市的平均水平 0.0436，东北部地区参评城市的平均水平为 0.0438，均明显低于全国平均水平。

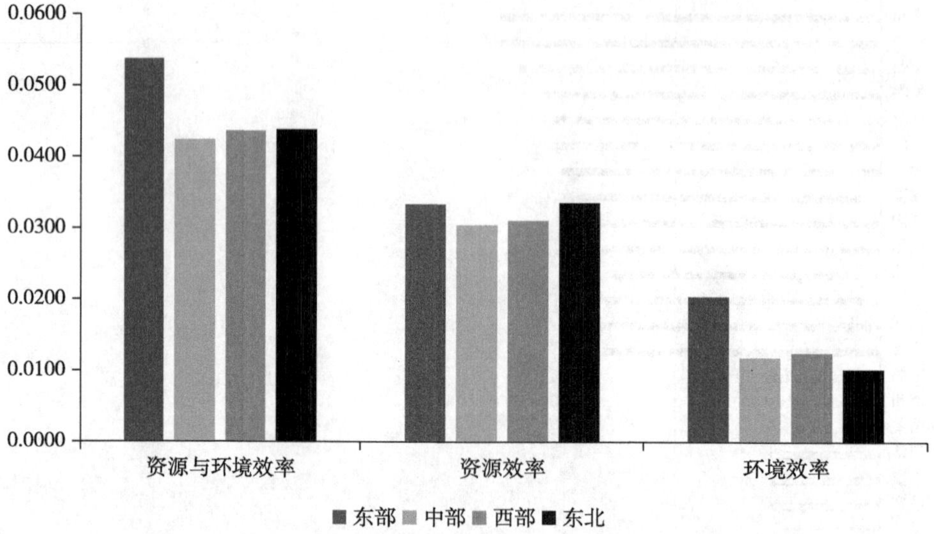

图 4-2　中国四大区域城市资源与环境效率对照图

注：本图数据为四大区域中参评城市的各项指数值的算术平均值。

二级指标方面，资源效率指标中，四大区域的差别并不那么明显。东北地区城市与东部地区城市的平均水平差距甚微，分别为 0.0336 和 0.0334，均高于全国平均水平 0.0319；中部地区城市和西部地区城市平均水平均略低于全国平均水平，分别为 0.0305 和 0.0311。

环境效率指标中，东部城市平均水平为 0.0204，显著高于其他三个区域，且高于全国平均水平 0.0145。其余三个地区平均水平均未及全国平均水平，平均水平分别为中部地区城市 0.0119，西部地区城市 0.0125，东北地区城市 0.0102。

（二）城市资源与环境效率区域内差异分析

城市资源与环境效率在区域间呈现东部城市较好，东北地区和西部地区城市次之，中部城市较弱的局面，而且区域内部的各城市之间的差异较为明显。

1. 东部地区城市资源与环境效率指数及排名

2015 年中国东部地区城市资源与环境效率指数及排名如表 4-2 所示。

表 4-2　中国东部地区城市资源与环境效率指数及排名

城市	指数值	所有参评城市排名	区域内部排名	城市	指数值	所有参评城市排名	区域内部排名
深圳	0.1414	1	1	衢州	0.0500	90	45
无锡	0.1122	2	2	烟台	0.0489	95	46
北京	0.1057	4	3	嘉兴	0.0486	97	47
苏州	0.0904	5	4	潮州	0.0485	99	48
常州	0.0863	7	5	揭阳	0.0479	105	49
海口	0.0862	8	6	沧州	0.0478	107	50
杭州	0.0753	11	7	湖州	0.0475	111	51
上海	0.0743	12	8	唐山	0.0473	112	52
广州	0.0693	17	9	枣庄	0.0472	113	53
宁波	0.0677	21	10	日照	0.0463	121	54
厦门	0.0667	22	11	泰安	0.0463	122	55
镇江	0.0667	23	12	石家庄	0.0460	124	56
泉州	0.0661	25	13	连云港	0.0459	127	57
扬州	0.0649	26	14	河源	0.0459	131	58
南通	0.0645	27	15	茂名	0.0457	133	59
天津	0.0635	28	16	廊坊	0.0451	140	60
青岛	0.0634	29	17	潍坊	0.0447	148	61
威海	0.0629	30	18	丽水	0.0443	153	62
泰州	0.0622	34	19	汕尾	0.0441	156	63
南京	0.0618	35	20	阳江	0.0433	163	64
漳州	0.0614	36	21	汕头	0.0432	165	65
宁德	0.0611	37	22	临沂	0.0431	166	66
三亚	0.0610	38	23	清远	0.0430	169	67
东营	0.0605	39	24	湛江	0.0429	171	68
三明	0.0584	41	25	德州	0.0420	177	69
济南	0.0573	44	26	莱芜	0.0418	179	70
盐城	0.0570	46	27	聊城	0.0418	180	71
绍兴	0.0569	47	28	邯郸	0.0410	192	72
福州	0.0564	49	29	江门	0.0410	193	73
温州	0.0561	50	30	济宁	0.0407	197	74
莆田	0.0561	51	31	菏泽	0.0403	202	75

续表

城市	指数值	所有参评城市排名	区域内部排名	城市	指数值	所有参评城市排名	区域内部排名
徐州	0.0549	59	32	保定	0.0396	206	76
佛山	0.0546	62	33	衡水	0.0385	216	77
舟山	0.0544	64	34	张家口	0.0384	217	78
淄博	0.0543	65	35	韶关	0.0383	218	79
中山	0.0542	66	36	邢台	0.0380	222	80
宿迁	0.0539	68	37	梅州	0.0376	226	81
惠州	0.0526	76	38	肇庆	0.0371	228	82
淮安	0.0524	77	39	南平	0.0370	229	83
台州	0.0521	80	40	儋州	0.0364	233	84
金华	0.0511	83	41	云浮	0.0361	238	85
龙岩	0.0508	85	42	滨州	0.0350	243	86
东莞	0.0505	86	43	秦皇岛	0.0321	259	87
珠海	0.0500	89	44	承德	0.0125	289	88

注：本表根据表 4–1 整理。

东部地区参评的 88 个城市中，只有 6 个城市位居所有参评城市的前 10 位，分别是深圳、无锡、北京、苏州、常州和海口。仅占东部参评城市的 6.82%。其中深圳以 0.1414 的指数值位居所有参评城市第一位，远高于其他东部参评城市。除深圳外，东部地区的无锡、北京、苏州、常州、海口、杭州、上海、广州、宁波、厦门、镇江、泉州、扬州、南通、天津、青岛、威海、泰州、南京、漳州、宁德、三亚、东营、三明、济南、盐城、绍兴、福州、温州、莆田、徐州、佛山、舟山、淄博、中山、宿迁、惠州、淮安、台州、金华、龙岩、东莞、珠海、衢州、烟台、嘉兴、潮州、揭阳、沧州、湖州、唐山和枣庄位于所有参评城市的第 2 位至第 113 位，上述 52 个城市均高于全国平均水平。而东部的日照、泰安和石家庄等 35 个城市的资源与环境效率低于全国平均水平，其中承德以 0.0125 的指数值位居所有参评城市的倒数第二位。但总的来说，东部大部分城市资源与环境效率位居全国中游及以上。

2. 中部地区城市资源与环境效率指数及排名

2015 年中国中部地区城市资源与环境效率指数及排名如表 4–3 所示。

表 4–3　中国中部地区城市资源与环境效率指数及排名

城市	指数值	所有参评城市排名	区域内部排名	城市	指数值	所有参评城市排名	区域内部排名
长沙	0.1120	3	1	荆门	0.0414	187	41
武汉	0.0680	20	2	黄山	0.0413	188	42
合肥	0.0622	33	3	安阳	0.0413	189	43
许昌	0.0600	40	4	黄石	0.0410	191	44
信阳	0.0571	45	5	吉安	0.0409	194	45
黄冈	0.0566	48	6	岳阳	0.0406	198	46
周口	0.0559	52	7	衡阳	0.0405	199	47
南昌	0.0552	56	8	萍乡	0.0404	201	48
常德	0.0549	57	9	宜春	0.0403	203	49
郑州	0.0545	63	10	郴州	0.0399	205	50
商丘	0.0540	67	11	益阳	0.0395	207	51
铜陵	0.0529	72	12	永州	0.0395	208	52
濮阳	0.0512	82	13	六安	0.0393	210	53
亳州	0.0501	88	14	焦作	0.0390	211	54
芜湖	0.0492	92	15	鹰潭	0.0381	221	55
宣城	0.0487	96	16	大同	0.0377	224	56
株洲	0.0486	98	17	随州	0.0370	230	57
襄阳	0.0481	102	18	朔州	0.0370	231	58
南阳	0.0481	103	19	淮南	0.0367	232	59
驻马店	0.0477	108	20	邵阳	0.0362	236	60
太原	0.0476	110	21	赣州	0.0362	237	61
滁州	0.0472	114	22	宿州	0.0353	242	62
蚌埠	0.0471	115	23	抚州	0.0344	245	63
漯河	0.0466	117	24	晋中	0.0342	246	64
新余	0.0465	120	25	九江	0.0342	247	65
池州	0.0460	125	26	晋城	0.0338	249	66
新乡	0.0459	128	27	十堰	0.0337	252	67
张家界	0.0457	132	28	三门峡	0.0336	253	68
开封	0.0453	137	29	孝感	0.0329	255	69
平顶山	0.0449	144	30	吕梁	0.0300	261	70
安庆	0.0447	147	31	临汾	0.0295	264	71

续表

城市	指数值	所有参评城市排名	区域内部排名	城市	指数值	所有参评城市排名	区域内部排名
湘潭	0.0444	151	32	忻州	0.0289	265	72
娄底	0.0442	155	33	长治	0.0286	269	73
阜阳	0.0438	160	34	怀化	0.0280	270	74
马鞍山	0.0432	164	35	荆州	0.0266	272	75
鄂州	0.0427	172	36	咸宁	0.0243	276	76
鹤壁	0.0419	178	37	宜昌	0.0199	281	77
淮北	0.0417	181	38	运城	0.0178	282	78
景德镇	0.0416	184	39	阳泉	0.0170	283	79
洛阳	0.0415	185	40	上饶	0.0129	288	80

注：本表根据表 4-1 整理。

中部地区参评的80个城市中，仅有长沙位居所有参评城市的前10位。武汉、合肥、许昌、信阳、黄冈、周口、南昌、常德、郑州、商丘、铜陵、濮阳、亳州、芜湖、宣城、株洲、襄阳、南阳、驻马店、太原、滁州、蚌埠、漯河和新余这 24 个城市位居所有参评城市的第 20 位至第 120 位，其资源与环境效率高于全国平均水平。池州、新乡和张家界等 55 个城市位居所有参评城市的第 125 位至第 288 位，资源与环境效率低于全国平均水平。其中上饶以 0.0129 的指数值位居所有中部地区参评城市的最后一位。中部大部分城市资源与环境效率在全国排名处于中后位置。

3. 西部地区城市资源与环境效率指数及排名

2015 年中国西部地区城市资源与环境效率指数及排名如表 4-4 所示。

表 4-4　中国西部地区城市资源与环境效率指数及排名

城市	指数值	所有参评城市排名	区域内部排名	城市	指数值	所有参评城市排名	区域内部排名
克拉玛依	0.0884	6	1	达州	0.0440	157	45
贺州	0.0820	9	2	广元	0.0440	158	46
南充	0.0723	13	3	钦州	0.0439	159	47
成都	0.0718	14	4	宜宾	0.0435	161	48
资阳	0.0704	15	5	通辽	0.0434	162	49
庆阳	0.0696	16	6	呼伦贝尔	0.0431	167	50

续表

城市	指数值	所有参评城市排名	区域内部排名	城市	指数值	所有参评城市排名	区域内部排名
榆林	0.0681	19	7	铜川	0.0431	168	51
延安	0.0623	32	8	中卫	0.0430	170	52
德阳	0.0555	53	9	包头	0.0423	174	53
遂宁	0.0553	54	10	天水	0.0422	175	54
乌兰察布	0.0549	58	11	临沧	0.0416	183	55
乌鲁木齐	0.0536	69	12	铜仁	0.0411	190	56
鄂尔多斯	0.0535	70	13	重庆	0.0409	195	57
拉萨	0.0529	71	14	遵义	0.0408	196	58
北海	0.0527	75	15	昆明	0.0405	200	59
巴中	0.0523	78	16	昭通	0.0401	204	60
自贡	0.0517	81	17	贵阳	0.0393	209	61
南宁	0.0501	87	18	丽江	0.0389	213	62
定西	0.0492	91	19	西宁	0.0387	214	63
雅安	0.0491	93	20	海东	0.0387	214	64
绵阳	0.0490	94	21	贵港	0.0383	219	65
毕节	0.0484	100	22	梧州	0.0381	220	66
张掖	0.0483	101	23	桂林	0.0377	225	67
乐山	0.0480	104	24	石嘴山	0.0375	227	68
武威	0.0479	106	25	曲靖	0.0363	234	69
安康	0.0476	109	26	巴彦淖尔	0.0361	239	70
银川	0.0470	116	27	乌海	0.0359	241	71
酒泉	0.0466	118	28	保山	0.0340	248	72
柳州	0.0465	119	29	普洱	0.0324	256	73
玉林	0.0460	126	30	商洛	0.0298	262	74
泸州	0.0459	129	31	玉溪	0.0296	263	75
固原	0.0459	130	32	呼和浩特	0.0287	266	76
广安	0.0457	134	33	白银	0.0286	267	77
兰州	0.0456	135	34	陇南	0.0286	268	78
渭南	0.0454	136	35	宝鸡	0.0271	271	79
安顺	0.0452	138	36	嘉峪关	0.0255	273	80
眉山	0.0452	139	37	河池	0.0247	274	81

续表

城市	指数值	所有参评城市排名	区域内部排名	城市	指数值	所有参评城市排名	区域内部排名
平凉	0.0450	141	38	来宾	0.0243	275	82
咸阳	0.0450	142	39	吴忠	0.0230	277	83
内江	0.0449	143	40	崇左	0.0227	278	84
防城港	0.0449	145	41	攀枝花	0.0218	279	85
汉中	0.0445	150	42	赤峰	0.0212	280	86
六盘水	0.0443	152	43	百色	0.0139	286	87
西安	0.0443	154	44	金昌	0.0056	290	88

注：本表根据表 4-1 整理。

西部地区参评的 88 个城市中，有克拉玛依和贺州 2 个城市位居所有参评城的前 10 位。除此之外，西部地区的南充、成都、资阳、庆阳、榆林、延安、德阳、遂宁、乌兰布察、乌鲁木齐、鄂尔多斯、拉萨、北海、巴中、自贡、南宁、定西、雅安、绵阳、毕节、张掖、乐山、武威、安康、银川、酒泉和柳州 27 个城市的资源与环境效率也高于全国平均水平。而西部地区的玉林、泸州、固原等 59 个城市的资源与环境效率低于全国平均水平，其中金昌以 0.0056 的指数值位居所有参评城市的最后一位。总的来看，西部地区有近半城市资源环境承载潜力位居全国中游及以上。

4. 东北地区城市资源与环境效率指数及排名

2015 年中国东北地区城市资源与环境效率指数及排名如表 4-5 所示。

表 4-5 中国东北地区城市资源与环境效率指数及排名

城市	指数值	所有参评城市排名	区域内部排名	城市	指数值	所有参评城市排名	区域内部排名
长春	0.0763	10	1	丹东	0.0421	176	18
松原	0.0687	18	2	锦州	0.0417	182	19
辽源	0.0661	24	3	朝阳	0.0415	186	20
黑河	0.0629	31	4	鸡西	0.0389	212	21
绥化	0.0578	42	5	吉林	0.0378	223	22
四平	0.0575	43	6	白山	0.0363	235	23
哈尔滨	0.0552	55	7	鹤岗	0.0359	240	24
大连	0.0549	60	8	阜新	0.0348	244	25

续表

城市	指数值	所有参评城市排名	区域内部排名	城市	指数值	所有参评城市排名	区域内部排名
通化	0.0547	61	9	佳木斯	0.0337	250	26
白城	0.0528	73	10	七台河	0.0337	251	27
沈阳	0.0528	74	11	葫芦岛	0.0335	254	28
大庆	0.0523	79	12	抚顺	0.0323	257	29
营口	0.0508	84	13	铁岭	0.0322	258	30
双鸭山	0.0461	123	14	伊春	0.0311	260	31
盘锦	0.0447	146	15	鞍山	0.0157	284	32
牡丹江	0.0446	149	16	本溪	0.0149	285	33
齐齐哈尔	0.0425	173	17	辽阳	0.0130	287	34

注：本表根据表 4–1 整理。

东北地区参评的 34 个城市中，长春排名第 10 位，是区域内唯一位居全国所有参评城市排名前 10 位的城市。松原、辽源、黑河、绥化、四平、哈尔滨、大连、通化、白城、沈阳、大庆和营口 12 个城市的资源与环境效率也高于全国平均水平。而双鸭山、盘锦和牡丹江等 21 个城市的资源与环境效率低于全国平均水平，其中辽阳以 0.0130 的指数值位居东北地区参评城市的最后一位。东北地区城市资源与环境效率位居全国中下游的偏多。

（三）城市资源与环境效率对中国城市绿色竞争力指数影响分析

对比 2015 国城市绿色竞争力指数与城市资源与环境效率后发现，290 个参评城市中，有 134 个城市资源与环境效率排名高于中国城市绿色竞争力指数排名，这表明这些城市的资源与环境效率推高了城市整体绿色竞争力水平，如深圳、长沙、无锡等；有 156 个城市资源与环境效率排名低于中国城市绿色竞争力指数排名，这表明这些城市资源与环境效率拉低了城市的整体绿色竞争力水平，如北京、上海、广州等。

从影响的程度看，城市源与环境效率与中国城市绿色竞争力指数排名差异较大（超过 50 名）的城市有 109 个，占所有城市的 37.59%。如周口、呼和浩特、昆明等，这表明这些城市的资源与环境效率对绿色竞争力指数总排名影响明显；其中，周口和呼和浩特的排名差异最大，均相差 226 名。周口市的绿色竞争力指数排名第 278 位，位于所有城市中的后 20 名，但其资源与环境效率排名较为靠前为第 52 位；呼和浩特绿色竞争力指数位列第 40 位，而资源与环境效率仅位居所有参评城市第 266 位，这主要是因为其作为内蒙古自治区首府，经济发展与科技进步水平较为领先，拉高了其排名结果。有 181 个城市排名差异较小（50 名以内），如北京、深圳、上海、长沙等，这表明这些城市的资源与环境效率对城市绿色竞争力指数总排名影响不明显。2015 中国城市绿色竞争力指数与城市资源与环境效率排名差异超过 50 位的城市如表 4-6 所示。

表 4-6 中国城市绿色竞争力指数与城市资源与环境效率排名差异超过 50 位的城市

城市	绿色竞争力指数排名	资源与环境效率排名	位次变化	城市	绿色竞争力指数排名	资源与环境效率排名	位次变化
松原	70	18	52	嘉兴	46	97	-51
营口	136	84	52	焦作	159	211	-52
巴中	132	78	54	马鞍山	111	164	-53
汉中	205	150	55	吉安	141	194	-53
中卫	225	170	55	佳木斯	197	250	-53
咸阳	198	142	56	酒泉	64	118	-54
盘锦	203	146	57	晋中	191	246	-55
南阳	161	103	58	商洛	204	262	-58
黑河	93	31	62	兰州	76	135	-59
开封	202	137	65	吉林	164	223	-59
鹤壁	244	178	66	六盘水	91	152	-61
德阳	120	53	67	儋州	172	233	-61
荆门	255	187	68	江门	131	193	-62
衡水	284	216	68	珠海	24	89	-65
防城港	214	145	69	百色	221	286	-65
清远	239	169	70	东莞	19	86	-67
乐山	176	104	72	玉溪	195	263	-68
海东	286	214	72	宝鸡	201	271	-70
阜阳	233	160	73	德州	103	177	-74
平顶山	218	144	74	梅州	152	226	-74
渭南	212	136	76	太原	35	110	-75
黄冈	125	48	77	六安	135	210	-75
许昌	118	40	78	乌海	166	241	-75
临沧	261	183	78	上饶	213	288	-75
朝阳	264	186	78	岳阳	121	198	-77

续表

城市	绿色竞争力指数排名	资源与环境效率排名	位次变化	城市	绿色竞争力指数排名	资源与环境效率排名	位次变化
资阳	96	15	81	韶关	139	218	–79
辽源	106	24	82	潍坊	67	148	–81
通化	143	61	82	南平	148	229	–81
娄底	241	155	86	黄山	105	188	–83
齐齐哈尔	265	173	92	包头	86	174	–88
淮安	173	77	96	河池	185	274	–89
榆林	117	19	98	九江	156	247	–91
延安	130	32	98	赤峰	189	280	–91
南充	112	13	99	巴彦淖尔	147	239	–92
亳州	187	88	99	丽水	57	153	–96
达州	262	157	105	曲靖	138	234	–96
平凉	250	141	109	汕尾	59	156	–97
鄂州	281	172	109	滨州	145	243	–98
绥化	154	42	112	普洱	153	256	–103
双鸭山	236	123	113	重庆	90	195	–105
驻马店	222	108	114	汕头	58	165	–107
揭阳	220	105	115	西宁	107	214	–107
四平	162	43	119	洛阳	77	185	–108
信阳	167	45	122	鹰潭	113	221	–108
内江	267	143	124	丽江	104	213	–109
濮阳	209	82	127	铜仁	80	190	–110
庆阳	144	16	128	秦皇岛	149	259	–110
遂宁	182	54	128	桂林	110	225	–115
定西	229	91	138	郴州	88	205	–117
眉山	277	139	138	西安	31	154	–123
商丘	210	67	143	遵义	72	196	–124
自贡	224	81	143	贵阳	69	209	–140
漯河	273	117	156	昆明	23	200	–177
武威	268	106	162	呼和浩特	40	266	–226
周口	278	52	226				

注：1. 本表根据表 1–4 和表 4–1 整理。2. 表中排名差异为资源与环境效率排名与城市绿色竞争力指数排名之差，正值表示资源与环境效率较之于城市绿色竞争力指数进步的名次，负值表示资源与环境效率较之于城市绿色竞争力指数退后的名次。

二、城市资源与环境效率比较分析

城市资源与环境效率占 2015 中国城市绿色竞争力指数指标总权重的 20%，共由资源效率、环境效率这 2 个二级指标及下属 6 个三级指标构成，包含 1 个正指标和 5 个逆指标。

（一）城市资源效率指标测算结果及分析

城市资源效率指标占资源与环境效率指标总体权重的 33.33%，占城市绿色竞争力指数总权重的 6.67%，是城市绿色竞争力指数中权重最小的一个二级指标之一，对城市绿色竞争力指数的贡献较小。

从指标结构上看，资源效率指标仅包括 2 个三级指标，即单位地区生产总值用水量和工业固体废物综合利用率。单位地区生产总值用水量这一指标是逆指标，占城市绿色竞争力指数的权重为 3.33%，工业固体废物综合利用率这一指标是正指标，占城市绿色竞争力指数的权重同样为 3.33%。具体情况表 4–7 所示。

表 4–7　城市资源效率指标下三级指标、权重及指标属性

指标序号	指标	权重（%）	指标属性
25	单位地区生产总值用水量	3.33%	逆
26	工业固体废物综合利用率	3.33%	正

在对三级指标的原始数据进行标准化处理综合测算后，得出 2015 年中国城市资源效率指数及其排名情况，如表 4–8 所示。

表 4–8　中国城市资源效率指标指数及排名

指 标	资源效率指标		指 标	资源效率指标		指 标	资源效率指标	
城 市	指数值	排名	城 市	指标值	排名	城 市	指数值	排名
榆林	0.0608	1	上海	0.0349	98	大同	0.0307	195
黑河	0.0574	2	海口	0.0349	99	曲靖	0.0307	196
庆阳	0.0563	3	南昌	0.0348	100	济宁	0.0306	197
资阳	0.0483	4	淮北	0.0347	101	铜仁	0.0306	198
漳州	0.0479	5	天津	0.0347	102	黄石	0.0306	199
泉州	0.0472	6	三亚	0.0344	103	新余	0.0304	200
绥化	0.0466	7	枣庄	0.0343	104	黄冈	0.0302	201
周口	0.0465	8	济南	0.0342	105	遵义	0.0301	202
信阳	0.0462	9	青岛	0.0341	106	清远	0.0301	203

续表

指 标	资源效率指标		指 标	资源效率指标		指 标	资源效率指标	
城 市	指数值	排名	城 市	指标值	排名	城 市	指数值	排名
松原	0.0460	10	蚌埠	0.0341	107	东莞	0.0300	204
宁德	0.0460	11	合肥	0.0341	108	铁岭	0.0299	205
许昌	0.0459	12	鸡西	0.0340	109	韶关	0.0298	206
商丘	0.0457	13	大连	0.0340	110	六安	0.0298	207
三明	0.0456	14	铜陵	0.0340	111	玉林	0.0297	208
延安	0.0455	15	岳阳	0.0340	112	鹰潭	0.0297	209
泰州	0.0446	16	日照	0.0339	113	宿州	0.0297	210
哈尔滨	0.0446	17	儋州	0.0339	114	朔州	0.0296	211
鄂尔多斯	0.0441	18	株洲	0.0338	115	杭州	0.0296	212
通化	0.0440	19	呼伦贝尔	0.0337	116	拉萨	0.0295	213
定西	0.0439	20	沧州	0.0337	117	伊春	0.0295	214
四平	0.0438	21	汕头	0.0337	118	唐山	0.0294	215
盐城	0.0432	22	临沂	0.0336	119	包头	0.0292	216
长春	0.0432	23	泰安	0.0336	120	葫芦岛	0.0291	217
辽源	0.0430	24	汕尾	0.0336	121	张掖	0.0291	218
常德	0.0426	25	莆田	0.0336	122	北京	0.0289	219
亳州	0.0406	26	潮州	0.0336	123	六盘水	0.0288	220
驻马店	0.0405	27	威海	0.0336	124	邵阳	0.0285	221
安康	0.0404	28	防城港	0.0335	125	佛山	0.0283	222
渭南	0.0403	29	昭通	0.0335	126	重庆	0.0281	223
毕节	0.0403	30	南宁	0.0335	127	江门	0.0281	224
白城	0.0403	31	巴中	0.0333	128	克拉玛依	0.0281	225
宿迁	0.0402	32	萍乡	0.0333	129	赣州	0.0278	226
眉山	0.0402	33	菏泽	0.0333	130	黄山	0.0277	227
固原	0.0401	34	厦门	0.0333	131	烟台	0.0274	228
齐齐哈尔	0.0398	35	揭阳	0.0333	132	滨州	0.0273	229
濮阳	0.0396	36	衡水	0.0333	133	佳木斯	0.0272	230
徐州	0.0396	37	锦州	0.0332	134	白山	0.0272	231
广安	0.0395	38	德州	0.0332	135	桂林	0.0271	232
德阳	0.0394	39	景德镇	0.0332	136	巴彦淖尔	0.0268	233
南通	0.0394	40	温州	0.0332	137	丽江	0.0265	234
宣城	0.0394	41	益阳	0.0332	138	保山	0.0264	235

续表

指 标	资源效率指标		指 标	资源效率指标		指 标	资源效率指标	
城 市	指数值	排名	城 市	指标值	排名	城 市	指数值	排名
营口	0.0392	42	西安	0.0331	139	郴州	0.0264	236
乐山	0.0392	43	鄂州	0.0331	140	临沧	0.0262	237
平凉	0.0392	44	北海	0.0331	141	晋城	0.0259	238
娄底	0.0391	45	衡阳	0.0331	142	白银	0.0258	239
龙岩	0.0391	46	东营	0.0331	143	南平	0.0256	240
扬州	0.0387	47	湛江	0.0331	144	洛阳	0.0256	241
盘锦	0.0387	48	广州	0.0330	145	抚州	0.0255	242
苏州	0.0384	49	台州	0.0329	146	九江	0.0254	243
铜川	0.0383	50	廊坊	0.0329	147	石嘴山	0.0251	244
滁州	0.0383	51	湖州	0.0329	148	焦作	0.0251	245
平顶山	0.0383	52	淄博	0.0329	149	陇南	0.0249	246
阜阳	0.0382	53	聊城	0.0328	150	肇庆	0.0243	247
内江	0.0382	54	鹤岗	0.0328	151	梧州	0.0242	248
乌兰察布	0.0382	55	绍兴	0.0328	152	贺州	0.0241	249
绵阳	0.0381	56	茂名	0.0328	153	临汾	0.0240	250
中卫	0.0381	57	石家庄	0.0327	154	吕梁	0.0239	251
常州	0.0380	58	钦州	0.0326	155	普洱	0.0234	252
遂宁	0.0380	59	柳州	0.0326	156	随州	0.0233	253
达州	0.0380	60	贵港	0.0326	157	忻州	0.0228	254
张家界	0.0379	61	莱芜	0.0326	158	商洛	0.0225	255
酒泉	0.0379	62	潍坊	0.0326	159	吉林	0.0223	256
新乡	0.0377	63	天水	0.0326	160	秦皇岛	0.0222	257
广元	0.0376	64	长沙	0.0326	161	长治	0.0219	258
镇江	0.0376	65	张家口	0.0326	162	孝感	0.0213	259
开封	0.0376	66	吉安	0.0325	163	抚顺	0.0212	260
淮安	0.0374	67	宁波	0.0324	164	云浮	0.0209	261
泸州	0.0373	68	邯郸	0.0324	165	怀化	0.0202	262
安顺	0.0373	69	乌鲁木齐	0.0324	166	来宾	0.0202	263
南阳	0.0373	70	芜湖	0.0323	167	三门峡	0.0198	264
汉中	0.0372	71	晋中	0.0322	168	乌海	0.0198	265
无锡	0.0372	72	河源	0.0321	169	崇左	0.0197	266
自贡	0.0372	73	阜新	0.0321	170	吴忠	0.0192	267

续表

指 标	资源效率指标		指 标	资源效率指标		指 标	资源效率指标	
城 市	指数值	排名	城 市	指标值	排名	城 市	指数值	排名
通辽	0.0370	74	南京	0.0321	171	太原	0.0181	268
宜宾	0.0370	75	金华	0.0320	172	宝鸡	0.0176	269
池州	0.0368	76	珠海	0.0320	173	河池	0.0174	270
双鸭山	0.0367	77	邢台	0.0320	174	贵阳	0.0169	271
咸阳	0.0367	78	惠州	0.0319	175	十堰	0.0163	272
鹤壁	0.0367	79	丽水	0.0319	176	嘉峪关	0.0157	273
安庆	0.0364	80	宜春	0.0319	177	呼和浩特	0.0155	274
武威	0.0364	81	雅安	0.0318	178	咸宁	0.0149	275
漯河	0.0362	82	梅州	0.0318	179	赤峰	0.0134	276
丹东	0.0360	83	嘉兴	0.0317	180	运城	0.0117	277
南充	0.0360	84	永州	0.0316	181	玉溪	0.0113	278
湘潭	0.0360	85	荆门	0.0316	182	昆明	0.0103	279
大庆	0.0359	86	阳江	0.0315	183	荆州	0.0085	280
深圳	0.0358	87	西宁	0.0314	184	鞍山	0.0076	281
连云港	0.0358	88	海东	0.0314	184	百色	0.0075	282
武汉	0.0358	89	保定	0.0312	186	辽阳	0.0069	283
福州	0.0357	90	郑州	0.0311	187	攀枝花	0.0065	284
成都	0.0355	91	银川	0.0311	188	宜昌	0.0064	285
朝阳	0.0354	92	马鞍山	0.0311	189	承德	0.0055	286
舟山	0.0353	93	淮南	0.0309	190	阳泉	0.0039	287
沈阳	0.0353	94	襄阳	0.0309	191	本溪	0.0036	288
牡丹江	0.0352	95	中山	0.0309	192	金昌	0.0035	289
兰州	0.0350	96	衢州	0.0309	193	上饶	0.0034	290
安阳	0.0350	97	七台河	0.0308	194			

注：本表数据及排名根据《中国统计年鉴 2016》《2015 中国环境统计年报》《中国环境统计年鉴 2016》《中国城市统计年鉴 2016》《中国城市建设统计年鉴 2016》《中国区域经济统计年鉴 2016》及人工整理测算。

从表 4-8 可以看出，全国 290 个城市的资源效率指标测算结果介于 0.0034 ~ 0.0608 之间，极差为 0.0574。高于全国平均水平 0.0319 的城市有 176 个，占全部参评城市的 60.69%，前 20 位的城市分别为榆林、黑河、庆阳、资阳、漳州、泉州、绥化、周口、信阳、松原、宁德、许昌、商丘、三明、延安、泰州、哈尔滨、鄂尔多斯、通化和定西；有 114 个城市的资源效率指标低于全部参评城市平均水平，占比 39.31%，这些城市有宜春、雅安、梅州等，其中本溪、金昌和上饶位居所有参评城市的最后三位，指数值分别为 0.0036、0.0035 和 0.0034。

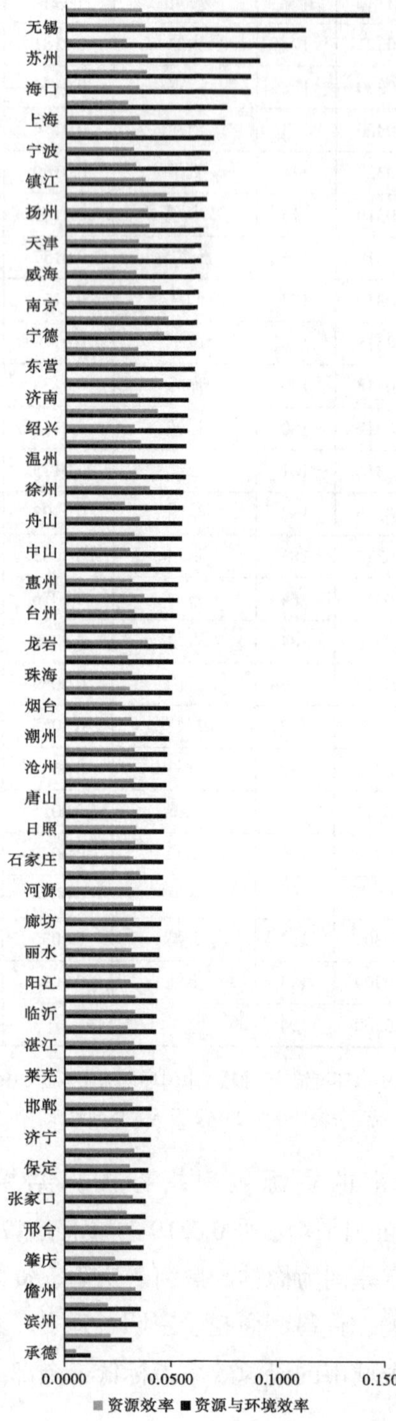

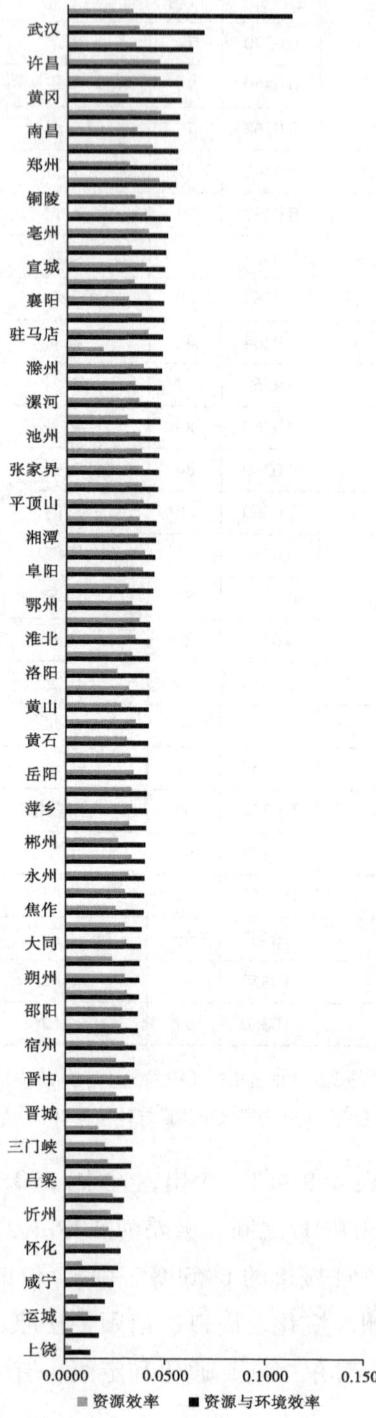

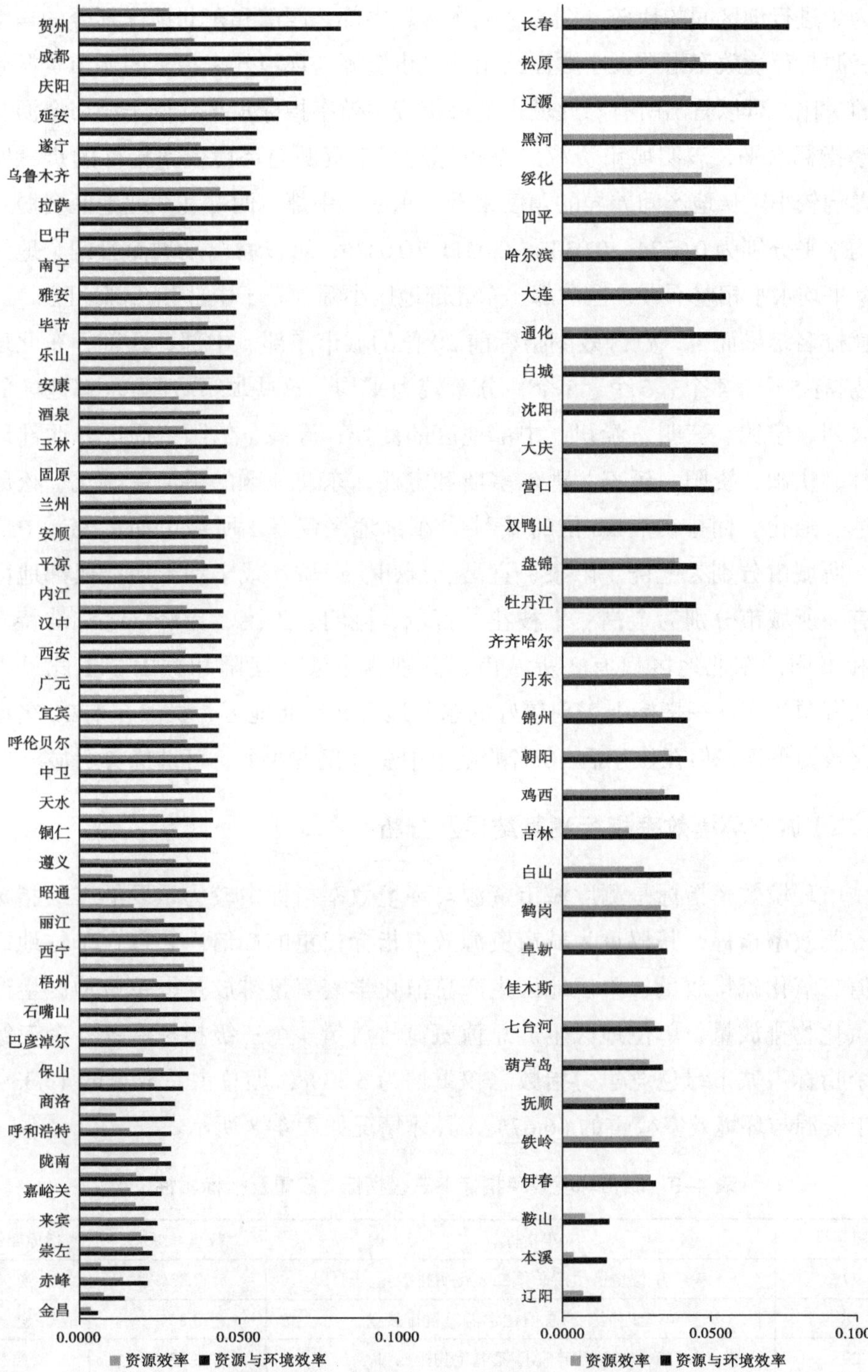

图 4-3　城市资源与环境效率指标同城市资源效率指标对比

注：本图从东部、中部、西部和东北地区划分的角度，根据资源与环境效率指数大小自上至下排列。

为了进行地区间的比较，图 4-3 从东部、中部、西部和东北地区划分的角度，根据资源与环境效率指数大小顺序给出了城市资源与环境效率指标同城市资源效率指标的对比。可以看出所有参评城市的城市资源效率指标水平均低于城市资源与环境效率指标水平，表明城市资源效率指标对城市资源与环境效率指标的贡献度较低，影响较小。从地区间差异的角度来看，东部、中部、西部和东北地区资源效率的平均水平分别为 0.0334、0.0305、0.0311、0.0336，可以看出平均而言四个地区资源效率平均水平相差不大，但东部、东北部地区小幅领先于中部和西部地区。

就排名结果而言，资源效率指标前 20 位的城市东部、中部、西部、东北地区城 分别有 5 个、4 个、6 个、5 个，分布较为平均。这些城 分别为东部地区的漳州、泉州、宁德、三明、泰州，中部地区的商丘、许昌、信阳、周口，西部地区的榆林、庆阳、资阳、延安、鄂尔多斯和定西，东北地区的黑河、绥化、松原、哈尔滨、通化。而排名后 20 位的城 中，东部地区仅有 1 所城市即承德；中部地区有 7 所城市分别为上饶、阳泉、宜昌、荆州、运城、咸宁和十堰；西部地区最多，有 9 所城市分别为金昌、攀枝花、百色、昆明、玉溪、赤峰、呼和浩特、嘉峪关和贵阳；东北地区仅有 3 所城市，分别为本溪、辽阳和鞍山。由此可以看出，在资源效率这一指标上表现较好的东部地区和东北地区，虽然在前 20 名城市中占比较为平均，但在位于后 20 名的城市中总共仅占 4 个，可谓优势明显。

（二）城市环境效率指标测算结果及分析

城市环境效率指标是测度城市资源与环境效率指标中较为重要的二级指标，相比资源效率指标，其权重为城市资源效率指标权重的 2 倍。它包含单位地区生产总值二氧化硫排放量、单位地区生产总值化学需氧量排放量、单位地区生产总值氮氧化物排放量、单位地区生产总值氨氮排放量 4 个三级指标。这 4 个三级指标每个指标占城市绿色竞争力指数总权重均为 3.33%，加总占总权重的 13.33%、占城市资源与环境效率权重的 66.67%，具体情况如表 4-8 所示。

表 4-9　城市环境效率指标下三级指标、权重及指标属性

指标序号	指标	权重（%）	指标属性
27	单位地区生产总值二氧化硫排放量	3.33%	逆
28	单位地区生产总值化学需氧量排放量	3.33%	逆
29	单位地区生产总值氮氧化物排放量	3.33%	逆
30	单位地区生产总值氨氮排放量	3.33%	逆

注：1. 本表内容是由本报告课题组召开的多次研讨会确定的。

在对三级指标原始数据加以标准化处理后，根据表 4-9 中所示的权重，计算得出了本次参评的 290 个城市的环境效率指标的指数值。测算结果和排名如表 4-10 所示。

表 4-10　中国城市环境效率指标指数及排名

指标	环境效率指标		指标	环境效率指标		指标	环境效率指标	
城市	指数值	排名	城市	指标值	排名	城市	指数值	排名
深圳	0.1056	1	焦作	0.0139	98	锦州	0.0084	195
长沙	0.0794	2	柳州	0.0139	99	韶关	0.0084	196
北京	0.0768	3	梧州	0.0139	100	景德镇	0.0084	197
无锡	0.0750	4	三门峡	0.0138	101	吉安	0.0084	197
克拉玛依	0.0603	5	盐城	0.0138	102	宜春	0.0084	197
贺州	0.0579	6	四平	0.0138	103	鹰潭	0.0084	197
苏州	0.0521	7	河源	0.0138	104	赣州	0.0084	197
海口	0.0513	8	黄山	0.0137	105	保定	0.0084	202
常州	0.0483	9	随州	0.0136	106	商丘	0.0083	203
杭州	0.0457	10	宿迁	0.0136	107	咸阳	0.0083	204
上海	0.0394	11	郴州	0.0135	108	安庆	0.0083	205
广州	0.0363	12	宜昌	0.0135	109	新乡	0.0082	206
南充	0.0363	13	漳州	0.0135	110	鞍山	0.0081	207
成都	0.0362	14	庆阳	0.0134	111	毕节	0.0081	208
宁波	0.0353	15	石家庄	0.0133	112	安顺	0.0079	209
厦门	0.0335	16	呼和浩特	0.0132	113	晋城	0.0079	210
长春	0.0331	17	包头	0.0131	114	永州	0.0079	211
武汉	0.0322	18	阳泉	0.0130	115	赤峰	0.0078	212
昆明	0.0302	19	蚌埠	0.0130	116	张家界	0.0078	213
南京	0.0297	20	枣庄	0.0129	117	怀化	0.0078	214
太原	0.0295	21	茂名	0.0129	118	开封	0.0078	215
威海	0.0293	22	清远	0.0129	118	邵阳	0.0077	216
青岛	0.0292	23	江门	0.0129	118	滨州	0.0077	217
镇江	0.0292	24	肇庆	0.0128	121	保山	0.0076	218
天津	0.0288	25	重庆	0.0128	122	衡阳	0.0074	219
合肥	0.0282	26	三明	0.0128	123	朔州	0.0073	220
东营	0.0274	27	泰安	0.0126	124	西宁	0.0073	221

续表

指 标	环境效率指标		指 标	环境效率指标		指 标	环境效率指标	
城 市	指数值	排名	城 市	指标值	排名	城 市	指数值	排名
三亚	0.0266	28	白城	0.0126	125	海东	0.0073	221
佛山	0.0264	29	日照	0.0124	126	榆林	0.0072	223
黄冈	0.0263	30	石嘴山	0.0124	127	安康	0.0072	223
扬州	0.0263	31	丽水	0.0124	128	汉中	0.0072	223
南通	0.0251	32	丽江	0.0124	129	商洛	0.0072	223
绍兴	0.0241	33	常德	0.0123	130	河池	0.0072	227
郑州	0.0234	34	廊坊	0.0122	131	驻马店	0.0072	228
拉萨	0.0234	35	马鞍山	0.0122	132	萍乡	0.0071	229
中山	0.0233	36	潍坊	0.0120	133	大同	0.0071	230
辽源	0.0232	37	阳江	0.0119	134	淮北	0.0070	231
济南	0.0231	38	龙岩	0.0117	135	菏泽	0.0070	232
温州	0.0230	39	营口	0.0116	136	承德	0.0069	233
松原	0.0227	40	濮阳	0.0116	137	内江	0.0067	234
莆田	0.0225	41	孝感	0.0116	138	长治	0.0067	235
贵阳	0.0225	42	武威	0.0115	139	岳阳	0.0067	236
资阳	0.0221	43	南平	0.0114	140	平顶山	0.0066	237
烟台	0.0215	44	防城港	0.0113	141	昭通	0.0066	238
淄博	0.0215	45	钦州	0.0113	142	佳木斯	0.0065	239
乌鲁木齐	0.0212	46	本溪	0.0112	143	宜宾	0.0065	240
大连	0.0209	47	西安	0.0112	144	广元	0.0064	241
惠州	0.0206	48	抚顺	0.0112	145	通辽	0.0064	242
福州	0.0206	49	绥化	0.0112	146	百色	0.0064	243
东莞	0.0204	50	绵阳	0.0109	147	益阳	0.0064	244
南昌	0.0203	51	信阳	0.0109	148	安阳	0.0063	245
北海	0.0196	52	南阳	0.0108	149	广安	0.0062	246
张掖	0.0193	53	通化	0.0107	150	盘锦	0.0061	247
舟山	0.0191	54	哈尔滨	0.0106	151	丹东	0.0061	247
台州	0.0191	54	遵义	0.0106	152	朝阳	0.0061	247
金华	0.0191	54	兰州	0.0106	153	辽阳	0.0061	247
衢州	0.0191	54	桂林	0.0106	154	吕梁	0.0061	251
巴中	0.0190	58	汕尾	0.0105	155	忻州	0.0061	251

续表

指 标	环境效率指标		指 标	环境效率指标		指 标	环境效率指标	
城 市	指数值	排名	城 市	指标值	排名	城 市	指数值	排名
铜陵	0.0189	59	铜仁	0.0105	156	运城	0.0061	251
泉州	0.0189	60	黄石	0.0104	157	达州	0.0060	254
玉溪	0.0183	61	漯河	0.0104	158	邢台	0.0060	255
荆州	0.0181	62	连云港	0.0101	159	张家口	0.0059	256
珠海	0.0180	63	济宁	0.0100	160	平凉	0.0059	257
唐山	0.0178	64	秦皇岛	0.0099	161	固原	0.0058	258
泰州	0.0175	65	湛江	0.0098	162	梅州	0.0058	259
沈阳	0.0174	66	荆门	0.0098	163	淮南	0.0058	260
十堰	0.0174	67	嘉峪关	0.0098	164	曲靖	0.0057	261
雅安	0.0173	68	鄂州	0.0096	165	贵港	0.0056	262
遂宁	0.0173	69	汕头	0.0096	166	宿州	0.0056	263
襄阳	0.0172	70	天水	0.0096	167	阜阳	0.0056	264
芜湖	0.0169	71	上饶	0.0095	168	临汾	0.0056	265
嘉兴	0.0169	72	临沂	0.0095	169	黑河	0.0055	266
延安	0.0168	73	宝鸡	0.0095	170	定西	0.0053	267
乌兰察布	0.0167	74	亳州	0.0095	171	鹤壁	0.0052	268
南宁	0.0166	75	六安	0.0095	171	衡水	0.0052	269
大庆	0.0164	76	鄂尔多斯	0.0094	173	渭南	0.0051	270
玉林	0.0163	77	呼伦贝尔	0.0094	173	娄底	0.0051	271
新余	0.0161	78	牡丹江	0.0094	175	眉山	0.0051	272
乌海	0.0161	79	周口	0.0094	176	中卫	0.0050	273
德阳	0.0160	80	咸宁	0.0094	177	鸡西	0.0049	274
银川	0.0159	81	双鸭山	0.0093	178	铜川	0.0048	275
洛阳	0.0159	82	巴彦淖尔	0.0093	179	葫芦岛	0.0044	276
吉林	0.0156	83	宣城	0.0093	180	来宾	0.0041	277
六盘水	0.0155	84	池州	0.0093	181	吴忠	0.0038	278
临沧	0.0154	85	莱芜	0.0092	182	陇南	0.0037	279
徐州	0.0153	86	白山	0.0091	183	鹤岗	0.0031	280
攀枝花	0.0153	87	普洱	0.0090	184	崇左	0.0030	281
云浮	0.0152	88	聊城	0.0089	185	七台河	0.0029	282
宁德	0.0152	89	滁州	0.0089	186	白银	0.0028	283

续表

指 标	环境效率指标		指 标	环境效率指标		指 标	环境效率指标	
城 市	指数值	排名	城 市	指标值	排名	城 市	指数值	排名
潮州	0.0150	90	抚州	0.0088	187	齐齐哈尔	0.0028	284
淮安	0.0150	91	乐山	0.0088	188	阜新	0.0027	285
株洲	0.0148	92	九江	0.0088	189	儋州	0.0025	286
揭阳	0.0146	93	德州	0.0087	190	铁岭	0.0023	287
湖州	0.0146	94	酒泉	0.0087	191	金昌	0.0021	288
自贡	0.0145	95	邯郸	0.0086	192	晋中	0.0020	289
许昌	0.0141	96	泸州	0.0086	193	伊春	0.0016	290
沧州	0.0141	97	湘潭	0.0084	194			

注：本表数据及排名根据《中国统计年鉴 2016》《2015 中国环境统计年报》《中国环境统计年鉴 2016》《中国城市统计年鉴 2016》《中国城市建设统计年鉴 2016》《中国区域经济统计年鉴 2016》及人工整理测算。

从表 4-9 中可以看到，排名最高的深圳环境效率指标指数值为 0.1056，排名第 290 位的宜春环境效率指标指数值为 0.0016，极差为 0.1040，差距较大。

其中高于全国平均水平 0.0145 的城市有 95 个，仅占全部参评城市的 32.76%，这说明，该指标位次靠前的城市指数大幅领先，拉动了指数平均值。排名前 20 位的城市分别为深圳、长沙、北京、无锡、克拉玛依、贺州、苏州、海口、常州、杭州、上海、广州、南充、成都、宁波、厦门、长春、武汉和昆明。绝大多数城市（195 个）的环境效率指标低于全部参评城市平均水平，占全部参评城市的 67.24%，这些城市有许昌、沧州、焦作等，其中金昌、晋中和伊春位居所有参评城市的最后三位，指数值分别为 0.0021、0.0020 和 0.0016。值得注意的是，金昌是在资源效率指标排名中也具有最后三位，说明该城市在资源与环境效率方面的竞争力水平亟待提高。

图 4-4 按照不同地区显示了城市资源与环境效率同城市环境效率指标的对比。从地区间差异的角度来看，东部、中部、西部和东北地区效率指数的平均水平分别为 0.0204、0.0119、0.0125、0.0102，可以看出东部地区的环境效率指标平均值大幅领先其他三个地区，西部地区的环境效率指标平均值最低，仅为东部地区平均值的一半。

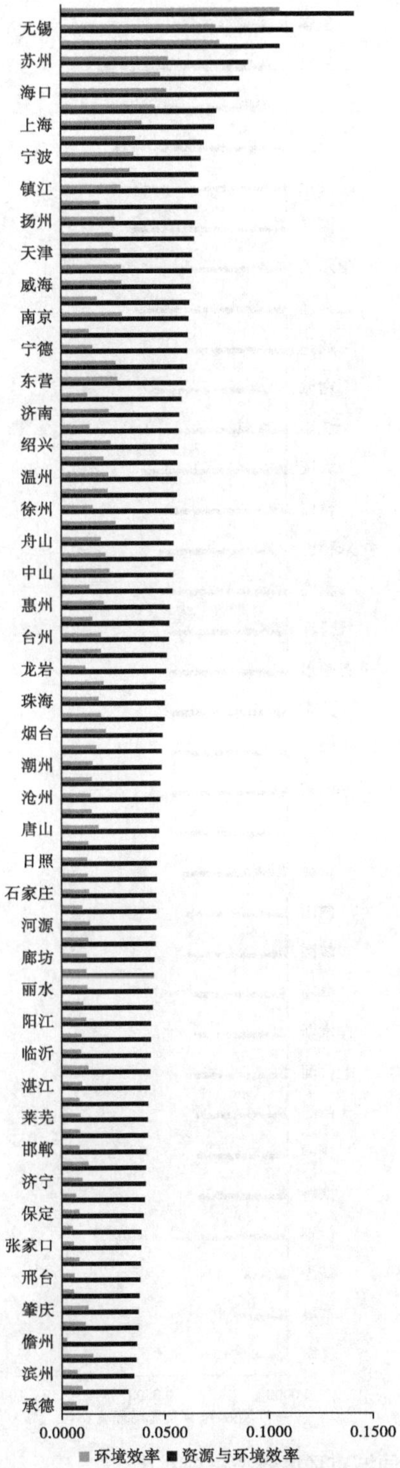
无锡
苏州
海口
上海
宁波
镇江
扬州
天津
威海
南京
宁德
东营
济南
绍兴
温州
徐州
舟山
中山
惠州
台州
龙岩
珠海
烟台
潮州
沧州
唐山
日照
石家庄
河源
廊坊
丽水
阳江
临沂
湛江
莱芜
邯郸
济宁
保定
张家口
邢台
肇庆
儋州
滨州
承德
0.0000
0.0500
0.1000
0.1500
环境效率
资源与环境效率

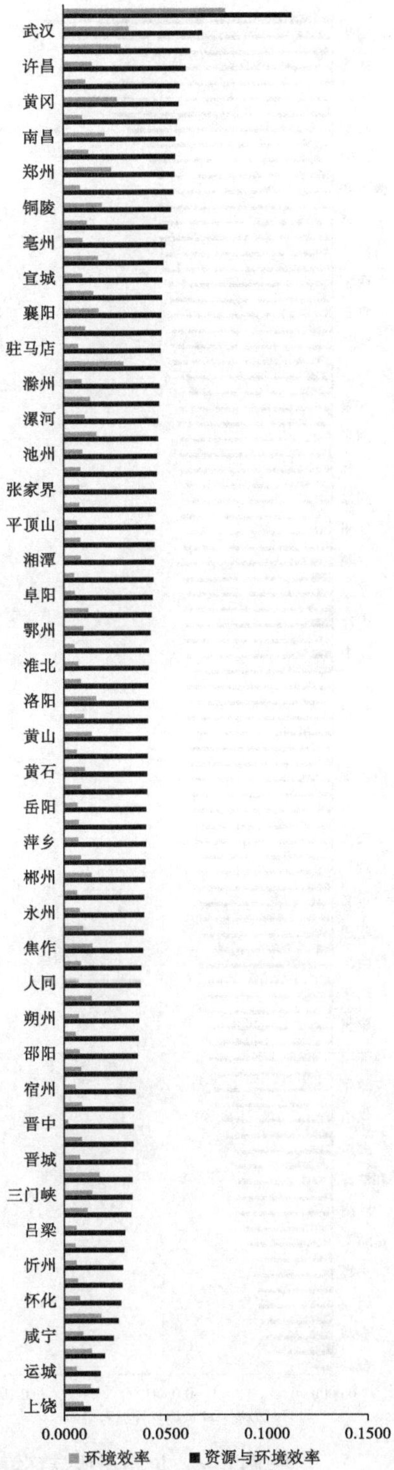
武汉
许昌
黄冈
南昌
郑州
铜陵
亳州
宣城
襄阳
驻马店
滁州
漯河
池州
张家界
平顶山
湘潭
阜阳
鄂州
淮北
洛阳
黄山
黄石
岳阳
萍乡
郴州
永州
焦作
大同
朔州
邵阳
宿州
晋中
晋城
三门峡
吕梁
忻州
怀化
咸宁
运城
上饶
0.0000
0.0500
0.1000
0.1500
环境效率
资源与环境效率

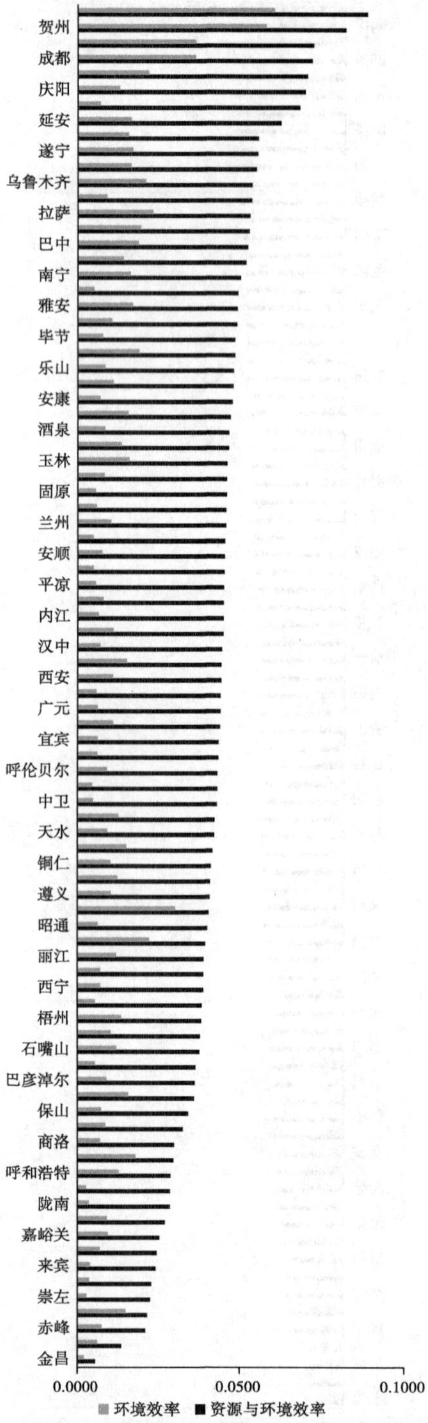

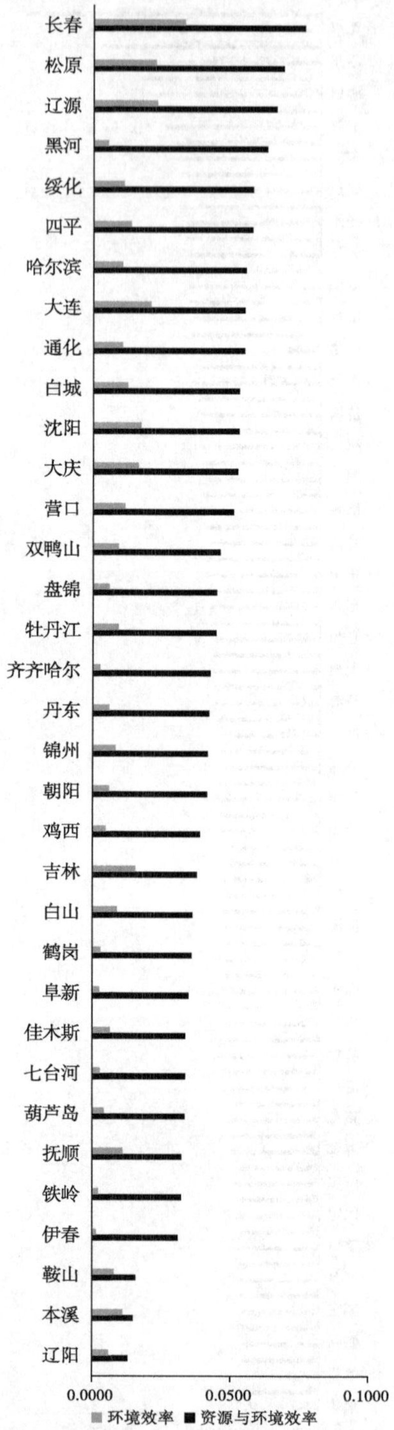

图 4-4　城市资源与环境效率同城市环境效率指标对比

注：本图从东部、中部、西部和东北地区划分的角度，根据资源与环境效率指数大小由上至下排列。

就排名结果而言，环境效率指标前20位的城市东部地区占据12席，比例高达60%，这12个城市分别为深圳、北京、无锡、苏州、海口、常州、杭州、上海、广州、宁波、厦门和南京；中部地区占据2席，分别为长沙和武汉；西部地区占据5席，分别为克拉玛依、贺州、南充、成都和昆明；东北地区仅有长春一所城市上榜。而排名后20位的城市中，东部地区仅有儋州；中部地区有娄底、晋中；西部地区共有9个城市，分别为眉山、中卫、铜川、来宾、吴忠、陇南、崇左、白银和金昌；东北地区也有8个城市，分别为鸡西、葫芦岛、鹤岗、七台河、齐齐哈尔、阜新、铁岭和伊春。由此看来，在环境效率这一、二级指标上，中部、西部及东北部地区需要再接再厉。

第五章　政策响应与社会福利指数测算及分析

城市是实现绿色发展的重要载体，城市绿色竞争力是囊括了经济、政治、文化、社会、生态等各方面综合发展和进步的竞争力。因此，秉承创新、协调、绿色、开放、共享的发展理念，近年来我国各地政府积极实施绿色新政，大力支持绿色发展、提升可持续发展能力，并且加大社会福利保障、提高人民生活质量，这是促进城市绿色竞争力提升的重要因素。在此背景下，本章根据“城市绿色竞争力指标体系”中政策响应与社会福利指数的测度标准，利用 2015 年度数据，从环境治理与投资和生活质量这两个方面对中国 290 个城市的政策响应与社会福利指数进行了测度分析。

一、城市政策响应与社会福利指数的测算结果

根据“城市绿色竞争力指标体系”中政策响应与社会福利指数的测度体系和权重标准，对 2015 年中国 290 个城市的政策响应与社会福利指数测算结果如表 5–1。

表 5–1　中国 290 个城市政策响应与社会福利指数及排名

城市	一级指标		二级指标			
	政策响应与社会福利		环境投资与治理		生活质量	
	指数值	排名	指数值	排名	指数值	排名
汕尾	0.162	1	0.1155	1	0.0464	45
金昌	0.1418	2	0.0988	2	0.043	80
深圳	0.1396	3	0.0812	44	0.0584	1
曲靖	0.1365	4	0.0892	11	0.0473	38
鹰潭	0.1365	5	0.092	5	0.0445	65
佛山	0.1356	6	0.0867	20	0.0489	32
厦门	0.1355	7	0.078	82	0.0574	3

续表

城市	一级指标		二级指标			
	政策响应与社会福利		环境投资与治理		生活质量	
	指数值	排名	指数值	排名	指数值	排名
威海	0.1349	8	0.0843	28	0.0506	22
汕头	0.1347	9	0.0879	15	0.0468	43
台州	0.1346	10	0.0822	36	0.0524	13
克拉玛依	0.1346	11	0.0852	25	0.0493	29
惠州	0.1338	12	0.0816	41	0.0523	15
铜陵	0.1325	13	0.0907	7	0.0418	83
三亚	0.1314	14	0.0797	61	0.0517	17
珠海	0.1312	15	0.073	163	0.0582	2
巴彦淖尔	0.1312	16	0.0912	6	0.04	103
泉州	0.131	17	0.0738	150	0.0572	4
广州	0.1301	18	0.0767	100	0.0534	10
贺州	0.13	19	0.0832	32	0.0468	44
昆明	0.1297	20	0.0761	110	0.0536	9
铜仁	0.1284	21	0.0883	14	0.0401	100
郴州	0.1283	22	0.0886	13	0.0397	110
丽水	0.1275	23	0.0782	80	0.0493	28
福州	0.1273	24	0.0736	153	0.0537	8
三明	0.1272	25	0.0758	116	0.0513	18
绍兴	0.1269	26	0.0792	66	0.0478	35
上海	0.1269	27	0.0782	77	0.0487	33
温州	0.1267	28	0.0759	115	0.0508	20
东莞	0.1262	29	0.073	165	0.0532	11
池州	0.1262	30	0.081	52	0.0452	58
漳州	0.1254	31	0.0762	107	0.0492	30
遵义	0.1251	32	0.0866	21	0.0385	129
舟山	0.125	33	0.0698	204	0.0552	6
梅州	0.1249	34	0.0797	59	0.0452	57
银川	0.1248	35	0.0874	17	0.0374	145
拉萨	0.1246	36	0.0786	74	0.046	50
嘉峪关	0.1244	37	0.0786	73	0.0457	54

续表

城市	一级指标		二级指标			
	政策响应与社会福利		环境投资与治理		生活质量	
	指数值	排名	指数值	排名	指数值	排名
宁波	0.124	38	0.073	164	0.051	19
嘉兴	0.1232	39	0.0772	91	0.0461	49
中山	0.123	40	0.075	132	0.048	34
滨州	0.1227	41	0.0905	8	0.0321	229
北京	0.1226	42	0.0779	83	0.0447	62
镇江	0.1225	43	0.083	33	0.0395	111
新余	0.1222	44	0.0726	169	0.0496	25
龙岩	0.1221	45	0.0703	196	0.0518	16
株洲	0.1218	46	0.0818	37	0.0401	101
商洛	0.1216	47	0.0892	10	0.0324	218
日照	0.1215	48	0.0869	19	0.0345	192
苏州	0.1214	49	0.0744	137	0.047	41
吉安	0.1213	50	0.0755	121	0.0458	52
宣城	0.1211	51	0.0811	48	0.0399	105
乌兰察布	0.1209	52	0.0837	30	0.0371	153
北海	0.1209	53	0.0733	157	0.0476	36
韶关	0.1206	54	0.0742	142	0.0464	46
南昌	0.1205	55	0.0759	113	0.0446	63
东营	0.1205	56	0.0855	24	0.0349	186
无锡	0.1204	57	0.077	93	0.0434	78
杭州	0.1201	58	0.074	149	0.0461	48
德州	0.12	59	0.0964	3	0.0236	283
南宁	0.12	60	0.071	188	0.049	31
江门	0.1198	61	0.074	147	0.0458	51
上饶	0.1198	62	0.0735	155	0.0464	47
青岛	0.1198	63	0.0763	106	0.0434	76
常州	0.1196	64	0.0762	109	0.0435	73
莆田	0.1196	65	0.0688	211	0.0508	21
宁德	0.1194	66	0.0699	201	0.0496	26
金华	0.1191	67	0.0733	156	0.0458	53

续表

城市	一级指标		二级指标			
	政策响应与社会福利		环境投资与治理		生活质量	
	指数值	排名	指数值	排名	指数值	排名
广安	0.1191	68	0.0813	43	0.0378	142
南通	0.1189	69	0.0783	76	0.0406	95
潍坊	0.1188	70	0.0946	4	0.0242	280
乌海	0.1183	71	0.0807	54	0.0376	143
包头	0.1183	72	0.0812	46	0.0371	152
玉溪	0.1182	73	0.0653	242	0.053	12
宝鸡	0.1181	74	0.0811	47	0.037	160
徐州	0.1181	75	0.0857	23	0.0324	221
湖州	0.1181	76	0.0744	138	0.0437	70
安顺	0.1181	77	0.0741	146	0.044	69
扬州	0.118	78	0.0794	64	0.0386	128
景德镇	0.1179	79	0.0708	190	0.0471	40
大连	0.1176	80	0.0742	140	0.0434	77
张家口	0.1173	81	0.0801	57	0.0372	150
鄂尔多斯	0.1173	82	0.0799	58	0.0373	146
长沙	0.117	83	0.0777	84	0.0393	119
雅安	0.1167	84	0.0733	158	0.0434	75
伊春	0.1166	85	0.0772	90	0.0393	117
黑河	0.1165	86	0.0754	123	0.0412	90
合肥	0.1165	87	0.0782	79	0.0383	133
马鞍山	0.1165	88	0.0747	134	0.0418	84
九江	0.1165	89	0.0736	154	0.0429	81
海口	0.1165	90	0.0615	259	0.055	7
茂名	0.116	91	0.0748	133	0.0412	88
运城	0.116	92	0.0842	29	0.0317	231
亳州	0.1158	93	0.0812	45	0.0346	191
西安	0.1158	94	0.0767	95	0.039	122
呼和浩特	0.1157	95	0.0809	53	0.0348	189
赤峰	0.1157	96	0.0789	71	0.0368	161
铜川	0.1157	97	0.0785	75	0.0371	154

续表

城市	一级指标		二级指标			
	政策响应与社会福利		环境投资与治理		生活质量	
	指数值	排名	指数值	排名	指数值	排名
沧州	0.1156	98	0.087	18	0.0286	254
大庆	0.1156	99	0.0699	200	0.0457	56
吴忠	0.1155	100	0.0878	16	0.0277	258
朔州	0.1153	101	0.0816	39	0.0336	208
百色	0.1151	102	0.0764	105	0.0388	126
黄石	0.1151	103	0.0845	27	0.0306	241
南京	0.1151	104	0.07	199	0.0451	60
太原	0.115	105	0.0816	40	0.0334	211
毕节	0.115	106	0.0759	114	0.0391	120
常德	0.1147	107	0.0766	101	0.0381	135
六盘水	0.1147	108	0.0742	141	0.0405	98
辽阳	0.1145	109	0.0796	63	0.035	185
晋中	0.1145	110	0.0811	49	0.0334	210
秦皇岛	0.1144	111	0.0771	92	0.0373	147
阳江	0.1143	112	0.0699	202	0.0444	66
儋州	0.1143	113	0.0641	249	0.0502	23
广元	0.1143	114	0.0647	247	0.0496	27
淮南	0.1142	115	0.0753	125	0.0389	123
泰安	0.1141	116	0.0818	38	0.0323	225
衢州	0.114	117	0.0691	209	0.0449	61
六安	0.114	118	0.0781	81	0.0359	169
承德	0.1139	119	0.0776	87	0.0364	164
枣庄	0.1138	120	0.0895	9	0.0243	279
黄山	0.1138	121	0.0663	236	0.0474	37
铁岭	0.1136	122	0.0796	62	0.034	198
湛江	0.1135	123	0.0679	221	0.0457	55
晋城	0.1135	124	0.0764	104	0.037	155
河池	0.1134	125	0.0725	171	0.0409	92
重庆	0.1133	126	0.0753	124	0.038	136
芜湖	0.113	127	0.0751	128	0.0379	140

续表

城市	一级指标		二级指标			
	政策响应与社会福利		环境投资与治理		生活质量	
	指数值	排名	指数值	排名	指数值	排名
盐城	0.1129	128	0.0767	98	0.0362	166
安康	0.1129	129	0.075	130	0.0379	138
营口	0.1129	130	0.0759	112	0.037	159
沈阳	0.1127	131	0.0751	129	0.0376	144
盘锦	0.1127	132	0.072	176	0.0406	94
资阳	0.1124	133	0.0727	168	0.0398	109
河源	0.1124	134	0.0688	213	0.0436	71
安庆	0.1122	135	0.0731	161	0.0391	121
聊城	0.1121	136	0.089	12	0.0231	286
桂林	0.1121	137	0.072	177	0.04	102
湘潭	0.1119	138	0.074	148	0.0379	141
淮北	0.1119	139	0.0765	103	0.0353	176
石家庄	0.1116	140	0.0807	55	0.0309	238
阳泉	0.1114	141	0.0744	136	0.037	158
丽江	0.1113	142	0.0543	281	0.057	5
南平	0.1113	143	0.0589	272	0.0524	14
普洱	0.1112	144	0.0642	248	0.047	42
绥化	0.1111	145	0.0762	108	0.0349	187
石嘴山	0.1111	146	0.0788	72	0.0323	223
通辽	0.111	147	0.081	51	0.03	247
襄阳	0.111	148	0.0638	253	0.0472	39
莱芜	0.1109	149	0.0804	56	0.0305	242
武汉	0.1107	150	0.0756	119	0.0351	181
来宾	0.1107	151	0.0718	184	0.0389	124
天津	0.1106	152	0.0767	96	0.0339	200
云浮	0.1105	153	0.067	229	0.0435	74
潮州	0.1104	154	0.069	210	0.0415	86
咸阳	0.1103	155	0.0773	89	0.0329	216
济宁	0.1101	156	0.0828	35	0.0274	261
咸宁	0.1099	157	0.0776	86	0.0323	227

续表

城市	一级指标		二级指标			
	政策响应与社会福利		环境投资与治理		生活质量	
	指数值	排名	指数值	排名	指数值	排名
连云港	0.1098	158	0.0744	139	0.0355	175
泰州	0.1098	159	0.0703	197	0.0395	114
松原	0.1098	160	0.0727	167	0.037	156
渭南	0.1097	161	0.0816	42	0.0282	256
菏泽	0.1097	162	0.085	26	0.0247	278
德阳	0.1094	163	0.0733	160	0.0361	168
抚顺	0.1093	164	0.0721	175	0.0373	149
葫芦岛	0.1093	165	0.0776	85	0.0317	232
佳木斯	0.109	166	0.0706	192	0.0384	132
蚌埠	0.1088	167	0.075	131	0.0338	205
长春	0.1088	168	0.0756	120	0.0332	212
大同	0.1088	169	0.0694	206	0.0394	116
孝感	0.1088	170	0.086	22	0.0228	287
玉林	0.1087	171	0.0657	240	0.043	79
临沂	0.1087	172	0.079	68	0.0297	250
鸡西	0.1087	173	0.0707	191	0.038	137
宜春	0.1082	174	0.0631	255	0.0451	59
滁州	0.108	175	0.0737	152	0.0344	193
乌鲁木齐	0.108	176	0.0741	144	0.0339	202
成都	0.1078	177	0.073	166	0.0349	188
淄博	0.1078	178	0.0829	34	0.0249	276
长治	0.1076	179	0.072	179	0.0357	172
榆林	0.1075	180	0.0676	225	0.0399	107
本溪	0.1074	181	0.0675	226	0.04	104
宜昌	0.1074	182	0.0733	159	0.0341	197
郑州	0.1073	183	0.0811	50	0.0263	271
阜新	0.1073	184	0.0714	186	0.0359	170
宜宾	0.1073	185	0.0717	185	0.0355	173
白城	0.1072	186	0.0741	143	0.0331	214
新乡	0.1072	187	0.0832	31	0.024	282

续表

城市	一级指标		二级指标			
	政策响应与社会福利		环境投资与治理		生活质量	
	指数值	排名	指数值	排名	指数值	排名
岳阳	0.1072	188	0.0721	174	0.0351	180
固原	0.1072	189	0.0758	117	0.0314	234
宿迁	0.1069	190	0.0747	135	0.0323	226
临汾	0.1069	191	0.0731	162	0.0339	203
西宁	0.1068	192	0.0681	218	0.0387	127
济南	0.1067	193	0.0766	102	0.0301	244
绵阳	0.1066	194	0.0667	233	0.0399	106
永州	0.1066	195	0.0661	237	0.0405	97
白银	0.1065	196	0.071	189	0.0355	174
洛阳	0.1063	197	0.0755	122	0.0308	239
十堰	0.1063	198	0.0724	172	0.0339	199
宿州	0.1061	199	0.0711	187	0.035	184
邯郸	0.106	200	0.0797	60	0.0263	270
钦州	0.106	201	0.0649	244	0.0411	91
抚州	0.106	202	0.0615	258	0.0445	64
乐山	0.1059	203	0.0719	180	0.0339	201
益阳	0.1058	204	0.0696	205	0.0362	167
通化	0.1056	205	0.0693	208	0.0363	165
七台河	0.1054	206	0.0684	215	0.037	157
梧州	0.1052	207	0.064	251	0.0412	89
鹤壁	0.1048	208	0.0793	65	0.0255	273
哈尔滨	0.1047	209	0.0688	212	0.0359	171
开封	0.1046	210	0.0782	78	0.0264	269
驻马店	0.1045	211	0.0789	69	0.0256	272
辽源	0.1044	212	0.0676	224	0.0368	162
焦作	0.1044	213	0.0791	67	0.0253	274
双鸭山	0.1042	214	0.0639	252	0.0403	99
张家界	0.1042	215	0.0648	246	0.0395	115
汉中	0.1041	216	0.0694	207	0.0348	190
天水	0.1041	217	0.0669	231	0.0372	151

续表

城市	一级指标		二级指标			
	政策响应与社会福利		环境投资与治理		生活质量	
	指数值	排名	指数值	排名	指数值	排名
防城港	0.1041	218	0.0598	269	0.0443	67
安阳	0.1041	219	0.0774	88	0.0267	265
唐山	0.1038	220	0.0752	127	0.0286	255
烟台	0.1035	221	0.0684	216	0.0351	182
丹东	0.1033	222	0.064	250	0.0393	118
中卫	0.1032	223	0.0698	203	0.0334	209
商丘	0.1029	224	0.0752	126	0.0277	257
泸州	0.1029	225	0.0679	220	0.035	183
荆门	0.1027	226	0.072	178	0.0307	240
萍乡	0.1026	227	0.062	257	0.0406	93
阜阳	0.1026	228	0.0685	214	0.0341	196
淮安	0.1025	229	0.0673	227	0.0353	177
锦州	0.1024	230	0.0701	198	0.0323	224
酒泉	0.1022	231	0.0649	245	0.0373	148
朝阳	0.1019	232	0.0719	183	0.03	246
漯河	0.1018	233	0.0725	170	0.0293	251
吉林	0.1018	234	0.0705	194	0.0313	235
攀枝花	0.1017	235	0.0518	286	0.0499	24
贵港	0.1017	236	0.0665	234	0.0352	178
遂宁	0.1016	237	0.0679	219	0.0337	207
昭通	0.1016	238	0.0632	254	0.0384	131
陇南	0.1015	239	0.0767	97	0.0247	277
许昌	0.1013	240	0.076	111	0.0253	275
保山	0.101	241	0.0612	260	0.0398	108
呼伦贝尔	0.1009	242	0.0737	151	0.0272	263
巴中	0.1008	243	0.0603	264	0.0405	96
濮阳	0.1008	244	0.0767	99	0.0241	281
崇左	0.1007	245	0.0595	270	0.0412	87
娄底	0.1007	246	0.0628	256	0.0379	139
三门峡	0.1007	247	0.0719	182	0.0288	253

续表

城市	一级指标		二级指标			
	政策响应与社会福利		环境投资与治理		生活质量	
	指数值	排名	指数值	排名	指数值	排名
肇庆	0.1004	248	0.0609	262	0.0395	113
延安	0.1002	249	0.0607	263	0.0395	112
柳州	0.1001	250	0.0585	273	0.0416	85
内江	0.1001	251	0.0677	222	0.0324	219
信阳	0.0999	252	0.0723	173	0.0276	259
廊坊	0.0996	253	0.067	230	0.0326	217
鞍山	0.0996	254	0.0657	239	0.0338	204
吕梁	0.0995	255	0.0654	241	0.0341	195
平凉	0.0994	256	0.0719	181	0.0275	260
邢台	0.0986	257	0.0789	70	0.0197	290
衡阳	0.0983	258	0.0652	243	0.033	215
邵阳	0.0982	259	0.0671	228	0.0312	237
随州	0.0978	260	0.0677	223	0.0301	245
平顶山	0.0977	261	0.0741	145	0.0236	284
鄂州	0.0976	262	0.0705	193	0.0271	264
鹤岗	0.0974	263	0.059	271	0.0384	130
保定	0.0974	264	0.0767	94	0.0206	288
忻州	0.0964	265	0.066	238	0.0304	243
荆州	0.0961	266	0.0668	232	0.0293	252
衡水	0.0957	267	0.0758	118	0.0199	289
张掖	0.095	268	0.0683	217	0.0267	267
临沧	0.0948	269	0.0529	285	0.0419	82
贵阳	0.0945	270	0.0505	288	0.044	68
南阳	0.0939	271	0.0704	195	0.0235	285
赣州	0.0938	272	0.0502	289	0.0436	72
海东	0.0937	273	0.0664	235	0.0273	262
怀化	0.0933	274	0.0602	266	0.0332	213
四平	0.0931	275	0.061	261	0.0321	230
齐齐哈尔	0.0929	276	0.054	282	0.0389	125
清远	0.0926	277	0.0602	265	0.0323	222

续表

城市	一级指标		二级指标			
	政策响应与社会福利		环境投资与治理		生活质量	
	指数值	排名	指数值	排名	指数值	排名
达州	0.0918	278	0.0576	275	0.0342	194
牡丹江	0.0915	279	0.0599	267	0.0316	233
武威	0.0898	280	0.0599	268	0.0299	249
眉山	0.0894	281	0.0572	276	0.0322	228
揭阳	0.0888	282	0.0505	287	0.0383	134
自贡	0.0884	283	0.0584	274	0.03	248
兰州	0.0883	284	0.0545	280	0.0338	206
南充	0.0882	285	0.0531	284	0.0351	179
定西	0.0871	286	0.0559	278	0.0312	236
白山	0.0863	287	0.0539	283	0.0324	220
庆阳	0.085	288	0.0484	290	0.0366	163
周口	0.0828	289	0.0563	277	0.0265	268
黄冈	0.0815	290	0.0548	279	0.0267	266

注：1. 本表根据“中国城市绿色竞争力指标体系”中政策响应与社会福利指数指标体系，各指标依据 2015 年数据测算而得。2. 本表各测评城市按照政策响应与社会福利指数值从大到小排序。3. 本表一级指标“政策响应与社会福利”指数值等于两个二级指标“环境治理与投资”及“生活质量”指数值之和。4. 本表测度结果保留 4 位小数，如果指数相同排名相同说明两市测算的指数完全一样，如果指数相同但排名不同则是小数点四舍五入的结果，说明指数值在小数点 4 位之后有差异，本章节此后所有测度结果均采用该方法保留 4 位小数。5. 以上数据及排名根据《中国统计年鉴 2016》《中国环境统计年报 2015》《中国环境统计年鉴 2016》《中国城市统计年鉴 2016》《中国城市建设统计年鉴 2016》《中国区域经济统计年鉴 2016》等测算。6. 为了便于后文进行比较分析，基于算术平均方法，我们测算出全国所有参评城市政策响应与社会福利指数平均水平为 0.1114，所有参评城市环境治理与投资指数平均水平为 0.0734，所有参评城市生活质量指标指数平均水平为 0.0380。

从表 5-1 可以看到，2015 年中国 290 个城市政策响应与社会福利指数中，指数值最高的是汕尾，达到了 0.162；最低的是黄冈，为 0.081。排在前 20 位的城市依次是：汕尾、金昌、深圳、曲靖、鹰潭、佛山、厦门、威海、汕头、台州、克拉玛依、惠州、铜陵、三亚、珠海、巴彦淖尔、泉州、广州、贺州和昆明；其中，二级指标中，环境治理与投资指标排名前 20 位的城市依次为汕尾、金昌、德州、潍坊、鹰潭、巴彦淖尔、铜陵、滨州、枣庄、商洛、曲靖、聊城、郴州、铜仁、汕头、吴忠、银川、沧州、日照和佛山；生活质量指标指标排名前 20 的是深圳、珠海、厦门、泉州、丽江、舟山、海口、福州、昆明、广州、东莞、玉溪、台州、南平、惠州、龙岩、三亚、三明、宁波和温州。2015 年中国 290 个城市政策响应与社会福利指数排名前 20 位和后 20 位的具体情况见图 5-1。

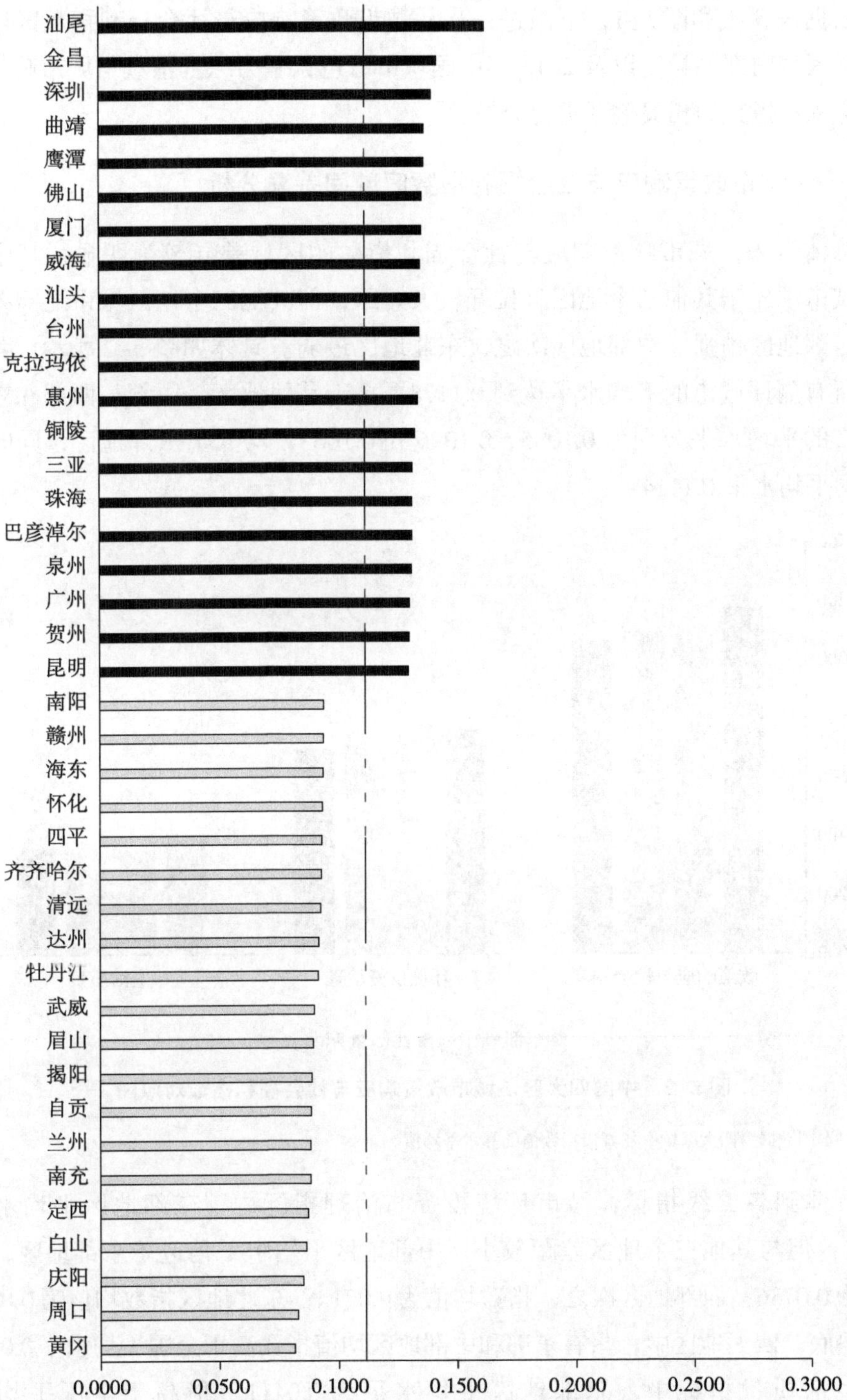

图 5–1　中国城市政策响应与社会福利指数排名前 20 位和后 20 位的城市

注：本图根据表 5–1 制作。指数值由高到低排列，虚线表示所有参评城市政策响应与社会福利指数的平均值。

根据表 5–1 和图 5–1，下面进一步从城市政策响应与社会福利指数区域之间差异、区域内部差异，以及 2015 年中国城市绿色竞争力综合指数与城市政策响应与社会福利指数的相关关系进行分析。

（一）城市政策响应与社会福利指数区域间差异分析

总体看来，城市政策响应与社会福利指数的区域差异较为明显，其中东部地区城市领先于其他三个地区且拉开较大差距，但其他三个地区城市之间差距不大，西部地区稍强、中部地区次之，东北地区最弱。具体如图 5–2 所示。其中，东部所有测评城市的平均水平达到 0.1178，高于其他地区。中部、西部和东北地区城市的平均水平分别为 0.1085、0.1096 和 0.1063，均低于东部地区，同时也低于全国平均水平 0.1114。

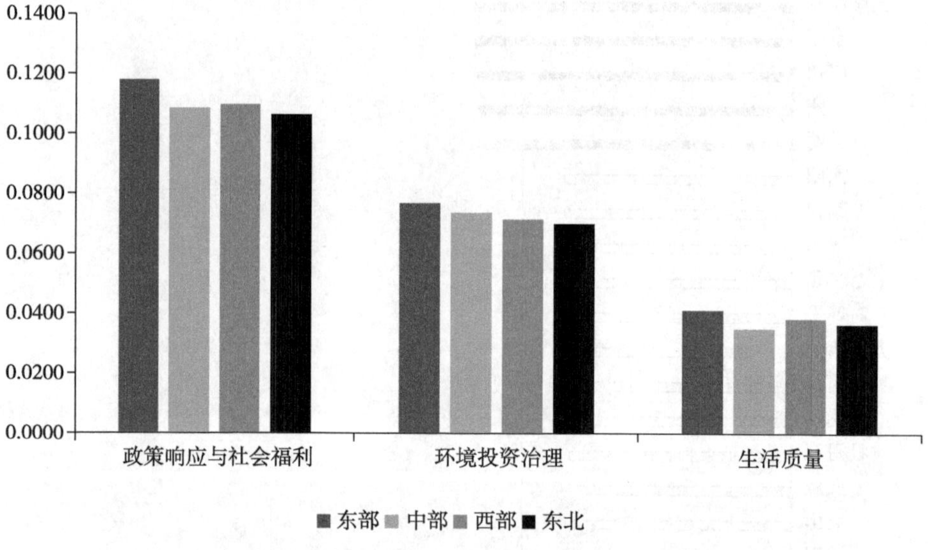

图 5–2　中国四大区域城市政策响应与社会福利指数对照图

注：本图数据为四大区域中各城市指数值的算术平均值。

具体到各二级指标，城市环境投资与治理指标中，东部地区平均水平为 0.0767，但与其他三个地区差距较小；中部地区平均水平稍逊于东部地区，指数均值为 0.0736；西部地区次之，指数均值为 0.0713；东北地区指数均值为 0.0699，排名垫底。四大地区中，只有东部和中部地区均值指数高于全国平均水平 0.0734。

生活质量指标中，东部地区平均水平为 0.0411，稍高于全国平均水平 0.0380；西部地区与全国水平相当，指数值为 0.0383；东北地区稍低于全国平均水平，指数值为 0.0365，中部地区指数值最低，为 0.0350。

从城市政策响应与社会福利指数测算结果来看，城市排名呈现出区域化特征，东部地区大多数城市排名相对靠前，中部、西部及东北部地区多数城市总体排名靠后。同时各区域内城市之间的排名状况差异十分明显。从区域内部最高位次与最低位次的位差数来看：东部、中部和西部地区差距分别为281、285和286位；东北地区样本数量在四大区域中排名最小，最高与最低的位差数在四大区域中也是最小，为207位。

1. 东部地区城市经济增长绿化度指数及排名

2015年中国东部地区政策响应与社会福利指数及排名如表5-2所示。

表5-2 中国东部地区城市政策响应与社会福利指数及排名

城市	指数值	所有测评城市排名	区域内部排名	城市	指数值	所有测评城市排名	区域内部排名
汕尾	0.162	1	1	徐州	0.1181	75	45
深圳	0.1396	3	2	湖州	0.1181	76	46
佛山	0.1356	6	3	扬州	0.118	78	47
厦门	0.1355	7	4	张家口	0.1173	81	48
威海	0.1349	8	5	海口	0.1165	90	49
汕头	0.1347	9	6	茂名	0.116	91	50
台州	0.1346	10	7	沧州	0.1156	98	51
惠州	0.1338	12	8	南京	0.1151	104	52
三亚	0.1314	14	9	秦皇岛	0.1144	111	53
珠海	0.1312	15	10	阳江	0.1143	112	54
泉州	0.131	17	11	儋州	0.1143	113	55
广州	0.1301	18	12	泰安	0.1141	116	56
丽水	0.1275	23	13	衢州	0.114	117	57
福州	0.1273	24	14	承德	0.1139	119	58
三明	0.1272	25	15	枣庄	0.1138	120	59
绍兴	0.1269	26	16	湛江	0.1135	123	60
上海	0.1269	27	17	盐城	0.1129	128	61
温州	0.1267	28	18	河源	0.1124	134	62
东莞	0.1262	29	19	聊城	0.1121	136	63
漳州	0.1254	31	20	石家庄	0.1116	140	64
舟山	0.125	33	21	南平	0.1113	143	65
梅州	0.1249	34	22	莱芜	0.1109	149	66

续表

城市	指数值	所有测评城市排名	区域内部排名	城市	指数值	所有测评城市排名	区域内部排名
宁波	0.124	38	23	天津	0.1106	152	67
嘉兴	0.1232	39	24	云浮	0.1105	153	68
中山	0.123	40	25	潮州	0.1104	154	69
滨州	0.1227	41	26	济宁	0.1101	156	70
北京	0.1226	42	27	连云港	0.1098	158	71
镇江	0.1225	43	28	泰州	0.1098	159	72
龙岩	0.1221	45	29	菏泽	0.1097	162	73
日照	0.1215	48	30	临沂	0.1087	172	74
苏州	0.1214	49	31	淄博	0.1078	178	75
韶关	0.1206	54	32	宿迁	0.1069	190	76
东营	0.1205	56	33	济南	0.1067	193	77
无锡	0.1204	57	34	邯郸	0.106	200	78
杭州	0.1201	58	35	唐山	0.1038	220	79
德州	0.1200	59	36	烟台	0.1035	221	80
江门	0.1198	61	37	淮安	0.1025	229	81
青岛	0.1198	63	38	肇庆	0.1004	248	82
常州	0.1196	64	39	廊坊	0.0996	253	83
莆田	0.1196	65	40	邢台	0.0986	257	84
宁德	0.1194	66	41	保定	0.0974	264	85
金华	0.1191	67	42	衡水	0.0957	267	86
南通	0.1189	69	43	清远	0.0926	277	87
潍坊	0.1188	70	44	揭阳	0.0888	282	88

注：本表根据表 5 –1 整理。

在东部参评的 88 个城市中，有 12 个城市位居所有测评城市的前 20 位，分别是汕尾、深圳、佛山、厦门、威海，汕头、台州、惠州、三亚、珠海、泉州和广州，占东部城市的 13.64%。其中汕尾以 0.1620 的高分位居所有测评城市之首，与位于第二名深圳的 0.1396 拉开距离。除去全国排名前 20 的 12 个城市外，丽水、福州、三明、绍兴、上海等 45 个城市排在全国第 23 名到 117 名不等的位置。这 57 个东部城市的政策响应与社会福利情况高于全国平均水平，占东部城市的 64.77%，优势非常明显。

但东部地区的区域内部差异较大，其最高排名的汕尾（第 1 名，指数值为 0.1620）与排名最低的揭阳（第 282 名，指数值为 0.0888）之间的位差为 281 名，指数值的差为 0.0732。由此可见，尽管东部整体较强，但区域内部差异较大。

2. 中部地区城市经济增长绿化度指数及排名

2015 年中国中部地区政策响应与社会福利指数及排名如表 5–3 所示。

表 5–3　中国中部地区城市政策响应与社会福利指数及排名

城市	指数值	所有测评城市排名	区域内部排名	城市	指数值	所有测评城市排名	区域内部排名
鹰潭	0.1365	5	1	宜昌	0.1074	182	41
铜陵	0.1325	13	2	郑州	0.1073	183	42
郴州	0.1283	22	3	新乡	0.1072	187	43
池州	0.1262	30	4	岳阳	0.1072	188	44
新余	0.1222	44	5	临汾	0.1069	191	45
株洲	0.1218	46	6	永州	0.1066	195	46
吉安	0.1213	50	7	洛阳	0.1063	197	47
宣城	0.1211	51	8	十堰	0.1063	198	48
南昌	0.1205	55	9	宿州	0.1061	199	49
上饶	0.1198	62	10	抚州	0.106	202	50
景德镇	0.1179	79	11	益阳	0.1058	204	51
长沙	0.117	83	12	鹤壁	0.1048	208	52
合肥	0.1165	87	13	开封	0.1046	210	53
马鞍山	0.1165	88	14	驻马店	0.1045	211	54
九江	0.1165	89	15	焦作	0.1044	213	55
运城	0.116	92	16	张家界	0.1042	215	56
亳州	0.1158	93	17	安阳	0.1041	219	57
朔州	0.1153	101	18	商丘	0.1029	224	58
黄石	0.1151	103	19	荆门	0.1027	226	59
太原	0.115	105	20	萍乡	0.1026	227	60
常德	0.1147	107	21	阜阳	0.1026	228	61
晋中	0.1145	110	22	漯河	0.1018	233	62
淮南	0.1142	115	23	许昌	0.1013	240	63
六安	0.114	118	24	濮阳	0.1008	244	64
黄山	0.1138	121	25	娄底	0.1007	246	65

续表

城市	指数值	所有测评城市排名	区域内部排名	城市	指数值	所有测评城市排名	区域内部排名
晋城	0.1135	124	26	三门峡	0.1007	247	66
芜湖	0.113	127	27	信阳	0.0999	252	67
安庆	0.1122	135	28	吕梁	0.0995	255	68
湘潭	0.1119	138	29	衡阳	0.0983	258	69
淮北	0.1119	139	30	邵阳	0.0982	259	70
阳泉	0.1114	141	31	随州	0.0978	260	71
襄阳	0.111	148	32	平顶山	0.0977	261	72
武汉	0.1107	150	33	鄂州	0.0976	262	73
咸宁	0.1099	157	34	忻州	0.0964	265	74
蚌埠	0.1088	167	35	荆州	0.0961	266	75
大同	0.1088	169	36	南阳	0.0939	271	76
孝感	0.1088	170	37	赣州	0.0938	272	77
宜春	0.1082	174	38	怀化	0.0933	274	78
滁州	0.108	175	39	周口	0.0828	289	79
长治	0.1076	179	40	黄冈	0.0815	290	80

注：本表根据表 5-1 整理。

中部参与测评的 80 个城市中，鹰潭作为唯一挤进所有参评城市排名前 10 位的中部城市，位居第 5 位；除此之外中部还有铜陵、郴州、池州、新余、株洲等 30 个城市的政策响应与社会福利指数高于全国所有参评城市的平均水平 0.1114。而中部城市的指数值从全国排名第 32 位的襄阳开始，余下的 49 个城市指标值均小于 0.1114，即 61.25% 的中部城市低于全国平均水平，且有 38.75% 的中部城市分布在第 200 位至第 290 位之间，位列全国排名末端。总的来说，中部地区绝大多数城市的政策响应与社会福利指数在全国排名较低。

从区域内部差异来看，中部地区排名最高的鹰潭（第 5 名，指数值 0.1365）与排名最低的黄冈（第 290 名，指数值 0.0815）之间的位差为 285 位，指数值的差为 0.0550，在四大区域中位差排名第三，可见中部地区区域内部差距也较大。

3. 西部地区城市经济增长绿化度指数及排名

2015 年中国西部地区政策响应与社会福利指数及排名如表 5-4 所示。

表 5-4 中国西部地区城市政策响应与社会福利指数及排名

城市	指数值	所有测评城市排名	区域内部排名	城市	指数值	所有测评城市排名	区域内部排名
金昌	0.1418	2	1	德阳	0.1094	163	45
曲靖	0.1365	4	2	玉林	0.1087	171	46
克拉玛依	0.1346	11	3	乌鲁木齐	0.108	176	47
巴彦淖尔	0.1312	16	4	成都	0.1078	177	48
贺州	0.13	19	5	榆林	0.1075	180	49
昆明	0.1297	20	6	宜宾	0.1073	185	50
铜仁	0.1284	21	7	固原	0.1072	189	51
遵义	0.1251	32	8	西宁	0.1068	192	52
银川	0.1248	35	9	绵阳	0.1066	194	53
拉萨	0.1246	36	10	白银	0.1065	196	54
嘉峪关	0.1244	37	11	钦州	0.106	201	55
商洛	0.1216	47	12	乐山	0.1059	203	56
乌兰察布	0.1209	52	13	梧州	0.1052	207	57
北海	0.1209	53	14	汉中	0.1041	216	58
南宁	0.12	60	15	天水	0.1041	217	59
广安	0.1191	68	16	防城港	0.1041	218	60
乌海	0.1183	71	17	中卫	0.1032	223	61
包头	0.1183	72	18	泸州	0.1029	225	62
玉溪	0.1182	73	19	酒泉	0.1022	231	63
宝鸡	0.1181	74	20	攀枝花	0.1017	235	64
安顺	0.1181	77	21	贵港	0.1017	236	65
鄂尔多斯	0.1173	82	22	遂宁	0.1016	237	66
雅安	0.1167	84	23	昭通	0.1016	238	67
西安	0.1158	94	24	陇南	0.1015	239	68
呼和浩特	0.1157	95	25	保山	0.101	241	69
赤峰	0.1157	96	26	呼伦贝尔	0.1009	242	70
铜川	0.1157	97	27	巴中	0.1008	243	71
吴忠	0.1155	100	28	崇左	0.1007	245	72
百色	0.1151	102	29	延安	0.1002	249	73
毕节	0.115	106	30	柳州	0.1001	250	74
六盘水	0.1147	108	31	内江	0.1001	251	75

续表

城市	指数值	所有测评城市排名	区域内部排名	城市	指数值	所有测评城市排名	区域内部排名
广元	0.1143	114	32	平凉	0.0994	256	76
河池	0.1134	125	33	张掖	0.095	268	77
重庆	0.1133	126	34	临沧	0.0948	269	78
安康	0.1129	129	35	贵阳	0.0945	270	79
资阳	0.1124	133	36	海东	0.0937	273	80
桂林	0.1121	137	37	达州	0.0918	278	81
丽江	0.1113	142	38	武威	0.0898	280	82
普洱	0.1112	144	39	眉山	0.0894	281	83
石嘴山	0.1111	146	40	自贡	0.0884	283	84
通辽	0.111	147	41	兰州	0.0883	284	85
来宾	0.1107	151	42	南充	0.0882	285	86
咸阳	0.1103	155	43	定西	0.0871	286	87
渭南	0.1097	161	44	庆阳	0.085	288	88

注：本表根据表 5 –1 整理。

西部参与测评的 88 个城市中，金昌、曲靖进入所有参评城市前 10 位，分别位居第 2、4 位；克拉玛依、巴彦淖尔、贺州、昆明这 4 个城市位居所有测评城市的前 20 位；除此之外还有铜仁、遵义、银川、拉萨、嘉峪关等 31 个城市指数值大于 0.1114，其城市政策响应与社会福利情况高于全国平均水平，位居全国所有参评城市中上游，同时也位居西部参评城市的前列。而包括丽江、普洱、石嘴山、通辽、来宾等在内的 51 个城市指数值低于全国平均水平，占西部城市总数的 57.95%。总的来说，西部城市的指数值的结构与中部城市类似，绝大多数城市指数值低于全国平均水平，但西部稍好于中部。

从区域内部差异来看，西部地区排名最高的金昌（第 2 名，指数值 0.1418）与排名最低的庆阳（第 288 名，指数值 0.0850）之间的位差为 288 位，指数值的差为 0.0568，在四大区域中位差排名最后，其区域内部差距最大。

4. 东北地区城市经济增长绿化度指数及排名

2015 年中国东北地区城市政策响应与社会福利指数及排名如表 5–5 所示。

表 5-5　中国东北地区城市政策响应与社会福利指数及排名

城市	指数值	所有测评城市排名	区域内部排名	城市	指数值	所有测评城市排名	区域内部排名
大连	0.1176	80	1	阜新	0.1073	184	18
伊春	0.1166	85	2	白城	0.1072	186	19
黑河	0.1165	86	3	通化	0.1056	205	20
大庆	0.1156	99	4	七台河	0.1054	206	21
辽阳	0.1145	109	5	哈尔滨	0.1047	209	22
铁岭	0.1136	122	6	辽源	0.1044	212	23
营口	0.1129	130	7	双鸭山	0.1042	214	24
沈阳	0.1127	131	8	丹东	0.1033	222	25
盘锦	0.1127	132	9	锦州	0.1024	230	26
绥化	0.1111	145	10	朝阳	0.1019	232	27
松原	0.1098	160	11	吉林	0.1018	234	28
抚顺	0.1093	164	12	鞍山	0.0996	254	29
葫芦岛	0.1093	165	13	鹤岗	0.0974	263	30
佳木斯	0.109	166	14	四平	0.0931	275	31
长春	0.1088	168	15	齐齐哈尔	0.0929	276	32
鸡西	0.1087	173	16	牡丹江	0.0915	279	33
本溪	0.1074	181	17	白山	0.0863	287	34

注：本表根据表 5-1 整理。

东北部参与测评的 34 个城市中，没有一个挤进参评城市前 10 位的行列。有 9 个城市的政策响应与社会福利指数值均大于全国平均水平 0.1114，分别是大连、伊春、黑河、大庆、辽阳、铁岭、营口、沈阳和盘锦。而包括绥化、松原、抚顺、葫芦岛、佳木斯等在内的 25 个城市指数值低于全国平均水平，占东北地区全部城市的 73.53%。总的来说，东北部地区绝大多数城市的政策响应与社会福利情况在全国排名偏于低等水平。

从区域内部差异来看，东北地区排名最高的大连（第 80 名，指数值 0.1176）与排名最低的白山（第 287 名，指数值 0.0863）之间的位差为 207 位，在四大区域中最小；指数值的差为 0.0313，在四大区域中同样最小，可见东北地区各城市间政策响应与社会福利水平较为接近，区域内部差距相对较小，但由于样本量也较小所以这种接近也有一定的相对性。

（二）城市政策响应与社会福利指数对中国城市绿色竞争力指数的影响分析

对比 2015 年城市绿色竞争力指数和政策响应与社会福利指数后我们可以发现，290 个参评城市中，有 146 个城市政策响应与社会福利指数排名高于其绿色竞争力指数排名，这表明这些城市的政府积极开展绿色行动，社会福利水平较高，从而提升了城市绿色竞争力，如秦皇岛市、张家口、承德等；144 个城市的政策响应与社会福利指数排名低于其绿色竞争力指数排名，反映了这些城市政府的绿色行动不足、社会福利水平较低，影响了城市整体绿色发展水平的进一步提高，如北京、天津、唐山等。

从影响程度分析，城市政策响应与社会福利指数和城市绿色竞争力指数排名排名差异较大（超过 50 名）的城市有 127 个，占所有城市的 43.79%，其中为正差的城市有 60 个，如渭南、株洲、日照等，这些城市的政策响应与社会福利情况对城市总体绿色竞争力提升贡献很大；为负差的城市有 67 个，如无锡、常州、盐城等，这些城市的政策响应与社会福利情况对城市总体绿色竞争力提升贡献较小。其中，金昌的排名差异变化最大，其政策响应与社会福利指数排名位居所有测评城市第 2 位，但城市绿色竞争力指数排名仅为第 280 位，变化幅度达到了 278 位。同时，名次变动差异较小（50 名以内）的城市共有 163 个，占所有城市的 56.21%，如深圳、连云港、潮州等，说明城市政策响应与社会福利情况对城市总体绿色竞争力的影响不明显。2015 中国城市绿色竞争力指数与城市政策响应与社会福利指数排名差异超过 50 位的城市如表 5-6 所示。

表 5-6　中国城市绿色竞争力指数和政策响应与社会福利指数排名差异超过 50 位的城市

城市	绿色竞争力指数排名	政策响应与社会福利指数排名	位次变化	城市	绿色竞争力指数排名	政策响应与社会福利指数排名	位次变化
渭南	212	161	51	无锡	6	57	–51
日照	101	48	53	常州	12	64	–52
株洲	99	46	53	盐城	74	128	–54
汕尾	59	1	58	焦作	159	213	–54
宿州	258	199	59	呼和浩特	40	95	–55
儋州	172	113	59	遂宁	182	237	–55
铜仁	80	21	59	淮安	173	229	–56
河池	185	125	60	毕节	50	106	–56
景德镇	140	79	61	定西	229	286	–57
宜昌	248	182	66	石家庄	82	140	–58

续表

城市	绿色竞争力指数排名	政策响应与社会福利指数排名	位次变化	城市	绿色竞争力指数排名	政策响应与社会福利指数排名	位次变化
郴州	88	22	66	肇庆	190	248	−58
池州	97	30	67	自贡	224	283	−59
九江	156	89	67	固原	129	189	−60
临汾	259	191	68	合肥	26	87	−61
江门	131	61	70	通化	143	205	−62
盘锦	203	132	71	大庆	37	99	−62
七台河	279	206	73	揭阳	220	282	−62
鸡西	247	173	74	白城	123	186	−63
咸宁	232	157	75	西安	31	94	−63
云浮	228	153	75	榆林	117	180	−63
本溪	257	181	76	襄阳	83	148	−65
朔州	181	101	80	天水	151	217	−66
长治	260	179	81	岳阳	121	188	−67
晋中	191	110	81	太原	35	105	−70
韶关	139	54	85	吉林	164	234	−70
阜新	272	184	88	保定	193	264	−71
来宾	240	151	89	宿迁	116	190	−74
白银	285	196	89	长沙	4	83	−79
吉安	141	50	91	海口	10	90	−80
淮北	231	139	92	张家界	134	215	−81
赤峰	189	96	93	沈阳	49	131	−82
亳州	187	93	94	廊坊	170	253	−83
乌海	166	71	95	泰州	75	159	−84
张家口	177	81	96	芜湖	42	127	−85
葫芦岛	263	165	98	信阳	167	252	−85
晋城	226	124	102	西宁	107	192	−85
黄石	206	103	103	松原	70	160	−90
铜川	200	97	103	南京	13	104	−91
滨州	145	41	104	呼伦贝尔	146	242	−96
孝感	276	170	106	牡丹江	183	279	−96
广安	174	68	106	绵阳	89	194	−105

续表

城市	绿色竞争力指数排名	政策响应与社会福利指数排名	位次变化	城市	绿色竞争力指数排名	政策响应与社会福利指数排名	位次变化
鹰潭	113	5	108	唐山	114	220	-106
淮南	230	115	115	辽源	106	212	-106
梅州	152	34	118	南阳	161	271	-110
百色	221	102	119	巴中	132	243	-111
玉溪	195	73	122	四平	162	275	-113
承德	245	119	126	淄博	65	178	-113
宝鸡	201	74	127	柳州	137	250	-113
阳泉	270	141	129	延安	130	249	-119
巴彦淖尔	147	16	131	洛阳	77	197	-120
铁岭	256	122	134	许昌	118	240	-122
曲靖	138	4	134	郑州	51	183	-132
上饶	213	62	151	武汉	16	150	-134
商洛	204	47	157	天津	14	152	-138
辽阳	269	109	160	庆阳	144	288	-144
伊春	252	85	167	乌鲁木齐	32	176	-144
吴忠	275	100	175	长春	22	168	-146
运城	271	92	179	哈尔滨	61	209	-148
嘉峪关	237	37	200	成都	27	177	-150
金昌	280	2	278	烟台	66	221	-155
				济南	34	193	-159
				黄冈	125	290	-165
				酒泉	64	231	-167
				南充	112	285	-173
				张掖	95	268	-173
				贵阳	69	270	-201
				兰州	76	284	-208

注：1. 本表根据表 0-4 和表 5-1 整理。2. 表中排名差异为城市绿色竞争力指数排名与政策响应与社会福利指数排名之差，正值表示政策响应与社会福利指数较之于城市绿色竞争力指数进步的名次，负值表示政策响应与社会福利指数较之于城市绿色竞争力指数退后的名次。

二、城市政策响应与社会福利比较分析

2015 年的城市政策响应与社会福利占该年城市绿色竞争力指数总权重的 30%，共由环境投资与治理指标、生活质量指标这 2 个二级指标及 15 个三级指标构成。在这些三级指标中，正指标 14 个，逆指标 1 个，每个三级指标占城市绿色竞争力指数总权重的 2%。本部分将以 2 个二级指标为例进行详细的分析与比较。

（一）环境投资与治理指标比较

在城市政策响应与社会福利指数测度体系中，环境投资与治理指标占政策响应与社会福利指数总权重的 66.67%，占城市绿色竞争力指数总权重的 20%，不仅是政策响应与社会福利指数中权重最大的一个二级指标，也是城市绿色竞争力指数中权重最大的一个二级指标，对城市绿色竞争力指数的贡献较大。

表 5-7 中列出了城市绿色增长效率指标下的 10 个三级指标。

表 5-7　中国城市环境投资与治理三级指标、权重及指标属性

指标序号	指标	权重	指标属性
1	节能保护支出占财政支出比重	2.00%	正
2	城市污水处理投资占市政公用设施建设固定资产投资比重	2.00%	正
3	城市园林绿化投资占市政公用设施建设固定资产投资比重	2.00%	正
4	城市市容环境卫生投资占市政公用设施建设固定资产投资比重	2.00%	正
5	城市垃圾处理投资占市政公用设施建设固定资产投资比重	2.00%	正
6	每万人拥有公共汽车数量	2.00%	正
7	工业二氧化硫去除率	2.00%	正
8	工业烟尘排放达标率	2.00%	正
9	城市污水处理率	2.00%	正
10	生活垃圾无害化处理率	2.00%	正

注：1. 本表内容是由本报告课题组召开的多次研讨会确定的。

根据表 5-7 所列的指标和权重，经过标准化处理综合测算，得出 2015 年中国城市环境投资与治理指标指数及其排名情况，具体如表 5-8 所示。

表 5-8　中国城市环境投资与治理指数及排名

城市	环境投资与治理指标		城市	环境投资与治理指标		城市	环境投资与治理指标	
	指数值	排名		指数值	排名		指数值	排名
汕尾	0.1155	1	盐城	0.0767	98	南阳	0.0704	195
金昌	0.0988	2	濮阳	0.0767	99	龙岩	0.0703	196
德州	0.0964	3	广州	0.0767	100	泰州	0.0703	197
潍坊	0.0946	4	常德	0.0766	101	锦州	0.0701	198
鹰潭	0.092	5	济南	0.0766	102	南京	0.07	199
巴彦淖尔	0.0912	6	淮北	0.0765	103	大庆	0.0699	200
铜陵	0.0907	7	晋城	0.0764	104	宁德	0.0699	201
滨州	0.0905	8	百色	0.0764	105	阳江	0.0699	202
枣庄	0.0895	9	青岛	0.0763	106	中卫	0.0698	203
商洛	0.0892	10	漳州	0.0762	107	舟山	0.0698	204
曲靖	0.0892	11	绥化	0.0762	108	益阳	0.0696	205
聊城	0.089	12	常州	0.0762	109	大同	0.0694	206
郴州	0.0886	13	昆明	0.0761	110	汉中	0.0694	207
铜仁	0.0883	14	许昌	0.076	111	通化	0.0693	208
汕头	0.0879	15	营口	0.0759	112	衢州	0.0691	209
吴忠	0.0878	16	南昌	0.0759	113	潮州	0.069	210
银川	0.0874	17	毕节	0.0759	114	莆田	0.0688	211
沧州	0.087	18	温州	0.0759	115	哈尔滨	0.0688	212
日照	0.0869	19	三明	0.0758	116	河源	0.0688	213
佛山	0.0867	20	固原	0.0758	117	阜阳	0.0685	214
遵义	0.0866	21	衡水	0.0758	118	七台河	0.0684	215
孝感	0.086	22	武汉	0.0756	119	烟台	0.0684	216
徐州	0.0857	23	长春	0.0756	120	张掖	0.0683	217
东营	0.0855	24	吉安	0.0755	121	西宁	0.0681	218
克拉玛依	0.0852	25	洛阳	0.0755	122	遂宁	0.0679	219
菏泽	0.085	26	黑河	0.0754	123	泸州	0.0679	220
黄石	0.0845	27	重庆	0.0753	124	湛江	0.0679	221
威海	0.0843	28	淮南	0.0753	125	内江	0.0677	222
运城	0.0842	29	商丘	0.0752	126	随州	0.0677	223
乌兰察布	0.0837	30	唐山	0.0752	127	辽源	0.0676	224
新乡	0.0832	31	芜湖	0.0751	128	榆林	0.0676	225

续表

城市	环境投资与治理指标		城市	环境投资与治理指标		城市	环境投资与治理指标	
	指数值	排名		指数值	排名		指数值	排名
贺州	0.0832	32	沈阳	0.0751	129	本溪	0.0675	226
镇江	0.083	33	安康	0.075	130	淮安	0.0673	227
淄博	0.0829	34	蚌埠	0.075	131	邵阳	0.0671	228
济宁	0.0828	35	中山	0.075	132	云浮	0.067	229
台州	0.0822	36	茂名	0.0748	133	廊坊	0.067	230
株洲	0.0818	37	马鞍山	0.0747	134	天水	0.0669	231
泰安	0.0818	38	宿迁	0.0747	135	荆州	0.0668	232
朔州	0.0816	39	阳泉	0.0744	136	绵阳	0.0667	233
太原	0.0816	40	苏州	0.0744	137	贵港	0.0665	234
惠州	0.0816	41	湖州	0.0744	138	海东	0.0664	235
渭南	0.0816	42	连云港	0.0744	139	黄山	0.0663	236
广安	0.0813	43	大连	0.0742	140	永州	0.0661	237
深圳	0.0812	44	六盘水	0.0742	141	忻州	0.066	238
亳州	0.0812	45	韶关	0.0742	142	鞍山	0.0657	239
包头	0.0812	46	白城	0.0741	143	玉林	0.0657	240
宝鸡	0.0811	47	乌鲁木齐	0.0741	144	吕梁	0.0654	241
宣城	0.0811	48	平顶山	0.0741	145	玉溪	0.0653	242
晋中	0.0811	49	安顺	0.0741	146	衡阳	0.0652	243
郑州	0.0811	50	江门	0.074	147	钦州	0.0649	244
通辽	0.081	51	湘潭	0.074	148	酒泉	0.0649	245
池州	0.081	52	杭州	0.074	149	张家界	0.0648	246
呼和浩特	0.0809	53	泉州	0.0738	150	广元	0.0647	247
乌海	0.0807	54	呼伦贝尔	0.0737	151	普洱	0.0642	248
石家庄	0.0807	55	滁州	0.0737	152	儋州	0.0641	249
莱芜	0.0804	56	福州	0.0736	153	丹东	0.064	250
张家口	0.0801	57	九江	0.0736	154	梧州	0.064	251
鄂尔多斯	0.0799	58	上饶	0.0735	155	双鸭山	0.0639	252
梅州	0.0797	59	金华	0.0733	156	襄阳	0.0638	253
邯郸	0.0797	60	北海	0.0733	157	昭通	0.0632	254
三亚	0.0797	61	雅安	0.0733	158	宜春	0.0631	255
铁岭	0.0796	62	宜昌	0.0733	159	娄底	0.0628	256

续表

城市	环境投资与治理指标		城市	环境投资与治理指标		城市	环境投资与治理指标	
	指数值	排名		指数值	排名		指数值	排名
辽阳	0.0796	63	德阳	0.0733	160	萍乡	0.062	257
扬州	0.0794	64	安庆	0.0731	161	抚州	0.0615	258
鹤壁	0.0793	65	临汾	0.0731	162	海口	0.0615	259
绍兴	0.0792	66	珠海	0.073	163	保山	0.0612	260
焦作	0.0791	67	宁波	0.073	164	四平	0.061	261
临沂	0.079	68	东莞	0.073	165	肇庆	0.0609	262
驻马店	0.0789	69	成都	0.073	166	延安	0.0607	263
邢台	0.0789	70	松原	0.0727	167	巴中	0.0603	264
赤峰	0.0789	71	资阳	0.0727	168	清远	0.0602	265
石嘴山	0.0788	72	新余	0.0726	169	怀化	0.0602	266
嘉峪关	0.0786	73	漯河	0.0725	170	牡丹江	0.0599	267
拉萨	0.0786	74	河池	0.0725	171	武威	0.0599	268
铜川	0.0785	75	十堰	0.0724	172	防城港	0.0598	269
南通	0.0783	76	信阳	0.0723	173	崇左	0.0595	270
上海	0.0782	77	岳阳	0.0721	174	鹤岗	0.059	271
开封	0.0782	78	抚顺	0.0721	175	南平	0.0589	272
合肥	0.0782	79	盘锦	0.072	176	柳州	0.0585	273
丽水	0.0782	80	桂林	0.072	177	自贡	0.0584	274
六安	0.0781	81	荆门	0.072	178	达州	0.0576	275
厦门	0.078	82	长治	0.072	179	眉山	0.0572	276
北京	0.0779	83	乐山	0.0719	180	周口	0.0563	277
长沙	0.0777	84	平凉	0.0719	181	定西	0.0559	278
葫芦岛	0.0776	85	三门峡	0.0719	182	黄冈	0.0548	279
咸宁	0.0776	86	朝阳	0.0719	183	兰州	0.0545	280
承德	0.0776	87	来宾	0.0718	184	丽江	0.0543	281
安阳	0.0774	88	宜宾	0.0717	185	齐齐哈尔	0.054	282
咸阳	0.0773	89	阜新	0.0714	186	白山	0.0539	283
伊春	0.0772	90	宿州	0.0711	187	南充	0.0531	284
嘉兴	0.0772	91	南宁	0.071	188	临沧	0.0529	285
秦皇岛	0.0771	92	白银	0.071	189	攀枝花	0.0518	286
无锡	0.077	93	景德镇	0.0708	190	揭阳	0.0505	287

续表

城市	环境投资与治理指标		城市	环境投资与治理指标		城市	环境投资与治理指标	
	指数值	排名		指数值	排名		指数值	排名
保定	0.0767	94	鸡西	0.0707	191	贵阳	0.0505	288
西安	0.0767	95	佳木斯	0.0706	192	赣州	0.0502	289
天津	0.0767	96	鄂州	0.0705	193	庆阳	0.0484	290
陇南	0.0767	97	吉林	0.0705	194			

注：本表数据及排名根据《中国统计年鉴 2016》《中国环境统计年报 2015》《中国环境统计年鉴 2016》《中国城市统计年鉴 2016》《中国城市建设统计年鉴 2016》等测算。

从表 5-8 我们可以看到，2015 年，我国 290 个城市环境投资与治理指标测算结果介于 0.0484~0.1155 之间，极差为 0.0671。其中，有 155 个城市环境投资与治理水平高于全国平均水平，占全部参评城市的 53.45%，如汕尾、金昌、德州、潍坊等；其中，汕尾、金昌和德州依位居所有参评城市前三位，指数值分别为 0.1155、0.0988 和 0.0964；但有 135 个城市环境投资与治理水平低于全国平均水平，占全部参评城市百分比的 46.55%，这些城市有金华、北海、雅安、宜昌、德昌等；其中，贵阳、赣州和庆阳位居所有参评城市的最后三位，指数值分别为 0.0505、0.0502、0.0484。

从图 5-3 中可以看出，相对于其他地区，我国东部地区城市环境投资与治理指标指数与城市政策响应与社会福利指数差距最大，表明东部区城市环境投资与治理对城市政策响应与社会福利的影响相对较小。

分区域来看，东部地区城市环境投资与治理指数平均值最高为 0.0767，然后依次是中部地区 0.0736、西部地区 0.0713 和东北地区 0.0699。东部地区城市环境投资与治理优势明显，其他三个地区差异不大，东北部地区最弱。并且由于环境投资与治理指标相对于生活质量指标占总比中权重较高，因此，环境投资与治理指标的指数值对政策响应与社会福利指数排序的总体影响较大。

从城市环境投资与治理指数值排名结果看，在环境投资与治理指数值前 10 位的城市中，东部地区城市有 5 个，分别是汕尾、德州、潍坊、滨州和枣庄；中部地区城市有 2 个，分别是鹰潭、铜陵；西部地区城市有 3 个，分别是金昌、巴彦淖尔和商洛；没有东北部地区城市。而后 10 位的城市中，东、中部地区城市各有 1 个，分别为揭阳和赣州；西部地区城市有 6 个，分别为丽江、南充、临沧、攀枝花、贵阳和庆阳；东北地区城市有 2 个，齐齐哈尔和白山。

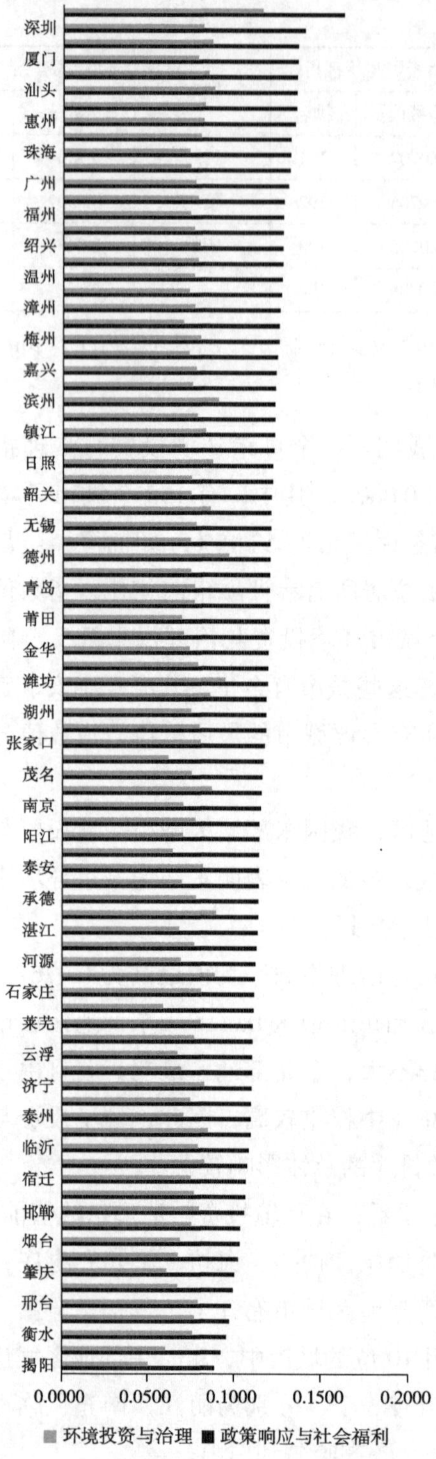
深圳
厦门
汕头
惠州
珠海
广州
福州
绍兴
温州
漳州
梅州
嘉兴
滨州
镇江
日照
韶关
无锡
德州
青岛
莆田
金华
潍坊
湖州
张家口
茂名
南京
阳江
泰安
承德
湛江
河源
石家庄
莱芜
云浮
济宁
泰州
临沂
宿迁
邯郸
烟台
肇庆
邢台
衡水
揭阳
0.0000
0.0500
0.1000
0.1500
0.2000
环境投资与治理
政策响应与社会福利

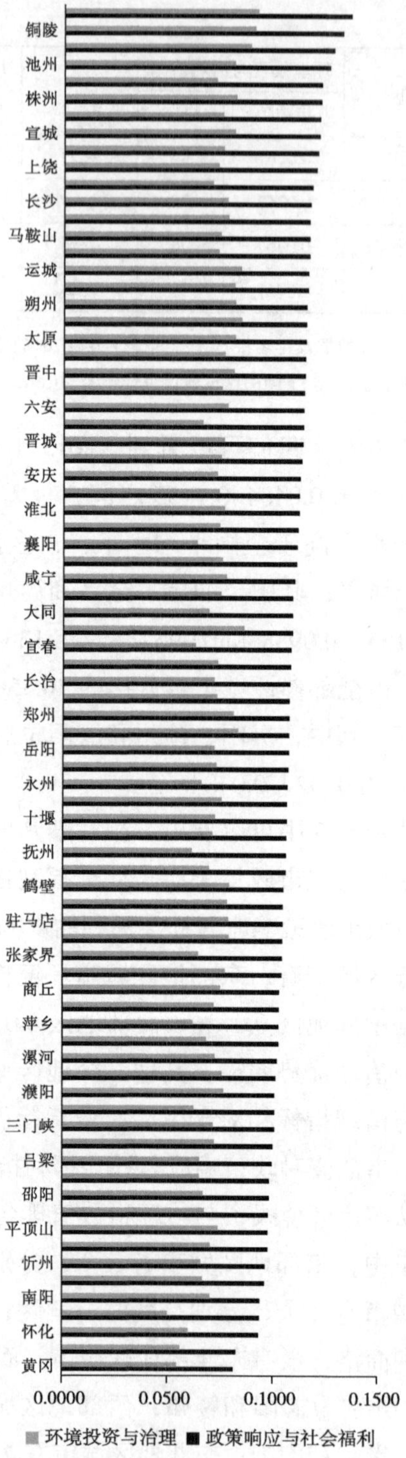
铜陵
池州
株洲
宣城
上饶
长沙
马鞍山
运城
朔州
太原
晋中
六安
晋城
安庆
淮北
襄阳
咸宁
大同
宜春
长治
郑州
岳阳
永州
十堰
抚州
鹤壁
驻马店
张家界
商丘
萍乡
漯河
濮阳
三门峡
吕梁
邵阳
平顶山
忻州
南阳
怀化
黄冈
0.0000
0.0500
0.1000
0.1500
环境投资与治理
政策响应与社会福利

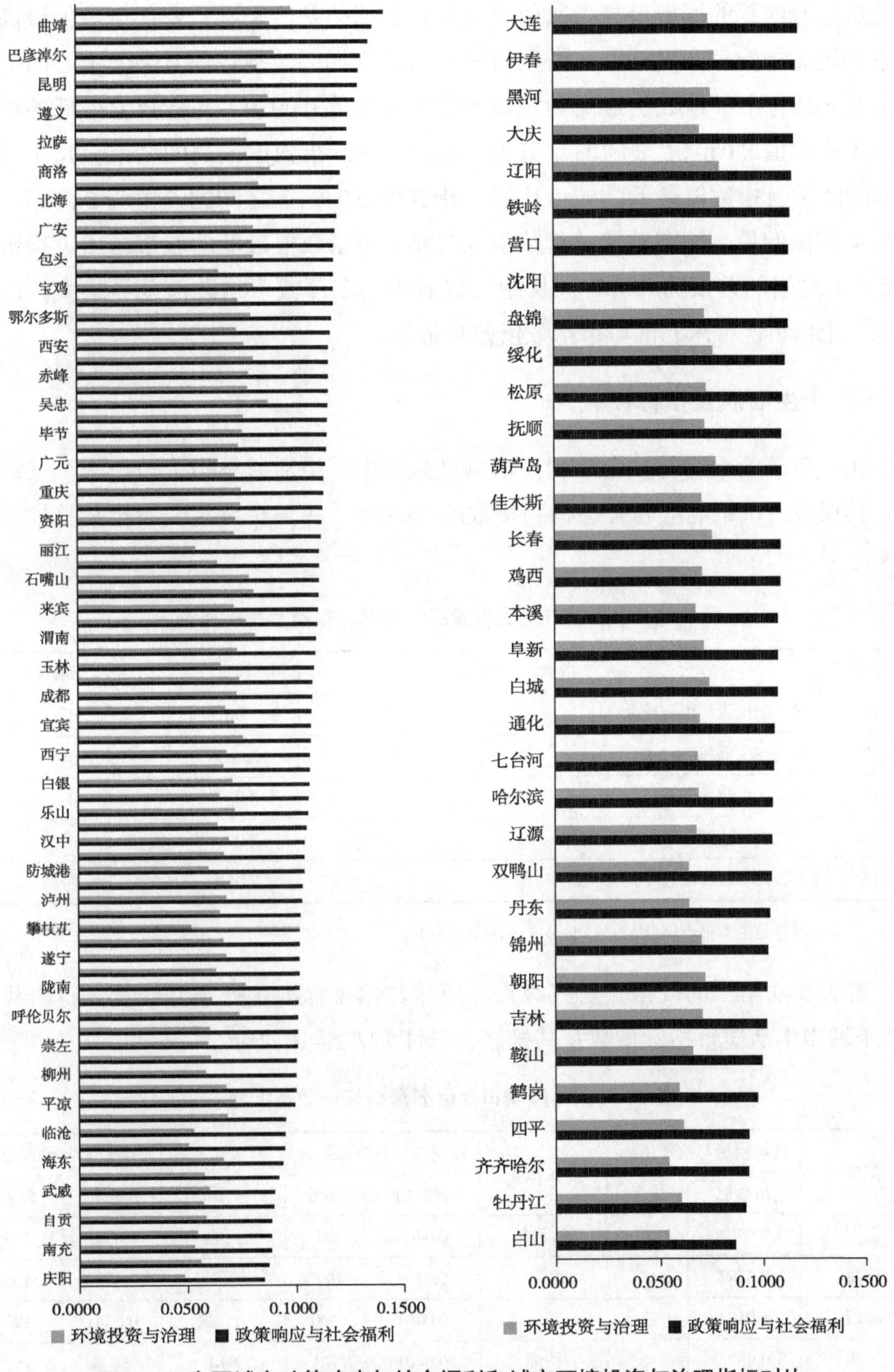

图 5-3　中国城市政策响应与社会福利和城市环境投资与治理指标对比

注：图 5-3 按东部、中部、西部和东北地区划分，根据政策响应与社会福利指数大小由上至下排列。

从区域内部的城市最高指数值与最低指数值的差值来看，东部指数值最高的城市汕尾（指数值 0.1155）与指数值最低的城市揭阳（指数值 0.0505）之间的差值为 0.0650；中部指数值最高的城市鹰潭（指数值 0.0920）与指数值最低的城市赣州（指数值 0.0502）之间的差值为 0.0418；西部指数值最高的城市金昌（指数值 0.0988）与指数值最低的城市庆阳（指数值 0.0484）之间的差值为 0.0504；东北部指数值的最高城市铁岭（指数值 0.0796）与指数值最低的城市白山（指数值 0.0539）之间的差值为 0.0257。从中可以看出，东部城市指数值差异最大，西部次之，中部再次，东北部城市指数值差异最小。

（二）生活质量指标比较

在城市政策响应与社会福利指数测度体系中，生活质量指标包括 5 个三级指标，其权重占政策响应与社会福利指数的 33.33%，占城市绿色发展指数总权重的 10%。

表 5-9 中国城市生活质量三级指标、权重及指标属性

指标序号	指标	权重	指标属性
11	城镇居民人均可支配收入	2.00%	正
12	人均住房面积	2.00%	正
13	建成区绿化覆盖率	2.00%	正
14	空气质量达到二级以上天数	2.00%	正
15	可吸入颗粒物浓度（PM2.5）年均值	2.00%	逆

注：本表内容是由本报告课题组召开的多次研讨会确定的。

按表 5-9 给出的权重，对三级指标原始数据做标准化处理并计算，得出我国 290 个城市生活质量指标指数及其排名，具体如表 5-10 所示。

表 5-10 中国城市生活质量指标指数及排名

城市	环境投资与治理指标		城市	环境投资与治理指标		城市	环境投资与治理指标	
	指数值	排名		指数值	排名		指数值	排名
深圳	0.0584	1	六盘水	0.0405	98	吕梁	0.0341	195
珠海	0.0582	2	双鸭山	0.0403	99	阜阳	0.0341	196
厦门	0.0574	3	铜仁	0.0401	100	宜昌	0.0341	197
泉州	0.0572	4	株洲	0.0401	101	铁岭	0.034	198
丽江	0.057	5	桂林	0.04	102	十堰	0.0339	199

续表

城市	环境投资与治理指标		城市	环境投资与治理指标		城市	环境投资与治理指标	
	指数值	排名		指数值	排名		指数值	排名
舟山	0.0552	6	巴彦淖尔	0.04	103	天津	0.0339	200
海口	0.055	7	本溪	0.04	104	乐山	0.0339	201
福州	0.0537	8	宣城	0.0399	105	乌鲁木齐	0.0339	202
昆明	0.0536	9	绵阳	0.0399	106	临汾	0.0339	203
广州	0.0534	10	榆林	0.0399	107	鞍山	0.0338	204
东莞	0.0532	11	保山	0.0398	108	蚌埠	0.0338	205
玉溪	0.053	12	资阳	0.0398	109	兰州	0.0338	206
台州	0.0524	13	郴州	0.0397	110	遂宁	0.0337	207
南平	0.0524	14	镇江	0.0395	111	朔州	0.0336	208
惠州	0.0523	15	延安	0.0395	112	中卫	0.0334	209
龙岩	0.0518	16	肇庆	0.0395	113	晋中	0.0334	210
三亚	0.0517	17	泰州	0.0395	114	太原	0.0334	211
三明	0.0513	18	张家界	0.0395	115	长春	0.0332	212
宁波	0.051	19	大同	0.0394	116	怀化	0.0332	213
温州	0.0508	20	伊春	0.0393	117	白城	0.0331	214
莆田	0.0508	21	丹东	0.0393	118	衡阳	0.033	215
威海	0.0506	22	长沙	0.0393	119	咸阳	0.0329	216
儋州	0.0502	23	毕节	0.0391	120	廊坊	0.0326	217
攀枝花	0.0499	24	安庆	0.0391	121	商洛	0.0324	218
新余	0.0496	25	西安	0.039	122	内江	0.0324	219
宁德	0.0496	26	淮南	0.0389	123	白山	0.0324	220
广元	0.0496	27	来宾	0.0389	124	徐州	0.0324	221
丽水	0.0493	28	齐齐哈尔	0.0389	125	清远	0.0323	222
克拉玛依	0.0493	29	百色	0.0388	126	石嘴山	0.0323	223
漳州	0.0492	30	西宁	0.0387	127	锦州	0.0323	224
南宁	0.049	31	扬州	0.0386	128	泰安	0.0323	225
佛山	0.0489	32	遵义	0.0385	129	宿迁	0.0323	226
上海	0.0487	33	鹤岗	0.0384	130	咸宁	0.0323	227
中山	0.048	34	昭通	0.0384	131	眉山	0.0322	228
绍兴	0.0478	35	佳木斯	0.0384	132	滨州	0.0321	229
北海	0.0476	36	合肥	0.0383	133	四平	0.0321	230

续表

城市	环境投资与治理指标		城市	环境投资与治理指标		城市	环境投资与治理指标	
	指数值	排名		指数值	排名		指数值	排名
黄山	0.0474	37	揭阳	0.0383	134	运城	0.0317	231
曲靖	0.0473	38	常德	0.0381	135	葫芦岛	0.0317	232
襄阳	0.0472	39	重庆	0.038	136	牡丹江	0.0316	233
景德镇	0.0471	40	鸡西	0.038	137	固原	0.0314	234
苏州	0.047	41	安康	0.0379	138	吉林	0.0313	235
普洱	0.047	42	娄底	0.0379	139	定西	0.0312	236
汕头	0.0468	43	芜湖	0.0379	140	邵阳	0.0312	237
贺州	0.0468	44	湘潭	0.0379	141	石家庄	0.0309	238
汕尾	0.0464	45	广安	0.0378	142	洛阳	0.0308	239
韶关	0.0464	46	乌海	0.0376	143	荆门	0.0307	240
上饶	0.0464	47	沈阳	0.0376	144	黄石	0.0306	241
杭州	0.0461	48	银川	0.0374	145	莱芜	0.0305	242
嘉兴	0.0461	49	鄂尔多斯	0.0373	146	忻州	0.0304	243
拉萨	0.046	50	秦皇岛	0.0373	147	济南	0.0301	244
江门	0.0458	51	酒泉	0.0373	148	随州	0.0301	245
吉安	0.0458	52	抚顺	0.0373	149	朝阳	0.03	246
金华	0.0458	53	张家口	0.0372	150	通辽	0.03	247
嘉峪关	0.0457	54	天水	0.0372	151	自贡	0.03	248
湛江	0.0457	55	包头	0.0371	152	武威	0.0299	249
大庆	0.0457	56	乌兰察布	0.0371	153	临沂	0.0297	250
梅州	0.0452	57	铜川	0.0371	154	漯河	0.0293	251
池州	0.0452	58	晋城	0.037	155	荆州	0.0293	252
宜春	0.0451	59	松原	0.037	156	三门峡	0.0288	253
南京	0.0451	60	七台河	0.037	157	沧州	0.0286	254
衢州	0.0449	61	阳泉	0.037	158	唐山	0.0286	255
北京	0.0447	62	营口	0.037	159	渭南	0.0282	256
南昌	0.0446	63	宝鸡	0.037	160	商丘	0.0277	257
抚州	0.0445	64	赤峰	0.0368	161	吴忠	0.0277	258
鹰潭	0.0445	65	辽源	0.0368	162	信阳	0.0276	259
阳江	0.0444	66	庆阳	0.0366	163	平凉	0.0275	260
防城港	0.0443	67	承德	0.0364	164	济宁	0.0274	261

续表

城市	环境投资与治理指标		城市	环境投资与治理指标		城市	环境投资与治理指标	
	指数值	排名		指数值	排名		指数值	排名
贵阳	0.044	68	通化	0.0363	165	海东	0.0273	262
安顺	0.044	69	盐城	0.0362	166	呼伦贝尔	0.0272	263
湖州	0.0437	70	益阳	0.0362	167	鄂州	0.0271	264
河源	0.0436	71	德阳	0.0361	168	安阳	0.0267	265
赣州	0.0436	72	六安	0.0359	169	黄冈	0.0267	266
常州	0.0435	73	阜新	0.0359	170	张掖	0.0267	267
云浮	0.0435	74	哈尔滨	0.0359	171	周口	0.0265	268
雅安	0.0434	75	长治	0.0357	172	开封	0.0264	269
青岛	0.0434	76	宜宾	0.0355	173	邯郸	0.0263	270
大连	0.0434	77	白银	0.0355	174	郑州	0.0263	271
无锡	0.0434	78	连云港	0.0355	175	驻马店	0.0256	272
玉林	0.043	79	淮北	0.0353	176	鹤壁	0.0255	273
金昌	0.043	80	淮安	0.0353	177	焦作	0.0253	274
九江	0.0429	81	贵港	0.0352	178	许昌	0.0253	275
临沧	0.0419	82	南充	0.0351	179	淄博	0.0249	276
铜陵	0.0418	83	岳阳	0.0351	180	陇南	0.0247	277
马鞍山	0.0418	84	武汉	0.0351	181	菏泽	0.0247	278
柳州	0.0416	85	烟台	0.0351	182	枣庄	0.0243	279
潮州	0.0415	86	泸州	0.035	183	潍坊	0.0242	280
崇左	0.0412	87	宿州	0.035	184	濮阳	0.0241	281
茂名	0.0412	88	辽阳	0.035	185	新乡	0.024	282
梧州	0.0412	89	东营	0.0349	186	德州	0.0236	283
黑河	0.0412	90	绥化	0.0349	187	平顶山	0.0236	284
钦州	0.0411	91	成都	0.0349	188	南阳	0.0235	285
河池	0.0409	92	呼和浩特	0.0348	189	聊城	0.0231	286
萍乡	0.0406	93	汉中	0.0348	190	孝感	0.0228	287
盘锦	0.0406	94	亳州	0.0346	191	保定	0.0206	288
南通	0.0406	95	日照	0.0345	192	衡水	0.0199	289
巴中	0.0405	96	滁州	0.0344	193	邢台	0.0197	290
永州	0.0405	97	达州	0.0342	194			

注：本表数据及排名根据《中国统计年鉴 2016》《中国环境统计年报 2016》《中国环境统计年鉴 2016》《中国城市统计年鉴 2016》《中国城市建设统计年鉴 2016》等测算。

从表 5-10 我们发现，城市生活质量指标指数中，排名最高的是深圳，该值为 0.0584，邢台位列倒数第一，指数值为 0.0197。在参评的 290 个城市中，生活质量指标指数值高于全国平均水平的城市共 137 个，占全部参评城市的 47.24%，如深圳、珠海、厦门等；其中，深圳、珠海和厦门位居所有参评城市前三位，指数值分别为 0.0584、0.0582 和 0.0574。有 153 个城市生活质量指标指数值低于全国平均水平，占全部参评城市的 52.76%，比例过半，如鸡西、安康、娄底等，其中，保定、衡水和邢台排到了最后三位，指数值分别为 0.0206、0.0199 和 0.0197。

从图 5-4 中可以看出，我国城市生活质量指标指数远低于城市政策响应与社会福利指数，表明我国城市生活质量指标对城市经济增长绿化度的影响相对较小。分区域来看，各区域生活质量指标指数值差距不明显，按照简单算术平均方法具体计算，东部地区城市生活质量指标平均值为 0.0411，中部地区为 0.0350，西部地区为 0.0388，东北地区为 0.0365。

就排名结果来看，在生活质量指标前 10 位的城市中，东部地区城市有 8 个，分别是深圳、珠海、厦门、泉州、舟山、海口、福州和广州；西部地区仅有 2 个城市，分别是丽江和昆明；没有中部和东北地区城市。而生活质量指标后 10 位的城市中，东部地区城市和西部地区城市各有 5 个，分别是德州、聊城、保定、衡水、邢台以及濮阳、新乡、平顶山、南阳、孝感。

按照区域内城市最高指数值与最低指数值的差值来看，东部指数值最高的城市深圳（指数值 0.0584）与指数值最低的城市邢台（指数值 0.0197）之间的差值为 0.0387；中部指数值的最高城市新余（指数值 0.0496）与指数值最低的城市孝感（指数值 0.0228）之间的差值为 0.0268；西部指数值最高的城市丽江（指数值 0.0570）与指数值最低的城市陇南（指数值 0.0247）之间的差值为 0.0323；东北部指数值最高的城市大庆（指数值 0.0457）与指数值最低的城市朝阳（指数值 0.0300）之间的差值仅为 0.0157。从中可以看出，四大区域内部中的城市生活质量指标上的指数值差值最大的是东部地区，其次是西部地区，再次是中部地区，东北地区差距最小。

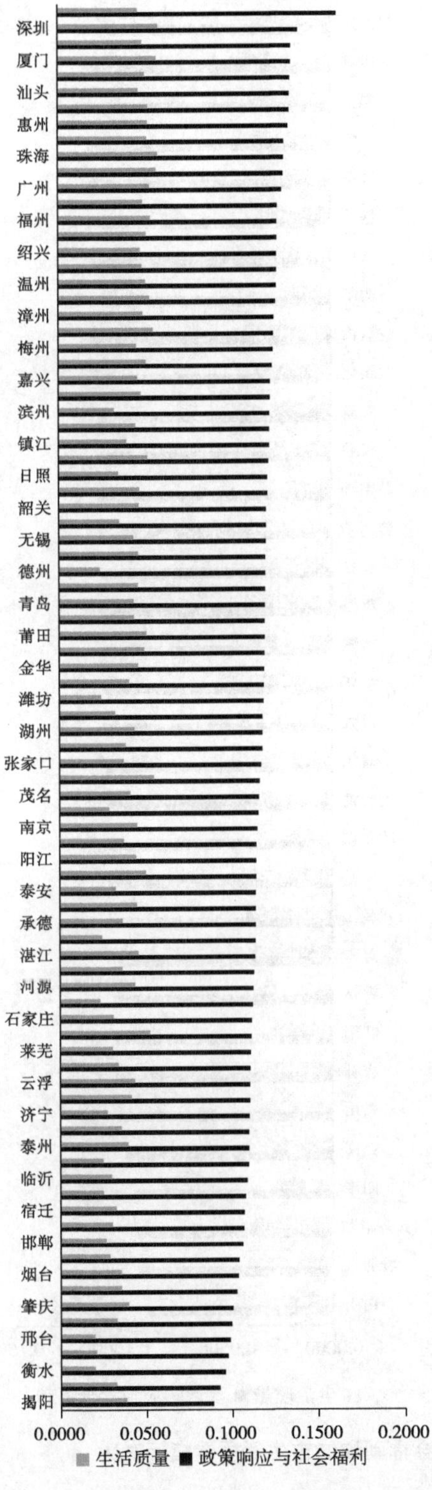
深圳
厦门
汕头
惠州
珠海
广州
福州
绍兴
温州
漳州
梅州
嘉兴
滨州
镇江
日照
韶关
无锡
德州
青岛
莆田
金华
潍坊
湖州
张家口
茂名
南京
阳江
泰安
承德
湛江
河源
石家庄
莱芜
云浮
济宁
泰州
临沂
宿迁
邯郸
烟台
肇庆
邢台
衡水
揭阳
0.0000
0.0500
0.1000
0.1500
0.2000
生活质量
政策响应与社会福利

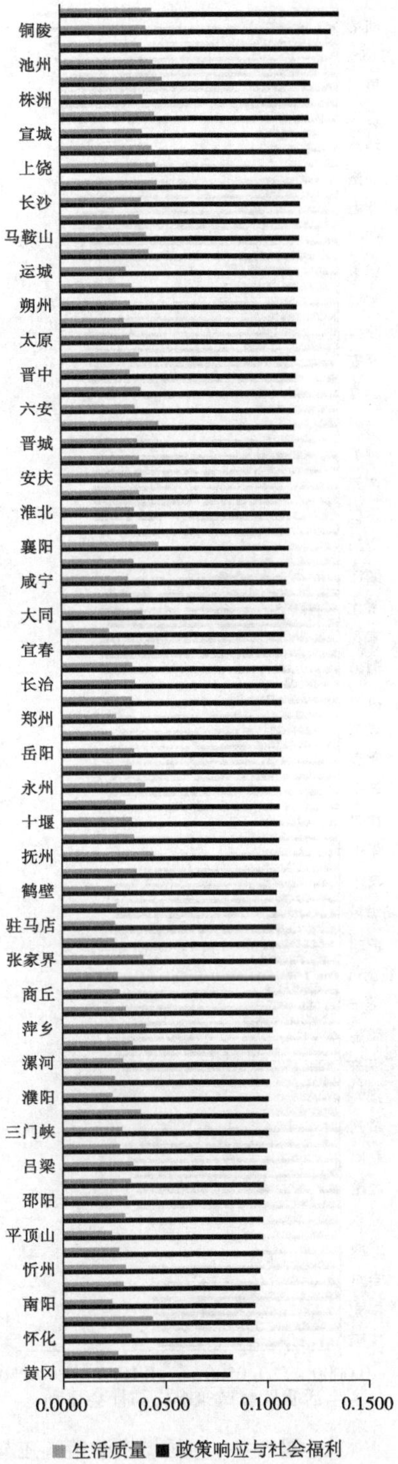
铜陵
池州
株洲
宣城
上饶
长沙
马鞍山
运城
朔州
太原
晋中
六安
晋城
安庆
淮北
襄阳
咸宁
大同
宜春
长治
郑州
岳阳
永州
十堰
抚州
鹤壁
驻马店
张家界
商丘
萍乡
漯河
濮阳
三门峡
吕梁
邵阳
平顶山
忻州
南阳
怀化
黄冈
0.0000
0.0500
0.1000
0.1500
生活质量
政策响应与社会福利

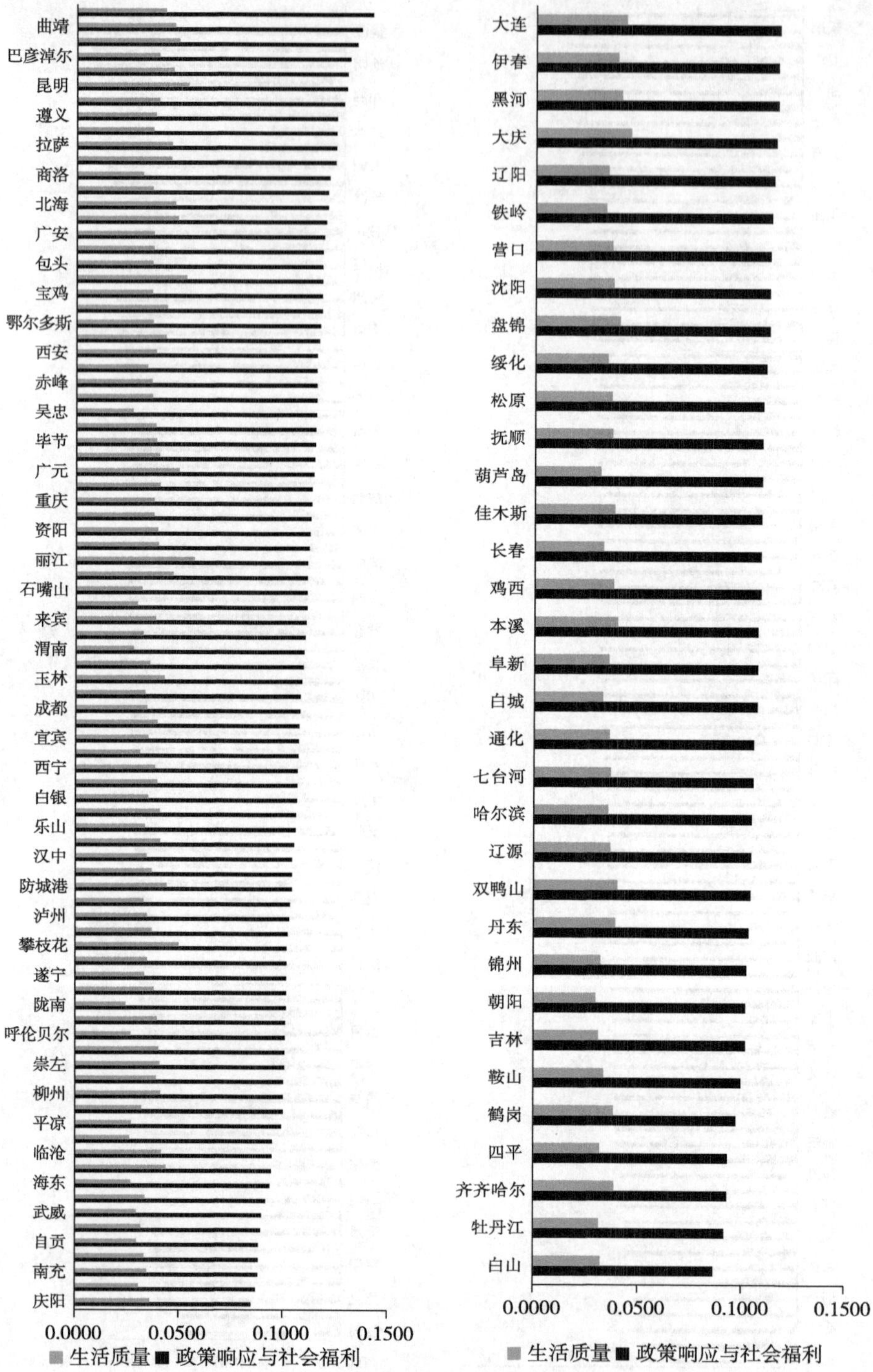

图 5-4 中国城市政策响应与社会福利和城市生活质量指标对比

注：图 5-4 按东部、中部、西部和东北地区划分，根据政策响应与社会福利指数大小由上至下排列。

第六章　新时代中国城市绿色发展战略

党的十九大报告提出，中国特色社会主义进入新时代，我国社会主要矛盾已经转化为人民日益增长的美好生活需要和不平衡不充分的发展之间的矛盾。习近平总书记指出："我们要建设的现代化是人与自然和谐共生的现代化，既要创造更多物质财富和精神财富以满足人民日益增长的美好生活需要，也要提供更多优质生态产品以满足人民日益增长的优美生态环境需要。"对当今中国而言，人民最重要的美好生活需求便是对良好生活环境的渴望；最突出的发展不平衡不充分问题便是人与自然关系的失衡。如此，绿色发展就是能够更好满足人民日益增长的美好生活需要的发展，绿色竞争力也将成为未来城市之间角逐的主要战场。

一、中国城市绿色竞争力的现状

通过对 2015 年中国城市绿色竞争力指数的综合分析，报告发现城市绿色竞争力水平的高低与地理区域、城市群、城市人口规模和经济发展水平等因素密切相关，空间差异和不平衡现象较为突出。

（一）绿色竞争力空间差异明显

从城市绿色竞争力地理区域划分的角度看，中国城市绿色竞争力的空间分布存在着明显的"洼地"现象。中部地区城市绿色竞争力相对东部地区和西部地区较为薄弱。东部地区城市绿色竞争力优势明显。东部城市绿色竞争力指数平均值达到 0.2701，超过全国平均水平，其中 4 个一级指标中，除自然资产与环境压力外，其余 3 个都具有绝对优势；西部地区城市资源环境的天然优势，对绿色竞争力指数排名的拉动作用十分明显，绿色竞争力整体水平处于中游；中部地区城市绿色竞争力相对落后。此外，东北地区城市绿色竞争力与中部地区整体水平相当，绿色竞争力水平亟待提高。

（二）城市绿色竞争力形成具有“行政优势”

从中国城市绿色竞争力指数的综合排名来看，不仅仅是在地理区域之间的城市绿色竞争力差异明显，在同一行政区域内同样存在悬殊表现，省会城市、副省级以上等区域中心城市绿色竞争力往往要大大高于其他地级城市。中国31个省会城市的绿色竞争力指数及其排名的平均值分别为0.2995和39，其中22个城市排名都在前50名之内，除西宁排名第107位之外，其余8个城市也都排名100以内，且城市间差距较小。这不仅得益于省会城市本身对资源的吸引力相对于其他地级城市要更加强大，更因为当前中国城市绿色发展的动力很大程度上来自于政府的压力，部分城市绿色竞争力的培养具有浓厚的政府主导色彩。事实上，城市绿色发展不但需要政府的推动，更需要企业、社会和公众的广泛参与，才能形成持久的绿色内生性增长动力。

（三）城市绿色竞争力呈现“同群效应”

从城市绿色竞争力的地理分布来看，存在同群效应的特征。中国城市绿色竞争力较高的地区往往会在地理位置上形成一定的集聚，在城市群层面体现出高于其他区域的绿色竞争力优势，部分城市群已经呈现出协同发展的格局。中国城市绿色竞争力指数综合排名前100强的城市中，有84个城市属于不同发展水平的城市群。其中，有34个城市集中在长江三角洲城市群、珠江三角洲城市群和京津冀城市群等3个城市群之中，加上长江中游城市群、成渝城市群、哈长城市群、中原城市群、关中平原城市群和北部湾城市群，则共有60个城市位于上述城市群之中，其余24个城市则分布于山东半岛城市群、海峡西岸城市群、辽中南城市群和呼包鄂城市群等区域性城市群之内。城市群内，城市之间通过构建有效的协调发展机制，在城市功能定位和分工的基础上，相互促进、共同高效地完成了城市群内生产要素的自由流动和优化配置，合力为整个城市群内的城市绿色竞争力提升提供支撑。

（四）城市群绿色竞争力呈现“俱乐部收敛”特征

中国城市群绿色竞争力水平不但存在显著差异，甚至不排除有些区域之间的差距会不断扩大，呈现出明显的“俱乐部收敛”特征。所谓的俱乐部收敛是指：拥有相同稳态特征的空间组群最终收敛于相同的长期增长路径。报告所考察的13个主要城市群绿色竞争力指数从高到低排列依次为长江三角洲城市群、山东半岛城市群、珠江三角洲城市群、呼包鄂城市群、海峡西岸城市群、哈长城市群、京津冀城市群、北部湾城市群、长江中游城市群、成渝城市群、辽中南城市群、关中平原城市群、中原城市群。城市群绿色竞争力指数均值为 0.2510，中位数为 0.2480，标准差为 0.0234。城市群中绿色竞争力最大为 0.2886，最小为 0.2198。其中长江三角洲城市群、山东半岛城市群、珠江三角洲城市群、呼包鄂城市群、海峡西岸城市群的绿色竞争力高于平均水平，而哈长城市群、京津冀城市群、北部湾城市群、长江中游城市群、成渝城市群、辽中南城市群、关中平原城市群和中原城市群低于平均水平。排名靠前的城市群得益于灵活的市场制度和有利的区位优势，预计未来仍可保持领先位势；而排名靠后的城市群受制于较为僵化的体制约束及地缘劣势，未来上升途径可能较为曲折。

（五）城市规模是提升城市绿色竞争力的密钥之一

城市人口增长必将导致更严重的污染是被广为接受的论断。但是本报告的研究认为，从不同人口规模的城市的绿色竞争力平均水平来看，超大城市、特大城市和大城市组的城市绿色竞争力平均值分别为 0.3556、0.3102 和 0.2518，都高于全国平均水平，而且要明显好于中等城市和小城市的绿色竞争力水平。一方面，人口的集聚将推动产业转型升级。这是因为人口是服务业发展的重要支撑，人口集聚能加快产业转型速度，通过服务业比重的提高而实现更清洁的产业结构。另一方面，人口的集聚将加快技术创新和扩散的速度。人口规模的增长在一定条件下能创造更多科研成果，从而促进技术创新和扩散，提高劳动生产率，产生正外部性，推动经济增长。在环境上主要表现为生产技术和减排技术的提高，达到减少污染产生量和排放量的结果，降低排污成本。从全国层面来说，大城市的发展恰恰有利于实现环保目标，因此城市规模是提升城市绿色竞争力的密钥之一。

（六）经济发展水平与城市绿色竞争力密切相关

从中国城市绿色竞争力指数综合排名可以看出，绿色竞争力高的城市往往也是经济发展水平较高的地区。城市绿色竞争力与其经济发展水平整体存在正相关关系。城市绿色竞争力指数排名前 10 的城市中有 7 个城市位于高收入组，排名前 20 的有 16 个城市位于高收入组。而且只有高收入组城市绿色竞争力平均水平高于全国平均水平，中等偏下和中等偏上收入组中的城市绿色竞争力水平都要低于全国平均水平。经典的“环境库兹涅茨曲线理论”表明，地区环境污染程度会随着人均收入的提高先上升后下降，呈倒 U 形关系。地区经济发展过程中，产业从相对清洁的农业经济到污染较重的工业经济，再到环境友好的服务型经济，污染情况先增后减。得益于经济发展带来的产业结构的优化升级、生产要素的高效配置和资源效率的显著提升，使得高收入城市在经济基础、资源与环境以及社会各个方面相对于中等收入组城市几乎都具有明显的优势。

二、中国城市绿色竞争力提升的制约因素

中国城市绿色竞争力的提升面临着较强的资源环境约束，资源的高效集约利用是提升城市绿色竞争力的必然选择，而部分城市科技水平和公众参与的滞后则成为制约城市绿色竞争力提升的短板。

（一）科技进步水平亟待提升

尽管多数城市普遍都经历了连续多年的经济增长，但是技术进步的作用在城市绿色竞争力的形成中存在显著差异。中国城市以往所采用的粗放增长模式，已经越来越多地成为其持续发展的制约因素。城市发展在追求经济持续增长的同时，必须加大对科技进步的重视力度。特别是在中国经济步入“新常态”之后，个别城市经济增长的动力基础必须进行转换。因此，加快技术创新、推动科技进步成为中国提升绿色竞争力、推动可持续发展最根本、最有效的办法。这一点对于诸多西部城市而言尤为重要。

（二）资源环境过度消耗和破坏

粗放式发展所带来的直接结果就是对资源环境的极度消耗和破坏，这给城市发展造成了极大的自然资产和环境压力，同时也付出了沉重的代价。人口向城市快速集中，带来的是对自然资源和周围生态环境的大幅需求。土地、资源、能源的极度消耗，导致了越来越严重的城市拥堵、环境破坏和能源紧张，这些弊病降低了城市生活和生产的效率，同时还会产生大量的废物排放，带来诸多难以逆转的社会问题，严重制约着整个社会的可持续发展。对于上海、天津、武汉这样的城市而言，尽管城市绿色竞争力综合排名位于前列，但是如何减轻城市发展对自然资产和环境造成的压力，却是亟待解决的现实问题之一。

（三）资源环境利用效率偏低

城市发展过程中带来的资源过度消耗和环境持续恶化，根本原因便是资源利

用效率低下所致。从城市绿色竞争力的构成来看，这一点表现得最为明显。在综合排名靠前的城市中，呼和浩特和昆明在经济增长上都取得了不小的成就，但是由于技术落后、能源利用率偏低、污染处理水平不高、单位产值能耗大等问题，其资源利用的效率在全国的排名却较为落后。这样的不足和不充分既浪费了能源，又污染了环境。

（四）政策制定和社会响应力度不够

从排名比较靠后的城市分布来看，中、西部地区城市的环保意识和绿色行动普遍有待提高。主要原因在于中、西部地区经济发展较为落后，政府政策的制定倾向于实现城市经济规模的快速增长，对绿色发展的关注度不够。同时，受制于经济发展的巨大压力，全社会对于生态环境的重视程度不高。这归根结底是思想观念的问题，对未来中国城市绿色竞争力的提高和实现绿色发展而言，政府和居民都需要首先在绿色发展理念上做出根本性的转变。

中国城市绿色发展的实践表明，东部发达地区普遍借助于自身经济实力的强劲、政府财力的强大和居民环保愿望的提升，在培育绿色竞争力、推进城市绿色发展方面比较积极，成效显著。但是，在中、西部和东北地区还存在大量相对落后地区、贫困地区，这些地区城市绿色发展普遍落后，未来在加速城市绿色发展转型的过程中，面临的客观阻力和劣势会更多。这种不充分反过来会加重中国城市绿色发展的区域不平衡状况。因此，解决好城市绿色发展中存在的不平衡不充分问题，才能实现中国城市的高质量绿色发展。

三、中国城市绿色竞争力提升的途径

绿色城市是现代化的重要载体，也是城市发展的重要方向。提高城市绿色竞争力需要理念先行，需要发展模式转型，需要广泛的公众参与，需要城市群协同推进。

（一）牢固树立城市绿色发展新理念

城市的本质是为人类创造美好生活的家园。亚里士多德说：“人们来到城市，是为了生活；人们居住在城市，是为了生活得更美好。”城市自古以来就是人类活动的中心之一，是人类对美好生活的向往所在。美好生活的实现离不开城市绿色发展。发展和绿色是密不可分的，失去绿色的发展，即使牺牲了环境、资源、健康，可能换来短期的增长，但是换不来真正的发展。正如习近平主席所言：宁要绿水青山，不要金山银山，而且绿水青山就是金山银山。城市进步的根基在于生态保护与经济发展协同推进，生态保护为绿色发展提供资源补给和环境支撑，经济发展为生态保护提供资金扶持和技术支持，最终实现“绿水青山、金山银山”兼收并蓄。

（二）全面推进城市绿色发展新模式

美国规划学者彼得·卡尔索普指出：“城市可持续性就是在经济、社会和生态环境中寻找一种平衡，使其能够永久地存在下去。”城市可持续发展就是要最大限度地减少对于生态环境的消极影响而实现经济发展。为此，我们应该彻底摒弃过去高投入、高消耗、高排放、高污染的传统思维模式，将城市作为倡导绿色发展、践行生态文明的载体，将绿色作为城市发展最鲜亮的底色。一是通过积极开展城市环境保护和治理技术的研究，加快清洁能源、清洁生产、绿色生活等环保技术的应用，大力发展新产业、新模式、新业态等绿色标志性产业并形成比较优势，实现从源头到终端整个链条上节能、降耗和减污的目标。二是以绿色生态城区、循环经济产业园区、绿色能源基础设施等建设引导形成绿色低碳的生产生活方式，以生态城市、海绵城市、绿色城市、健康城市等新型城市建设引导形成集约发展、绿色低碳、低消耗的城市建设运营模式，提升城市绿色竞争力。

（三）培养公众绿色参与新意识

环境问题非常复杂，不同的利益集团有着不同的利益诉求。在环境保护这种公共产品的供给方面，市场可能会失灵，而政府由于信息不完全对称，认知能力所限及可能的寻租行为也会导致失灵。所以环境保护公众参与是政府和市场治理的有益补充。一方面，不但需要立法确定公众参与环境保护的权利，更重要的是公众能真正获得参与环境保护的权利。政府需要做的是为公众参与培育良好的制度环境，提供顺畅的参与渠道，拓展公众参与环境保护的广度和深度，鼓励多层次、多渠道、多主体的公众参与，这是公众参与环境治理效果的重要保证。另一方面，需要着力培育公民的环境意识、提高公众的环境认知能力、唤起公众自发参与环境治理，这是保证公众参与效果的关键。未来中国城市绿色竞争力的提升应该也必将体现出更多公众的贡献。

（四）推动城市群发展新协同

未来区域之间的竞争已不再是单个城市的竞争，而是以城市群为基础的区域间的整体竞争，因此，城市绿色竞争力的提升应该借助于城市群的力量，相互促进，互为补充。国家级中心城市、区域性核心城市与中小城市之间应形成合理有序的分工合作，城市间应避免重复建设与恶性竞争，积极走集群化、错位化、创新导向的产业发展道路，促进群内城市产业转型升级。国家级中心城市或区域性核心城市还应当积极为周边中小城市提供知识和技术支撑，使之成为区域经济增长甚至是国家经济发展的“技术池”，充分发挥大城市的辐射带动效应。需要指出的是，部分国家级中心城市、区域性核心城市对中小城市、县域经济发展的辐射和带动作用受到了行政区划和体制的限制，因而并不突出，在推进区域经济协同发展中须打破行政和体制的限制。目前，长江三角洲城市群、珠江三角洲城市群在绿色竞争力方面名列前茅，未来，这些城市群应该向着具有全球影响力与竞争力的国家级城市群乃至世界级城市群方向迈进，通过辐射效应带动其他城市群共同进步。

附　录

市区绿色发展指数测算指标解释及数据来源

1. 人均地区生产总值

国内生产总值（GDP）是指按市场价格计算的一个国家（或地区）所有常住单位在一定时期内生产活动的最终成果。对于一个地区来说，称为地区生产总值或地区 GDP。

人均地区生产总值的计算公式为：

$$人均地区生产总值=\frac{地区生产总值}{（上年年末总人口数+当年年末总人口数）/2}$$

资料来源：

国家统计局. 中国城市统计年鉴 2016［M］. 北京：中国统计出版社，2016.

2. 地区财政收入

地区财政收入是指地方财政年度收入，包括地方本级收入、中央税收返还和转移支付，由省(自治区、直辖市)、县或市(自治州、自治县)的财政收入组成。

资料来源：

国家统计局. 中国城市统计年鉴 2016［M］. 北京：中国统计出版社，2016.

3. 第一产业劳动生产率

第一产业劳动生产率是指一定时期内第一产业增加值与第一产业年平均就业人员数的比值。

第一产业劳动生产率计算公式为：

第一产业劳动生产率 =

$$\frac{\text{第一产业增加值}}{[(\text{上年年末第一产业就业人员数}+\text{当年年末年末第一产业就业人员数})]/2}$$

资料来源：

国泰安数据库。

4. 第二产业劳动生产率

第二产业劳动生产率是指一定时期内第二产业增加值与第二产业年平均就业人员数的比值。

第二产业劳动生产率计算公式为：

第二产业劳动生产率 =

$$\frac{\text{第二产业增加值}}{[(\text{上年年末第二产业就业人员数}+\text{当年年末年末第二产业就业人员数})]/2}$$

资料来源：

国泰安数据库。

5. 第三产业劳动生产率

第三产业劳动生产率是指一定时期内某地区第三产业增加值与第三产业年平均就业人员数的比值。

第三产业劳动生产率计算公式为：

第三产业劳动生产率 =

$$\frac{\text{第三产业增加值}}{[(\text{上年年末第三产业就业人员数}+\text{当年年末年末第三产业就业人员数})]/2}$$

资料来源：

国泰安数据库。

6. 第三产业增加值比重

第三产业增加值比重是指报告期内某地区第三产业增加值占地区生产总值的比重。

资料来源：

国家统计局. 中国城市统计年鉴 2016 [M]. 北京：中国统计出版社，2016.

7. 科技投入占公共财政支出比例

科技投入是一种概念，是指支持开展科技活动的投入，也是生产性的投入。

公共财政支出是公共财政分配的第二阶段，它是国家将集中起来的社会产品或国民收入按照一定的方式和渠道，有计划地进行分配的过程。

科技投入占公共财政支出比例的计算公式为：

$$\text{科技投入占公共财政支出比例}=\frac{\text{科技投入}}{\text{公共财政支出}}$$

资料来源：

国家统计局. 中国城市统计年鉴 2016［M］. 北京：中国统计出版社，2016.

8. 万名从业人口中科学技术人员数

从业人口指从事一定的社会劳动并取得劳动报酬或经营收入的全部劳动人口，它包括职工、城镇的私营企业从业人员和个体劳动者、农村社会劳动以及其他社会劳动者。

科学技术人员是指掌握某种专门科学技术知识、技能的人，包括各种专门的科学技术人才。

万名从业人口中科学技术人员数的计算公式为：

$$\text{万名从业人口中科学技术人员数}=\frac{\text{科学技术人员}}{\text{从业人口数（单位：万）}}$$

资料来源：

国家统计局. 中国城市统计年鉴 2016［M］. 北京：中国统计出版社，2016.

9. 全市科技从业人员数占全省的比重

全市科技从业人员数占全省的比重指中科技从业人员所占据全市人口数量的份额。

全市科技从业人员数占全省的比重的计算公式为：

$$\text{全市科技从业人员数占全省的比重}=\frac{\text{科技从业人员}}{\text{全市人口数}}$$

资料来源：

国家统计局. 中国城市统计年鉴 2016［M］. 北京：中国统计出版社，2016.

10. 教育投入占公共财政支出比例

教育投入占公共财政支出比例指对于教育支出总额在公共财政总支出中占据

的份额。

教育投入占公共财政支出比例的计算公式为：

$$教育投入占公共财政支出比例=\frac{教育投入}{公共财政支出}$$

资料来源：

国家统计局 . 中国城市统计年鉴 2016 [M]. 北京 : 中国统计出版社，2016.

11. 每万人在校大学生人数

$$每万人在校大学生人数=\frac{全市大学生数}{人口总数（单位：万）}$$

资料来源：国家统计局 . 中国城市统计年鉴 2016 [M]. 北京 : 中国统计出版社，2016.

12. 人均耕地面积

人均耕地面积是指一定时期内一个地区个人平均拥有的耕地面积。其中，耕地面积为该地区总耕地面积；人口数量为地区总人口。

资料来源：国家统计局 . 中国城市统计年鉴 2016 [M]. 北京 : 中国统计出版社，2016.

13. 人均水资源量

人均当地水资源量是指一定时期内一个地区个人平均拥有的水资源总量。其中，一定区域区的水资源总量是指当地降水形成的地表和地下产水量，即地表径流量与降水入渗补给量之和，不包括过境水量。

资料来源：

国家统计局 . 中国城市统计年鉴 2016 [M]. 北京 : 中国统计出版社，2016.

14. 人均绿地面积

绿地面积是指报告期末用作绿化的各种绿地面积。包括公园绿地、单位附属绿地、居住区绿地、生产绿地、防护绿地和风景林地的总面积。

人均绿地面积计算公式为：

$$人均绿地面积=\frac{绿地总面积}{市辖区常住人口}$$

资料来源：

国家统计局．中国城市统计年鉴 2016［M］．北京：中国统计出版社，2016.

15. 森林覆盖率

森林覆盖率指一个国家或地区森林面积占土地面积的百分比。在计算森林覆盖率时，森林面积包括郁闭度 0.20 以上的乔木林地面积和竹林地面积、国家特别规定的灌木林地面积、农田林网以及四旁（村旁、路旁、水旁、宅旁）林木的覆盖面积。森林覆盖率表明一个国家或地区森林资源的丰富程度和生态平衡状况，是反映林业生产发展水平的主要指标。

森林覆盖率的计算公式为：

$$\text{森林覆盖率}=\frac{\text{森林面积}}{\text{土地总面积}}\times 100\%+\frac{\text{灌木林地面积}}{\text{土地总面积}}\times 100\%+\frac{\text{林网树占地面积}}{\text{土地总面积}}\times 100\%+\frac{\text{四旁树占地面积}}{\text{土地总面积}}\times 100\%$$

资料来源：

各个市公报 2015。

16. 单位土地面积二氧化硫排放量

单位土地面积二氧化硫排放量的计算公式为：

$$\text{单位土地面积二氧化硫排放量}=\frac{\text{二氧化硫排放量}}{\text{土地调查面积}-\text{沙漠及戈壁总面积}}$$

资料来源：

国家统计局．中国城市统计年鉴 2016［M］．北京：中国统计出版社，2016.

环境保护部．中国环境统计年鉴 2016［M］．北京：中国环境科学出版社，2016.

各个市公报 2015。

17. 人均二氧化硫排放量

人均二氧化硫排放量的计算公式为：

$$\text{人均二氧化硫排放量}=\frac{\text{二氧化硫排放量}}{\text{年平均人口}}$$

资料来源：

国家统计局. 中国城市统计年鉴 2016［M］. 北京：中国统计出版社，2016.

环境保护部. 中国环境统计年鉴 2016［M］. 北京：中国环境科学出版社，2016.

各个市公报 2015。

18. 单位土地面积化学需氧量排放量

单位土地面积化学需氧量排放量的计算公式为：

$$单位土地面积化学需氧量排放量=\frac{化学需氧量排放量}{行政区域土地面积}$$

资料来源：

国家统计局. 中国城市统计年鉴 2016［M］. 北京：中国统计出版社，2016.

环境保护部. 中国环境统计年鉴 2016［M］. 北京：中国环境科学出版社，2016.

各个市公报 2015。

19. 人均化学需氧量排放量

人均化学需氧量排放量的计算公式为：

$$人均化学需氧量排放量=\frac{化学需氧量排放量}{年平均人口}$$

资料来源：

国家统计局. 中国城市统计年鉴 2016［M］. 北京：中国统计出版社，2016.

环境保护部. 中国环境统计年鉴 2016［M］. 北京：中国环境科学出版社，2016.

各个市公报 2015。

20. 单位土地面积氮氧化物排放量

单位土地面积氮氧化物排放量的计算公式为：

$$单位土地面积氮氧化物排放量=\frac{氮氧化物排放量}{行政区域土地面积}$$

资料来源：

国家统计局. 中国城市统计年鉴 2016［M］. 北京：中国统计出版社，2016.

环境保护部．中国环境统计年鉴 2016［M］．北京：中国环境科学出版社，2016.

各个市公报 2015。

21. 人均氮氧化物排放量

人均氮氧化物排放量的计算公式为：

$$人均氮氧化物排放量 = \frac{氮氧化物排放量}{年平均人口}$$

资料来源：

国家统计局．中国城市统计年鉴 2016［M］．北京：中国统计出版社，2016.

环境保护部．中国环境统计年鉴 2016［M］．北京：中国环境科学出版社，2016.

各个市公报 2015。

22. 单位土地面积氨氮排放量

单位土地面积氨氮排放量的计算公式为：

$$单位土地面积氨氮排放量 = \frac{氨氮排放量}{行政区域土地面积}$$

资料来源：

国家统计局．中国城市统计年鉴 2016［M］．北京：中国统计出版社，2016.

环境保护部．中国环境统计年鉴 2016［M］．北京：中国环境科学出版社，2016.

各个市公报 2015。

23. 人均氨氮排放量

人均氨氮排放量的计算公式为：

$$人均氨氮排放量 = \frac{氨氮排放量}{年平均人口}$$

资料来源：

国家统计局．中国城市统计年鉴 2016［M］．北京：中国统计出版社，2016.

环境保护部．中国环境统计年鉴 2016［M］．北京：中国环境科学出版社，2016.

各个市公报 2015。

24. 单位地区生产总值用水量

单位地区生产总值用水量的计算公式为：

$$单位地区生产总值用水量 = \frac{总用水量}{地区生产总值}$$

资料来源：

国家统计局. 中国城市统计年鉴 2016［M］. 北京：中国统计出版社，2016.

环境保护部. 中国环境统计年鉴 2016［M］. 北京：中国环境科学出版社，2016.

各个市公报 2015。

25. 工业固体废物综合利用率

工业固体废物综合利用率是指工业固体废物综合利用量占工业固体废物产生量（包括综合利用往年贮存量）的百分率。计算公式为：

$$工业固体废物利用率 = \frac{工业固体废物综合利用量}{工业固体废物产生量 + 综合利用往年贮存量} \times 100\%$$

其中，工业固体废物产生量是指报告期内企业在生产过程中产生的固体状、半固体状和高浓度液体状废弃物的总量，包括危险废物、冶炼废渣、粉煤灰、炉渣、煤矸石、尾矿、放射性废物和其他废物等；不包括矿山开采的剥离废石和掘进废石（煤矸石和呈酸性或碱性的废石除外）。酸性或碱性废石指采掘的废石其流经水、雨淋水的 pH 值小于 4 或 pH 值大于 10.5 者。工业固体废物综合利用量是指报告期内企业通过回收、加工、循环、交换等方式，从固体废物中提取或者使其转化为可以利用的资源、能源和其他原材料的固体废物量（包括当年利用往年的工业固体废物贮存量），如用作农业肥料、生产建筑材料、筑路等。综合利用量由原产生固体废物的单位统计。

资料来源：

国家统计局. 中国城市统计年鉴 2016［M］. 北京：中国统计出版社，2016.

26. 单位地区生产总值二氧化硫排放量

二氧化硫排放量分为工业二氧化硫排放量和生活二氧化硫排放量，其中工业二氧化硫排放量是指报告期内企业在燃料燃烧和生产工艺过程中排入大气的二氧化硫总量，计算公式为：

工业二氧化硫排放量 = 燃料燃烧过程中二氧化硫排放量 + 生产工艺过程中二氧化硫排放量

生活及其他二氧化硫排放量是以生活及其他煤炭消费量和其含硫量为基础，根据以下公式计算：

生活及其他排放量 = 生活及其他煤炭排放量 × 含硫量 ×0.8×2

单位地区生产总值二氧化硫排放量是指一定时期内某地区二氧化硫排放量与地区生产总值的比值。计算公式为：

$$\text{单位地区生产总值二氧化硫排放量} = \frac{\text{二氧化硫排放量}}{\text{地区生产总值}}$$

资料来源：

国家统计局. 中国城市统计年鉴 2016［M］. 北京：中国统计出版社，2016.

环境保护部. 中国环境统计年鉴 2016［M］. 北京：中国环境科学出版社，2016.

各个市公报 2015。

27. 单位地区生产总值化学需氧量排放量

化学需氧量（COD）是指用化学氧化剂氧化水中有机污染物时所需的氧量。COD 值越高，表示水中有机污染物污染越重。化学需氧量排放量主要来自工业废水和生活污水。其中，生活污水中化学需氧量（COD）排放量是指城镇居民每年排放的生活污水中的 COD 的量。用人均系数法测算。测算公式为：

城镇生活污水中 COD 排放量 = 城镇生活污水中 COD 产生系数 × 市镇非农业人口 ×365

单位地区生产总值化学需氧量排放量是指一定时期内该地区化学需氧量排放量与地区生产总值的比值。

$$\text{单位地区生产总值化学需氧量排放量} = \frac{\text{化学需氧量排放量}}{\text{地区生产总值}}$$

资料来源：

国家统计局. 中国城市统计年鉴 2016［M］. 北京：中国统计出版社，2016.

环境保护部. 中国环境统计年鉴 2016［M］. 北京：中国环境科学出版社，2016.

各个市公报 2015。

28. 单位地区生产总值氮氧化物排放量

氮氧化物排放量是指报告期内排入大气的氮氧化物量。

单位地区生产总值氮氧化物排放量是指一定时期内该地区氮氧化物排放量与地区生产总值的比值。计算公式为：

$$单位地区生产总值氮氧化物排放量 = \frac{氮氧化物排放量}{地区生产总值}$$

资料来源：

国家统计局. 中国城市统计年鉴 2016 [M]. 北京：中国统计出版社，2016.

环境保护部. 中国环境统计年鉴 2016 [M]. 北京：中国环境科学出版社，2016.

各个市公报 2015。

29. 单位地区生产总值氨氮排放量

氨氮排放量是指报告期内企业排出的工业废水和城镇生活污水中所含氨氮的纯重量。

单位地区生产总值氨氮排放量是指一定时期内该地区氨氮排放量与地区生产总值的比值。计算公式为：

$$单位地区生产总值氨氮排放量 = \frac{氨氮排放量}{地区生产总值}$$

资料来源：

国家统计局. 中国城市统计年鉴 2016 [M]. 北京：中国统计出版社，2016.

环境保护部. 中国环境统计年鉴 2016 [M]. 北京：中国环境科学出版社，2016.

各个市公报 2015。

30. 节能保护支出占财政支出比重

节能保护支出占财政支出比重的计算公式为：

$$节能保护支出占财政支出比重 = \frac{节能保护支出}{公共财政支出} \times 100\%$$

数据来源：国家统计局。

31. 城市污水处理投资占市政公用设施建设固定资产投资比重

市政公用设施建设指城市污水排放、雨水排放、路灯、道路、桥梁、隧道、广场、涵洞、防空等市政设施的维护、抢险、紧急处理、管理等活动。

公式：

城市污水处理投资占市政公用设施建设固定资产投资比重＝

$$\frac{\text{城市污水处理投资}}{\text{市政公用设施建设固定资产投资}}\times 100\%$$

数据来源：国家统计局。

32. 城市园林绿化投资占市政公用设施建设固定资产投资比重

城市绿化是对社会环境资本的投入，其经济回报是多方面的，而且是十分丰厚的。城市对园林的需求分为两个方面：一是作为基础设施；二是作为休闲设施。

公式：

城市园林绿化投资占市政公用设施建设固定资产投资比重＝

$$\frac{\text{城市园林绿化投资}}{\text{政公用设施建设固定资产投资}}\times 100\%$$

数据来源：国家统计局。

33. 城市市容环境卫生投资占市政公用设施建设固定资产投资比重

城市市容环境卫生投资指为加强城市市容和环境卫生管理，创造清洁、优美的城市工作、生活环境而增加的投资。

公式：

城市市容环境卫生投资占市政公用设施建设固定资产投资比重＝

$$\frac{\text{城市市容环境卫生投资}}{\text{市政公用设施建设固定资产投资}}\times 100\%$$

数据来源：国家统计局。

34. 城市垃圾处理投资占市政公用设施建设固定资产投资比重

城市垃圾处理投资指对于城市中产生的垃圾进行无害化处理而产生的成本费用。

公式：

城市垃圾处理投资占市政公用设施建设固定资产投资比重＝

$$\frac{城市垃圾处理投资}{市政公用设施建设固定资产投资}\times 100\%$$

数据来源：国家统计局。

35. 每万人拥有公共汽车数量

每万人拥有公共汽车数量的计算公式为：

$$每万人拥有公共汽车数量=\frac{公共汽车总量}{(地区人口（单位：万）}$$

资料来源：

国家统计局．中国城市统计年鉴 2016［M］．北京：中国统计出版社，2016.

36. 工业二氧化硫去除率

二氧化硫排放量是指报告期内企业在燃料燃烧和生产工艺过程中排入大气的二氧化硫总量。

二氧化硫去除量是指燃料燃烧和生产工艺废气经过各种废气治理设施处理后去除的二氧化硫总量。

工业二氧化硫去除率是指工业二氧化硫去除量占工业二氧化硫排放量和工业二氧化硫去除量总和的比重。计算公式为：

$$工业二氧化硫去除率=\frac{工业二氧化硫去除量}{（工业二氧化硫去除量+工业二氧化硫排放量）}\times 100\%$$

资料来源：

国家统计局．中国城市统计年鉴 2016［M］．北京：中国统计出版社，2016.

37. 工业烟（粉）尘去除率

烟（粉）尘排放量指报告期内企业在燃料燃烧和生产工艺过程中排入大气的烟尘及工业粉尘的总质量之和。

工业烟（粉）尘去除率的计算公式为：

工业烟（粉）尘去除率 =

$$\frac{工业烟（粉）尘产生量-工业烟（粉）尘排放量}{工业烟（粉）尘产生量}\times 100\%$$

资料来源：

国家统计局．中国城市统计年鉴 2016［M］．北京：中国统计出版社，2016.

38. 城市污水处理率

城市污水处理率是指报告期内城镇生活污水处理量占城镇生活污水产生量的百分率。计算公式为：

$$城镇生活污水处理率=\frac{城镇生活污水处理量}{城镇生活污水产生量}\times 100\%$$

资料来源：

国家统计局. 中国城市统计年鉴 2016 [M]. 北京：中国统计出版社，2016.

39. 生活垃圾无害化处理率

生活垃圾无害化处理率是指报告期生活垃圾无害化处理量与生活垃圾产生量比率。在统计上，由于生活垃圾产生量不易取得，可用清运量代替。计算公式为：

$$生活垃圾无害化处理率=\frac{生活垃圾无害化处理量}{生活垃圾产生量}\times 100\%$$

资料来源：

国家统计局. 中国城市统计年鉴 2016 [M]. 北京：中国统计出版社，2016.

40. 城镇居民人均可支配收入

城镇居民人均可支配收入是指反映居民全部现金收入能用于安排家庭日常生活的那部分收入。它是家庭总收入扣除交纳的所得税、个人交纳的社会保障费以及调查户的记账补贴后的收入。

资料来源：

国家统计局. 中国城市统计年鉴 2016 [M]. 北京：中国统计出版社，2016.

《中国省市经济发展年鉴》编委会. 中国省市经济发展年鉴 [M]. 北京：中国财政经济出版社，2016.

41. 人均住房面积

人均住房面积的计算公式为：

$$人均住房面积=\frac{总住房面积}{人口数量}$$

数据来源：

《中国省市经济发展年鉴》编委会. 中国省市经济发展年鉴 [M]. 北京：中国财政经济出版社，2016.

各市公报 2015；各市年鉴 2016。

42. 建成区绿化覆盖率

建成区绿化覆盖率指报告期末建成区内绿化覆盖面积与区域面积的比率。计算公式为：

$$建成区绿化覆盖率 = \frac{建成区绿化覆盖面积}{建成区面积} \times 100\%$$

资料来源：

国家统计局．中国城市统计年鉴 2016［M］．北京：中国统计出版社，2016.

43. 空气质量达到二级以上天数

城市空气质量等级是据城市空气环境质量标准和各项污染物的生态环境效应及其对人体健康的影响，所确定的污染指数分级以及相应的污染物浓度限值。

数据来源：

环保部网站；各市公报 2015。

44. 可吸入颗粒物浓度（PM2.5）年均值

可吸入颗粒物浓度（PM2.5）年均值的计算公式为：

$$可吸入颗粒物浓度（PM2.5）年均值 = \frac{全年总值}{总天数}$$

数据来源：

各市公报 2015；各市年鉴 2016。

城市绿色竞争力“体检”表

城市绿色竞争力“体检”表包含了城市绿色竞争力290个测评城市44个绿色发展三级指标的指标序号、指标名称、单位、指标口径、指标属性、290城市测评均值、2015年该城市指标数值、2015年该城市指标排名等多项内容。其中，指标序号、指标名称、单位、指标口径、指标属性、290城市测评均值及数据来源这七项内容在每个城市“绿色竞争力体检”表中都是相同的，反映的是整个城市绿色竞争力44个绿色发展三级指标的具体情况；2015年该城市指标数值2015年该城市指标排名这两项内容在每个表中均不同，反映每个测评城市三级指标的原始数据及其相应的排名。城市“绿色体检”表全面地反映了每个测评城市在绿色发展各个方面的具体表现。

参考文献

[1] A. Charnes, W. W. Cooper, Q. L. Wei. Cone Ratio Data Envelopment Analysis and Multi-objective Programming[J]. International Journal of Systems Science, 1989, 20 (7).

[2] ADB & IGES. Towards Resource-Efficient Economies in Asia and the Pacific. Asian Development Bank & Institute for Global Environmental Strategies, 2008.

[3] Dasgupta P. Economics: A Very Short Introduction[M]. London: Oxford University Press, 2007.

[4] H. Fukuyama, W. L. Weber. A Directional Slacks-based Measure of Technical Inefficiency[J]. Socio-Economic Planning Sciences, 2009, 43 (4).

[5] Hsu, A. et al. 2016 Environmental Performance Index. New Haven, CT: Yale University, 2016. Available: www.epi.yale.edu.

[6] IMD. The World Competitiveness Yearbook, 1996 [R]. Institute for Management Development, Lausanne, Switzerland, 1996.

[7] International Resource Panel. Decoupling natural resources use and environmental impacts from economic growth. 2011.

[8] K. Tone. A Slacks Based Measure of Efficiency in Data Envelopment Analysis[J]. European Journal of Operational Research, 2001, 130.

[9] OECD. Extended Producer Responsibility - A Guidance Manual for Governments, Paris: OECD, 2001.

[10] OECD. Green Growth Indicators 2017[R]. OECD, Paris, France, 2017.

[11] R. Fare, S.Grosskopf, C. A. Knox Lovell, S. Yaisawarng. Derivation of Shadow Prices for Undesirable Outputs: A Distance Function Approach[J]. The Review of Economics and Statistics, 1993, 75 (2).

[12] The World Bank Group. World Development Indicators [R]. World Bank, 2012.

[13] UNDESA. National sustainable development strategies - the global picture, unpublished briefing note, United Nations Department of Economic and Social Affairs, 2012.

[14] UNEP. Planning for Change - Guidelines for National Programmes on Sustainable Consumption and Production, 2008.

[15] UNIDO & UNEP. Enterprise-Level Indicators for Resource Productivity and Pollution Intensity：A Primer for Small and Medium-Sized Enterprises. 2011.

[16] UNIDO & UNEP. Good Organization，Management and Governance Practices：A Primer for Providers of Services in Resource Efficient and Cleaner Production（RECP）. April 2010.

[17] UNIDO. Industrial Policy for Prosperity：UNIDO' s Strategic Support，2011.

[18] WEF. Global Competitiveness Report 1996 [R]. World Economic Forum，Geneva，Switzerland，1996.

[19] World Bank. Cost of Pollution in China：Economic Estimates of Physical Damages. Conference edition. Washington DC，2007.

[20] Y. H. Chung，R. Färe，S. Grosskopf. Productivity and Undesirable Outputs：A Directional Distance Function Approach [J]. Journal of Environmental Management，1997，51.

[21] 北京师范大学经济与资源管理研究院，西南财经大学发展研究院.2014 人类绿色发展报告 [M]. 北京：北京师范大学出版社，2014.

[22] 北京师范大学科学发展观与经济可持续发展研究基地等著.2016 中国绿色发展指数报告——区域比较 [M]. 北京：北京师范大学出版社，2016.

[23] 蔡昉，都阳，王美艳. 经济发展方式转变与节能减排内在动力 [J]. 经济研究，2008（6）.

[24] 曹东，赵学涛，杨威杉. 中国绿色经济发展和机制政策创新研究 [J]. 中国人口、资源与环境，2012（5）.

[25] 曹荣湘等. 全球大变暖：气候经济、政治与伦理 [M]. 北京：社会科学文献出版社，2010.

[26] 迟全华. 从政治高度深刻认识绿色发展理念重大意义——学习习近平总书记关于绿色发展新理念新思想 [N]. 光明日报，2016-4-10（6）.

[27] 关成华，韩晶. 绿色发展经济学 [M]. 北京：北京大学出版社，2018（3）.

[28] 国合会. 中国绿色经济的发展机制与政策创新 [R]. 北京：国合会，2011.

[29] 国家统计局城市社会经济调查司. 中国城市统计年鉴 2016 [M]. 北京：中国统计出版社，2016.

[30] 谷树忠，谢美娜，张新华. 绿色转型发展 [M]. 浙江：浙江大学出版社，2016.

[31] 环境保护部. 2015 中国环境状况公报 [N]. 北京：环境保护部，2016-06-02.

[32] 蒋南平，向仁康. 中国经济绿色发展的若干问题 [J]. 当代经济研究，2013（5）.

[33] 李伟. 创新与绿色如何引领新常态 [J]. 新经济导刊，2016（5）.

[34] 李佐军. 十三五我国绿色发展的途径与制度保障 [J]. 环境保护，2016（11）.

[35] 联合国环境规划署. 中国绿色长征 [R].2013.

[36] 刘红梅. 推进城市绿色发展 [N]. 青海日报，2018-02-26.

[37] 倪鹏飞，马尔科・卡米亚，王海波，等. 全球城市竞争力报告 2017-2018（简版）. 联合国人居署，中国社会科学院财经战略研究院，中国社会科学院城市与竞争力研究中心，广

州，中国，2017.
[38] 努尔·白克力. 走中国特色能源发展道路 [J]. 求是，2016 (11).
[39] 潘浩然. 什么才是绿色发展？ [N]. 中国环境报，2017-03-29.
[40] 邱寿丰. 探索循环经济规划之道：循环经济规划的生态效率方法及应用 [M]. 上海：同济大学出版社，2009.
[41] 首都科技发展战略研究院.2016 首都科技创新发展报告 [M]. 北京：科学出版社，2016.
[42] 宋涛，荣婷婷. 人力资本的集聚和溢出效应对绿色生产的影响分析 [J]. 江淮论坛，2016 (3).
[43] 宋涛. 中国可持续发展的双轮驱动模式——绿色工业化与绿色 [M]. 北京：经济日报出版社，2015.
[44] 唐宇红. 联合国环境规划署 _UNEP_ 的角色演进 [J]. 环境科学与管理，2008 (5).
[45] 田红娜. 中国资源型城市创新体系营建 [M]. 北京：经济科学出版社，2009.
[46] 王兵，黄人杰. 中国区域绿色发展效率与绿色全要素生产率：2000-2010——基于参数共同边界的实证研究 [J]，产经评论，2014 (1).
[47] 王玲玲，张艳国. "绿色发展" 内涵探微 [J]. 社会主义研究，2012 (5).
[48] 王秋艳. 中国绿色发展报告 [M]. 北京：中国时代经济出版社，2009.
[49] 吴正. 中国沙漠及其治理 [M]. 北京：科学出版社，2009.
[50] 习近平. 之江新语 [M]. 浙江：浙江人民出版社，2007.
[51] 习近平. 习近平谈治国理政 [M]. 北京：外文出版社，2014.
[52] 习近平. 习近平谈治国理政（第二卷）[M]. 北京：外文出版社，2017.
[53] 习近平. 中国共产党第十九次全国代表大会在京开幕 习近平代表第十八届中央委员会向大会做报告 李克强主持大会 2338 名代表和特邀代表出席大会 [EB/OL].2017-10-19. http：//news.xinhuanet.com/politics/19cpcnc/2017-10/18/c_1121822838.htm.
[54] 段炳德. 深刻理解实现高质量发展的重要内涵 [N]. 中国青年报，2018-02-12 (02)
[55] 谢雄标，吴越，严良. 数字化背景下企业绿色发展路径及政策建议 [J]. 生态经济，2015 (11).
[56] 姚伊乐，李军. 提高森林生态补偿标准 [N]. 中国环境报，2014-3-11.
[57] 曾少军. 碳减排：中国经验——基于清洁发展机制的考察 [M]. 北京：社会科学文献出版社，2010.
[58] 张高丽. 大力推进生态文明，努力建设美丽中国 [J]. 求是，2013 (24).
[59] 张庆丰，罗伯特·克鲁克斯. 迈向环境可持续的未来：中华人民共和国国家环境分析 [M]. 北京：中国财政经济出版社，2012.
[60] 赵峥，倪鹏飞. 我国城镇化可持续发展：失衡问题与均衡路径 [J]. 学习与实践，2012 (8).
[61] 中国科学院可持续发展战略研究组.2013 中国可持续发展战略报告：未来 10 年的生态文明

之路［M］. 北京：科学出版社，2013.

［62］中国环境年鉴编辑委员会. 中国环境年鉴 2016［M］. 北京：中国环境年鉴社，2017.

［63］中国省市经济发展年鉴编委会.2016 中国省市经济发展年鉴（上、下册）［M］. 北京：中国财经经济出版社，2016.

［64］中国政府网. 习近平：决胜全面建成小康社会 夺取新时代中国特色社会主义伟大胜利——在中国共产党第十九次全国代表大会上的报告［EB/OL］. http：//www.gov.cn/zhuanti/2017-10/27/content_5234876.htm.

［65］中华人民共和国国土资源部. 第二次全国土地调查：人多地少基本国情不变，2013-12-31. http：//www.mlr.gov.cn/xwdt/mtsy/people/201312/t20131231_1298980.htm.

［66］中华人民共和国国务院新闻办公室：强化应对气候变化行动——中国国家自主贡献，2015-11-18.http：//www.scio.gov.cn/xwfbh/xwbfbh/wqfbh/2015/20151119/xgbd33811/Document/1455864/1455864.htm.

［67］中华人民共和国水利部编.2015 中国水利统计年鉴［M］. 北京：中国水利水电出版社，2015.

［68］周鲁宏. 联合国环境规划署（UNEP）行动研究［J］. 环境科学与管理，2012（9）.

［69］周青. 实现从要素驱动向创新驱动转变［N］. 广西日报，2017-13-07.

后记

中国特色社会主义进入新时代，中国社会主要矛盾已经转化为“人民日益增长的美好生活需要和不平衡不充分的发展之间的矛盾”。对当今中国而言，人民最重要的美好生活需求便是对良好生活环境的渴望；最突出的发展不平衡问题便是人与自然关系的失衡。绿色发展就是能够更好满足人民日益增长的美好生活需要的发展，绿色竞争力也将成为未来城市之间角逐的主要战场。

目前尚没有中国城市绿色竞争力方面的研究，我们于 2017 年年初开始筹划《中国城市绿色竞争力报告》的研究与写作。同年 9 月，初步确立了研究内容和研究方向。在写作过程中，多位专家对于研究的方法和内容等提出了建设性的意见。他们是：王灿发教授、杨万东教授、段光明研究员、陈浩教授、江明清处长、赵军利处长等。在此，对以上专家学者的热情支持和辛勤付出，表示由衷的敬意和诚挚的感谢！

为了更好地开展研究，吸纳更多的研究信息，我们从 2017 年 9 月开设了“中国城市绿色发展”讲堂，先后邀请了田中广滋教授、王永贵教授、潘家华教授等在绿色发展领域有着卓越影响力的国内外学者进行了精彩的演讲。

《中国城市绿色竞争力报告》五易其稿，终于编写完成，即将出版。由于城市绿色竞争力的研究尚处萌芽阶段，并没有可以遵循的研究范式，加之主客观条件的限制，本书一定还有诸多不足之处。我们期待各界人士能够予以关注、参与探讨，共同推进城市绿色竞争力的研究，为实现可持续发展，做出积极贡献！

关成华

2018 年 4 月